Chung Min Lee
李 正 民 著
木 村 高 子 訳

金正恩 THE KING

危険なゲーム

The Dangerous Game of Kim Jong Un

東洋経済新報社

日本語版によせて

本書の内容は、多くの点で日本の読者に馴染み深いことだろう。北朝鮮の脅威に最もさらされているのは韓国だが、一方でその重大な危険性に警鐘を鳴らし続けてきたのは、むしろ日本のほうだった。１９７０年代以来、北朝鮮の情報機関で働かせるために多数の日本人が同国の工作員によって誘拐されたが、この未解決の拉致問題も、日本が北朝鮮に対して抱く大きな憤懣の一つである。さらに日本にとっての最大の安全保障上の脅威として浮上してきた中国は、北朝鮮の支援国であることをやめようとしない。

私が本書を執筆した目的は、北朝鮮という国について、アメリカの読者の理解を深めてもらうことにある。北朝鮮に関する報道や記事の大半は、当然ながら増大する核兵器の備蓄や進化した弾道ミサイルに焦点をあてている。日本の読者は、１９４８年の建国以来の北朝鮮の歩みについて、さらに詳しくご存知だろう。しかし日本の方々がアメリカ人よりもはるかに北朝鮮情勢に注目しているとしても、本書を読んでいただくことで、金正恩《キムジョンウン》が直面している巨大な構造的な制約が明らかになるのではないかと思う。金正恩の抱えるジレンマは単純だ。もし彼が本当に北朝鮮という国家を救いたいなら、抜本的な経済・政治改革を行う以外に選択肢はない。しかし彼が改革に着手した途端に金王朝は崩壊するだろう。

また、北朝鮮はある種のマフィア国家であることもご理解いただきたい。北朝鮮は70年以上にわたって世界最大級の軍隊に守られ、共産主義王朝に支配され続けてきた巨大な犯罪組織である。もし日本が、あらゆる非合法活動に手を染めている――その上周辺国を核兵器で脅している――暴力団に支配されていたら、と想像してみていただきたい。これが、現在の北朝鮮の真の姿である。

皮肉なことに韓国の左派は、金正恩は密かに改革を決意しているという幻想に、今もってしがみついている。北朝鮮を中国のように変えていく改革が近々発表されるだろう、と彼らは強く信じているのである。日本の左派の間にも、同様の考えの持ち主が存在するかもしれない。しかし金正恩は改革者ではない。北朝鮮は、世界で最後の全体主義国家である。全国に登場したチャンマダン（自由市場）を当局が黙認しているのは、国民に食糧を配給する能力を国家が失ったからに過ぎない。

新型コロナウィルスの危機後に世界がニューノーマルに落ち着けば、我々は再び深刻な地政学的危機に直面することになるだろう。その焦点となるのが、核兵器プログラムを加速させる北朝鮮であり、強大化する妨害主義的な中国である。本書で私が強調したかった点の一つが、アメリカ前大統領のドナルド・トランプが北朝鮮外交に失敗したことの破滅的な影響である。確かに彼はアメリカ大統領として、はじめて北朝鮮の指導者と会談したが、トランプは全てをテレビのリアリティー・ショーにしてしまった。２０１８年6月、シンガポールの第一回首脳会談のあとで、彼は「北朝鮮の核危機は解決した」と豪語した。金正恩と交わした多くの「ラブレター」で、トランプは金正恩から浴びせられた賞賛の言葉にうっとりしていた。

トランプがしたのは、金正恩を世界の「尊敬すべき」指導者の座に押し上げたことだったが、現実には、金正恩は昔も今もその正反対の存在である。世界の独裁者を好むトランプの傾向は、彼の絶対権力志向、及び普遍的な価値観や民主主義の規範の完全な無視に由来する。

同時に彼は、同盟を軽視し、これを嘲笑した。彼は驚くべきことに、なぜ韓国は存在を許されているのかと問い、20世紀に朝鮮半島を形成した強力な歴史の流れについて無知をさらけ出したのである。

日本は昔から深い関心を持って北朝鮮情勢を見つめ続けているが、本書では、私が自らの経験から培った、北朝鮮を見つめる、より幅広い国際的な視点を紹介した。私はアメリカ、韓国、日本、シンガポールのシンクタンクや大学で34年間勤務し、様々な角度から北朝鮮を分析してきた。韓国で国際安保大使、国家安保大使、そして外交政策顧問として2人の大統領に仕えた経験もまた、貴重な理解を与えてくれた。さらに、１９９４~９５年に防衛研究所の客員研究員、２００

４～０５年に政策研究大学院大学の客員教授としての、２度にわたる日本滞在では、日本の防衛・安保政策への理解を深めることができた。

北朝鮮は自らの姿を神秘のベールに包み、限られたカードを巧みに切ろうとしている。しかし、実はこの国は、強大すぎる戦争機械の発する煙に窒息して、ゆっくり崩壊しようとしているのである。このことに金正恩は直感的に気づいているが、彼には戦争機械を解体することはできない。そんなことをすれば、金王朝を支えるメカニズムまでが破壊されてしまうからだ。

バイデン新政権はその北朝鮮政策を転換し、経験豊かな政策担当者たちの存在が大きな変化を促すことは間違いない。しかし核兵器を放棄するように北朝鮮を説得あるいは強要することは、彼らにもできないだろう。中国が北朝鮮を支援し、金王朝をテコ入れし続ける限り、金正恩は権力の座に留まり続ける。バイデン新政権になっても、アメリカの影響力が低下し続ける間は、北朝鮮に非核化を決意させるような影響力を中国が行使することはないだろう。

外交的努力を継続すべきである。しかし、核兵器の放棄は金王朝の終わりを意味するため、金正恩がこれを決断する可能性はないこともまた、理解する必要がある。したがって当面、抑止力と防衛力の強化政策を放棄してはならない。

北朝鮮の物語とは、要するに世界最大の監獄に２５００万人を閉じ込めている、抑圧的な国家の物語なのである。本書が２０２０年代に突入する北朝鮮の現実を理解する上でのささやかな一助となり、また日本の指導者には、老練で狡猾な独裁国家に稚拙な対応をした場合の重大な結果について警告できていれば幸いである。

２０２０年12月

李正民

はじめに

本書を通じてアメリカの読者にご理解いただきたいのは、北朝鮮とは、アメリカをターゲットにしかねない核兵器と長距離ミサイルだけの国ではないということである。それは北朝鮮という世界最大の監獄に囚われた、2500万人の人々の物語なのである。本書では、金正恩が直面する大きなジレンマについて説明している。彼は北朝鮮を変革したいと強く願っているものの、そうすることができない。なぜなら、彼を権力の座に押し上げたシステム――マフィア組織に似た、共産主義国家と一族独裁のハイブリッド――が、改革によって崩壊することは間違いないからだ。つきつめて考えれば、金正恩の悩みは単純だ。もし北朝鮮国家を本当に救いたいなら、大規模な経済・政治改革を行う以外の選択肢はない。しかしこれに着手したその瞬間、金王朝は崩壊するだろう。

国民は地上の楽園で暮らしている、という金正恩体制の主張とは裏腹に、全ての北朝鮮人は、その背景を問わず、生き抜くために他国の人々とは比較にならないほどの苦難を強いられている。世界最後の全体主義国家はいまだ金王朝の支配下にあり、「人民の力」による蜂起は当分起こりそうにない。しかし変化の種子はすでに播かれている。いつの日にか、この種子は芽生え、あちこちで大木に成長して、自由を取り戻した北朝鮮の男女に憩いの場を与えることだろう。

朝鮮半島を支配するのは、極端なコントラストである。宇宙で撮影されたある有名な写真では、南半分が明るく光り輝いているのに対して、北半分は暗黒に沈んでいる。半島全体が独裁者から解放される日が来ることを、韓国と北朝鮮の多くの人が願っている。

韓国生まれの私は、４歳の時から10ヶ国で暮らした経験を持ち、国際情勢の研究を専門としてきた。政治学者として、アジア、アメリカ、そしてヨーロッパという、非常に異なる視点から朝鮮半島を見つめる目を養うことができた。アメリカ、韓国、日本、シンガポールのシンクタンクや大学で34年勤務した経験に基づき、様々な視点から北朝鮮の分析を行ってきた。さらに、安保関連大使及び外交政策顧問として２人の韓国大統領に仕えた経験もまた、貴重な気づきをもたらしてくれた。

北朝鮮研究に関する統一見解は存在せず、私の視点も、数ある中の一例に過ぎない。北朝鮮を正しく理解できるかどうかは、どのレンズをすかしてこの国を眺めるかにかかっている。大国に立ち向かう小さな国、非常に強力な自民族中心主義、70年に及ぶ社会主義と政治思想の洗脳、中国との複雑な愛憎関係、自国の遅れの自覚とないまぜになった外部世界への不信。その結果姿を現したのは、極めつきの貧困に悩みながらも核兵器とそのほかの大量破壊兵器の開発に成功した国である。そしてその指導者は狂ってなどいない。金正恩は冷酷で狡猾だ。

私は朝鮮半島の安全保障について30年以上研究を続けてきた。北朝鮮問題に直接かかわってきた政府高官、情報機関の関係者、政治アナリストとのやり取りは、１９８０年代後半までさかのぼる。本書の執筆中、彼らの多くが内々にそれぞれの考えを打ち明けてくれた。確かに情報機関の専門家がよく言うように、北朝鮮の研究は難しいが、それでも完全なブラックボックスというわけではない。体制の支配は揺るがない一方で、そこから滲み出てくる情報は次第に増えている。

北朝鮮は国内の実情を外部から隠そうとして、数少ないカードを巧みに切っている。しかしこの国は、抱え込んだ大量の戦争兵器から立ちのぼる煙で窒息し、ゆっくりと壊れつつある。金正恩はこのことを直感的に理解しているものの、戦争兵器を解体できずにいる。なぜならそうしたら最後、金一族を下支えするメカニズム自体が解体されてしまうからだ。

多くの北朝鮮ウォッチャーは、金正恩が中国に倣って構造的な経済改革に取り組むだろうと見ている。経済状況の悪化が止まらない中で、彼に選択肢はないと、彼らは考えているのだ。現時点でＧＤＰ（国内総生産）の20パーセント以上が国防に費やされているため、北朝鮮を近代化する唯一の方法は軍事予算を削ることだと、彼らは強調する。また北朝鮮に改革の芽があると信じる、韓国やそのほかの国に暮らす人々は、１９８５年はじめにミハイル・ゴルバチョフがソ連で行ったように、金正恩も北朝鮮を開放せざるを得ないと考えている。

時が経てば明らかになるだろう。しかし北朝鮮は、かつてのソ連や、そのほかの過去の、あるいは今も存在する共産主義国とは似ても似つかない。この国は何よりも、民族の優越と栄光という近視眼的な欺瞞に基盤を置いた、家族経営の犯罪カルテルなのである。このカルテルが、核兵器を含む大量破壊兵器を保有する国を支配している。しかし、幾多の矛盾、腐敗の蔓延、あらゆる組織の汚職、恐怖と抑圧、そして何より、かろうじて自力で生き延びようとしている大衆をよそに億万長者のような暮らしを送る支配者一族と超エリート――このような特徴を持つシステムが、いつまでも存続できるはずがない。

92歳になる私の父（２０１９年現在）は、北朝鮮の安州《アンジュ》出身で、兵士から外交官に転身した。本書に記された出来事は全て、彼が生まれてから起きたことであり、自らもいくつかの悲惨な体験をしている。例えばソ連軍による半島北部の占領、二つのコリアへの分断、朝鮮戦争の勃発、そして冷戦時代のソウルと平壌の外交対立など。22歳の無一文の青年だった父が、１９４９年に北緯38度線を徒歩で韓国側へ越えたその旅路を私が受け継ぐのは、自然なことである。

謝辞

本書の執筆にあたっては、St. Martin’s Press の All Points Books 担当、アダム・ベロウに最大の感謝を捧げたい。優秀な編集者であるアダムは執筆開始時から私を激励してくれた。本の制作を担当してくれた素晴らしいチームには、St. Martin’s Press の編集長アラン・ブラッドショー、ケヴィン・ライリー、ジェニファー・フェルナンデス、ローリー・フリーバー、それに Macmillan Audio のガイ・オルドフィールドとグレタ・ジュングがいる。いつも適切なアドバイスをくれ、私のために労を惜しまなかった Foundry Media のエージェントのロジャー・フリートなしには、この本は完成しなかっただろう。

韓国の多くの元政府高官が、内々でその意見や経験を私と分かち合ってくれた。しかしもちろん、本書で示した解釈や欠点などは、全て私のみの責任に帰せられるべきものである。数多くの北朝鮮ウォッチャーたちからも多くのことを学んだ。その中にはアンドレイ・ランコフ、梁雲《ヤンウン》哲《チョル》、B・R・マイヤーズ、そして『ワシントン・ポスト』のアンナ・フィフィールドがいる。

かつての恩師たちにも感謝したいが、特にここでは外交史と韓国の学術コミュニティに私をいざなってくれた金達中《キムダルチュン》博士と、ライフワークとなった安全保障論と情報分野への関心をかき立ててくれた李基鐸《イギテク》博士の名を挙げたい。ソウル国際フォーラム（Seoul Forum for International Affairs）とカーネギー国際平和基金（Carnegie Endowment for International Peace）とのつながりからも多くを得ることができた。

国際戦略研究所（International Institute for Strategic Studies）で25年にわたり、一流の専門家や同僚たちと交流できたのは非常に幸運だった。多くの友人たちが重要な提案をしてくれた。その中には玄仁澤《ヒョンインテク》、デービッド・ストラウブ、崔剛《チェガン》、李根《イグン》、韓碩熙《ハンソクヒ》、申範澈《シンボムチョル》がいる。本書を執筆するアイディアは、２０１７年夏にさかのぼる。その時ワシントンＤＣで、ビル・ロズナウ、ショーン・マクフェイト、チップ・ロジャーズを含むエア・パワー政策セミナー（Air Power Policy Seminar）のメンバーから、北朝鮮の複雑な政治・軍事的構造について本を執筆することを勧められたのだ。またシンガポールＲＳＩＳ（S. Rajaratnam School of International Studies）のマイケル・ラスカ、それにケイティ・ボットと金秀眞《キムスジン》には、鋭い指摘と研究支援に感謝している。

ドン・ブラウンは30年以上にわたって貴重な友情を示してくれた。彼の激励がなければ、本書は完成しなかっただろう。ドン、崔鍾文《チェジョンムン》、李錫洙《イソクス》は私にとって大切な兄弟である。また崔鍾賢《チェジョンヒョン》とアリエル・レヴィットの友情にも感謝している。本書の執筆に取りかかった時にチャールズ・Ｍ・ペリーの急逝を知り、大きな悲しみに包まれた。

日本語版の出版にあたっては、多くの方、とくに船橋洋一氏から貴重な助言をいただいた。亡くなった母の不在を痛感するとともに、多くのことを教えてくれた父、李昌煕《イチャンヒ》には深く感謝している。また、以前の著書と同じく、本書においても家族の愛とサポートに深く感謝している。

ワシントンＤＣにて

李正民

２０１９年８月

目次

第5章　金王朝と平壌の権力エリート層　203

第6章　戦争機械と核兵器　235

終章　三つの選択肢　

本書の原注は、以下のＵＲＬからＰＤＦファイルをダウンロードできます。
https://str.toyokeizai.net/books/9784492212462/

序章

２０１８年２月、金正恩《キムジョンウン》のただ１人の妹である金与正《キムヨジョン》が、兄の専用航空機からソウル郊外の仁川《インチョン》空港に降り立った。彼女の韓国訪問の目的は、平昌《ピョンチャン》で開催される２０１８年冬季五輪の開会式に参加することだった。68年前に朝鮮戦争が勃発して以来、金王朝の一員でソウルに足を踏み入れたのは、与正がはじめてだった。わずか２日間の訪問中、韓国や海外のメディアは、文在《ムンジェ》寅《イン》大統領との握手はもちろん、公共の場での彼女の一挙手一投足を追いかけて報道した。第３章で詳しく見るように、北朝鮮式の外交作戦はこの訪問で見事なまでに展開されたのである。しかしこれほど見事で和やかな演出でさえ、南北間に存在する激しい政治的・軍事的な軋轢を隠しおおすことはできない。

北朝鮮と韓国の関係は、朝鮮戦争の休戦以来、こう着状態にある。過去68年間、半島を分断する北緯38度の軍事境界線に沿って、両国軍はにらみ合いを続けてきた。北朝鮮の建国者で金正恩の祖父でもある金日成《キムイルソン》が武力による半島の統一に失敗すると、彼はゲリラ攻撃、暗殺、妨害工作に戦略を転換した。その息子の金正日《キムジョンイル》は、１１５人の乗客乗員が死亡した１９８７年11月の大韓航空機爆破事件、また韓国の全斗煥《チョンドファン》大統領の暗殺を狙い、結果的に政府高官17人が死亡した、１９８３年のミャンマーのラングーン事件を指示した。

１２０万の兵力を擁する朝鮮人民軍は、世界で最も重武装の軍隊の一つである。北朝鮮経済の遅れを反映して、朝鮮人民軍は、兵力62万５０００の韓国軍ほど近代化されていない。その上韓国防衛にコミットするアメリカの象徴として、兵力2万８０００のＵＳＦＫ（在韓米軍）が韓国に駐留を続けている。それでも１０００万都市であるソウルが、南北を分断する非武装地帯からわずか50キロメートルしか離れていない事実を考慮すると、もし北朝鮮が再び戦争を開始しようと思えば、地理的な優位に立つことは間違いない。

２０１７年秋には、北朝鮮の最高指導者の金正恩とアメリカ大統領のトランプが、刺々しい言葉の応酬をエスカレートさせていた。同年9月に金正恩は水素爆弾の実験を行い、過重な圧力を受ければアメリカを狙うと脅しをかけていた。トランプは、自分の核のボタンは金正恩のものよりはるかに大きい、とやり返した。

「金正恩にはこれがふさわしい」とトランプは、米朝間の緊張が最高潮に達した２０１７年10月に、「核のフットボール」――核攻撃の命令書が収納された、いつでも大統領に随行するブリーフケース――を指差して言ったという。[1] 虚勢を張りたがり、無思慮な言葉を発しがちな彼の性癖を考えれば、おそらくトランプは単に金正恩に対する不満をぶちまけていただけだろう。しかしこのエピソードは、一触即発の朝鮮半島の現状をよく示している。

２０１８年2月の金与正の韓国訪問は、自殺行為でしかない開戦を回避するために、一息つきたい金正恩の意向を踏まえたものだった。２０１７年を通じて緊張を高めたあとで金正恩は、巧みにカードを切れば、国際制裁の緩和も望めるかもしれないと気づいたのである。２００６年に最初に北朝鮮に対して科された制裁は、２０１６年以来、北朝鮮経済に深刻なダメージを与えていた。韓国では、朴槿恵《パククネ》前大統領の弾劾・罷免後の２０１７年5月に新大統領として華々しく登場した文在寅が、平和的な金正恩のアプローチを嬉々として受け入れた。そしてソウル初訪問の主役として、金与正ほどふさわしい人物はいなかった。彼女と金正恩は、遅れた祖国を近代化する決意に燃えた、若く活力に満ちた兄妹として描き出されたのである。

大統領府のある青瓦台《チョンワデ》で文在寅と会談する前に、金与正は次のように記帳している。

「平壌とソウルが、我が民族の心の中でもっと近くなり、統一、繁栄の未来が早まることを期待します」

そして彼女は「朝鮮民主主義人民共和国　高位級代表団　金与正」と署名している。

２０１８年4月27日、金正恩が板門店《パンムンジョム》で韓国側に足を踏み入れるという前代未聞の行動に出た時、金与正はその場にいた。２０１８年6月12日にシンガポールでトランプとはじめて会談した時も、彼女はそこにいた。そして２０１９年2月27日から28日にかけて、ハノイでトランプと2度目の会談を行った時にも、彼女は出席していたのである。その優雅な物腰にばかり注目する韓国メディアは、何も分かっていない。金与正は、単に兄を支えるかわいい妹というだけの存在ではない。彼女は北朝鮮の権力構造に深く組み込まれた、欠くことのできない権力の担い手なのである。

最高指導者に仕えるには大きな責任と、潜在的な危険がつきまとうことを、北朝鮮で金与正ほどよく理解している者はいないだろう。父親の妹である金慶喜《キムギョンヒ》は、大学時代の恋人、張成沢《チャンソンテク》と結婚した。１９７０年代はじめから金日成の後継者として帝王教育を受けてきた金正日は、１９９４年に正式に権力を継承した。立場をわきまえさせるために何度か教化所（再教育施設）送りになったものの、張成沢は金正日の最も信頼する側近の1人だった。特に金正日が重い発作に襲われた２００８年以降、張成沢は権力の番人となったのである。さらに２０１１年に金正恩が権力を掌握する時にも、張成沢は大きな役割を果たした。

しかし２０１３年12月12日に、張成沢は金正恩と北朝鮮に対する、反逆罪を含むありとあらゆる罪に問われた。手錠をかけられ、武装した2人の警備員に支えられた張は軍事法廷で判決を言い渡され、直ちに高射砲で撃たれて処刑された。金正日時代の事実上のナンバー2は、金正恩が権力の掌握に自信を持った途端に排除されたのである。

その4年後の２０１７年2月13日には、金正恩の異母兄である金正男《キムジョンナム》がクアラルンプール国際空港で毒殺された。かつては長男として後継者確実と目されていた正男は、２００１年以降国外で暮らしていたが、北朝鮮工作員の訓練を受けた2人の女から猛毒の神経剤ＶＸを顔に塗りつけられ、数十分後に死亡した。

こうした陰惨な殺害は、独裁制では決して珍しいものではない。しかし重要なのは、金正恩がこのような重大な決定を、妹の知らないところで下したとは考えられないということだ。北朝鮮版ゲーム・オブ・スローンズでは、血統でさえ生存を保証しないことを、金与正は骨身にしみて理解している。

金正恩の支配する北朝鮮を理解するには、この事実を忘れてはならない。文在寅政権の高官たちは、金正恩は父親や祖父とは根本的に異なると信じている。スイスで教育の一部を受けた金正恩は、より洗練され、自然体で、自信に満ちている。彼は先行する最高指導者たちよりも外部世界をよく知っている——韓国やそのほかの海外メディアが強調したがるように、スイス製チーズ、フォアグラ、最高級ワインを好み、バスケットボールを愛好する。しかし、金正恩が権力を維持しているのは、こうしたことが理由ではない。

金正恩とは、金一族の独裁、そして横暴な政治システムから誕生した存在である。次期権力者の座を異母兄に奪われまいと固く決意した彼は、父親の後継者となるために激しく戦った。彼が最も重要視しているのは、権力にしがみつき、金王朝を維持することであり、あとのことは全て、二次的でしかない。そのためには側近たちに外貨と褒美を与える必要があることを、彼は知っている。彼らの持つ権力を互いに拮抗させ、必要とあればかろうじてライバルを滅ぼせる程度とすべきことも。

多くの分析者が犯しがちな間違いの一つがミラー・イメージング——相手も自分と同じように

考えるはずだと思い込むこと――だ。北朝鮮ウォッチャーの多くは、北朝鮮の経済を近代化し、21世紀世界の仲間入りをしたいと強く願っている金正恩には、改革を実施する以外の選択肢はないと考えている。GDPの20~25パーセントという途方もない額を国防に費やしている金正恩なら、乏しい資源を軍備から経済セクターに移行させるはずだと考えているのだ。

金正恩が北朝鮮の近代化を願っていることは間違いない。150万人の北朝鮮人が亡くなった1990年代半ばの大飢饉で、国家経済は崩壊した。その後雨後の筍のように国中に姿を現したチャンマダン、つまり自由市場が、事実上経済を支えている。金正恩には、これを合法化する以外に選択肢はなかった。平壌を訪問すると、交通渋滞の増加、ファッションに気を遣う人々、携帯電話で会話する人々、顧客を乗せたタクシーなどに気づく。北朝鮮版のピザやハンバーガーを出すファストフード・レストランも存在する。共同住宅はペンキが塗りたてのようだ。しかし、中国やベトナムのように、ルビコン川を渡って構造的な経済改革に着手した途端、金正恩は無人地帯に踏み込むことになる。彼にとっての根本的なジレンマは、北朝鮮を救うためにはシステムを改革しなければならないが、システムの改革に手をつけた途端、体制は崩壊の危機に瀕するだろうということだ。

「経済全般を整備、補強し、活性化するための国家的な作戦を正しく立て、ねばり強く実行しなければならない」と、2019年1月の新年の辞で金正恩は述べている。[2] 中国にできたことが、なぜ北朝鮮にはできないのか？　なぜ北朝鮮はベトナムと競えないのか？　これが根源的な問題だ。

　１９７８年に中国で鄧小平《とうしょうへい》が経済改革を開始できたのは、毛沢東《もうたくとう》の社会・政治・経済改革が惨めな失敗に終わったからだった。惨憺たる結果となった大躍進（１９５８〜62年）と文化大革命（１９６６〜76年）は、中国を破産させただけでなく、この国の進歩を２世代ほど遅らせた。鄧が改革を開始したのは、中国にほかの道がなかったからだが、それに加えて、彼が毛沢東の大失敗とは無関係だったからでもある。しかし、ひとえに父親と祖父のおかげで権力の座につけた金正恩に、そのような幸運はない。

　オーストラリア戦略政策研究所を拠点とするベトナム人アナリストのフォン・レ・トゥは、北朝鮮とベトナムは、どちらも共産主義国家ではあるものの、権力構造を含めて大きな相違点があると指摘している。

　「北朝鮮は王朝時代そのままの方法で運営されているのに対して、ベトナム共産党は制度化された集団指導体制にしたがってきた。ベトナムでは世襲の権力継承が起こったことはなく、ベトナムの独立の父として敬愛されている、党の設立者で最もカリスマ的な指導者のホー・チ・ミンでさえ、金一族、毛沢東、ジョセフ・スターリンなどのほかの共産党指導者がそれぞれの党内で享受したような絶対的権力を党内で持ったことはなかった」[3]

２０１８年はじめから、金正恩は目覚ましい勢いで世界の大舞台に登場した。韓国大統領の文在寅とは２０１８年4月、5月、9月の3回、会談を行っている。２０１８年6月には、アメリカ前大統領のトランプとの初の首脳会談を行っている。不器用な外交政策やスポットライトを好むその性質はともかくとして、トランプは、北朝鮮の指導者と一対一の会談を行うという、これまでどのアメリカ大統領もできなかったことを成し遂げたのである。

２０１９年6月30日に北緯38度線で金正恩と3度目の握手をした時、トランプは限界に挑んでいた。どちらもリアリティー番組のスター的なところのある金正恩とトランプは、揃ってスポットライトを求め、「天才的な」指導者としての力量を絶えず誇示したがっていた。２０１９年2月にハノイで開催された2度目の米朝首脳会談が失敗に終わったあと、彼らはリアリティー番組を続けるための新たな気運を必要としていた。最終的にどのような合意が交わされるか、誰にも分からない。しかし金正恩とトランプにとって必要なのは、核兵器の使用凍結の合意に紛れて非核化問題をうやむやにすることだけなのだ。

中国の習近平《しゅうきんぺい》国家主席は、２０１８年3月まで金正恩の北京訪問を許さなかった。習近平は金正恩が核兵器の実験を続けたこと、特に２０１７年9月には水爆の実験を行ったことに腹を立てていた。しかし金正恩が権力継承の正統性を主張するためには、正式に習の承認を得ることが欠かせなかった。２０１９年2月、トランプとの2度目のハノイ会談の際には、金正恩は平壌から中国を縦断して、ベトナムまで60時間かけて列車で移動している。会談の果実は得られなかったとはいえ、金の国際的なステイタスは、嫌われ者から改革を急ぐ若き指導者へと一変した。２０１９年4月25日には、ウラジオストクでロシア大統領のウラジーミル・プーチンと初会談している。

米朝の関係正常化の大きな障害となっているのが、平壌の核兵器プログラムである。研究者によって挙げる数字は異なるものの、北朝鮮はすでに30〜60発の核弾頭を保有し、さらに年間３〜５発の製造能力を持つと考えられている。北朝鮮がＮＰＴ（核不拡散条約）脱退を宣言した――その後実行した――１９９３年の第一次北朝鮮核危機以来、北朝鮮による核兵器開発を止めようとするあらゆる外交的努力は失敗に終わった。

核兵器は重大な懸案ではあるものの、問題はそれに留まらない。北朝鮮は１０００発以上の弾道ミサイルを保有し、その中にはＩＣＢＭ（大陸間弾道ミサイル）とＳＬＢＭ（潜水艦発射弾道ミサイル）が含まれる。生物・化学兵器もあり、サイバー攻撃の技術も磨いている。

金正恩に、核兵器を放棄する余地はあるのか？　短期的には、答えはノーだ。韓国の現政権の閣僚を含めて、金正恩が本心から非核化を目指していると信じている者は多い。しかしトランプがハノイで気づいたように、非核化に関する北朝鮮の定義は、アメリカのものと一致しない。ワシントンは、全ての核兵器の完全な解体・破壊を要求している。一方平壌は段階的な核兵器削減を望んでおり、それもアメリカが韓国に与えている核の傘の保護を取りやめることが前提だ。つまり、北朝鮮は、非核化などしたくないのだ。

　北朝鮮問題はこれからも紛糾するだろう。これからも南北間の、そして米朝間のハイレベル協議が続くだろう。演出好きの金正恩の性格を考えれば、ソウル訪問の可能性も捨てきれない。しかしこれは韓国から重要な妥協や譲歩を勝ち取れると確信した場合に限られるだろう。そして金正恩にとって最高の外交的勝利は、首都ワシントンに招待され、核兵器凍結の合意に調印することである。

　ハノイの2度目の米朝首脳会談は物別れに終わった。トランプは、悪いディールに合意するくらいなら、立ち去るよりほかなかったと述べた。金正恩に核兵器を放棄させられると考えていたアメリカ大統領は、大いに失望した。それに彼は、２０２０年の大統領選挙に向けて、重要な外交的勝利を非常に必要としていた。金正恩は経験豊かな指導者ではないが、それでも核兵器なしでは北朝鮮は韓国、日本、さらにアメリカに対して根源的な脅威を与えられないことを熟知している。

　金正恩が達成したがっている事柄は、究極的には「ミッション・インポッシブル」としか形容できない。一族の独裁を損なわずに北朝鮮を近代化する。根本的な経済改革なしで、南北間の交流拡大を餌に韓国の投資と外貨収入を呼び込む。唯一のパトロン国家である中国に完全に依存することなく、中国を見習う。韓国への影響力を強化しつつ、反対に韓国からの影響力は排除する。そして大量破壊兵器を保有し続けたまま、アメリカとの国交を正常化する。

現在の金正恩には、文在寅という絶好のパートナーがいる。文在寅も、平和という名の列車をスケジュール通りに運行させたがっている。またトランプも、北朝鮮の核の脅迫には屈しないという言葉はともかくとして、最終的には朝鮮半島に恒久的な平和をもたらした大統領として歴史に残る誘惑に勝てないだろうと、金正恩は期待している。このように金正恩、文在寅、トランプの政治的な利害が一致するとはいえ、朝鮮半島の根本的な再編が実現するかどうかは、金王朝を解体して北朝鮮を救うという戦略的な決断を、金正恩が下せるかにかかっている。しかし権力の座にある限り、彼がそうすることはないだろう。

第1章

地上の楽園での生活

アバターの地

北朝鮮人が外国人ジャーナリストやそのほかの外国人訪問者から、日々の生活がどんなものか尋ねられたら、彼らは例外なくこう答えるだろう。国民は地上の楽園で暮らしている。それも全て、偉大な最高指導者のおかげだと。最高指導者は彼らの父親であり、全てを与えてくださる方である。国民に不足は何もないし、ほかに望むものもない。皆が完全に満ち足りているように、最高指導者が気を配ってくださるからだ。キリスト教の天にまします父なる神のように、北朝鮮では、金一族の存命の家長が全てを可能にしてくださるのだ、と。

これは全くの嘘っぱちである。党や軍や治安機関の中枢、外貨獲得が可能な企業指導者など、体制と切っても切れない緊密な関係にある超エリートを除けば、大多数の北朝鮮人は全くの自力で何とか生きていくよりほかない。

北朝鮮の状況は、昔からこれほど悪かったわけではない。今では想像もつかないことだが、１９７０年代初頭まで、北朝鮮のＧＤＰは、韓国よりも高かった。しかし２０１７年のＧＤＰは、韓国の１兆５０００億ドルに対して北朝鮮は３３０億ドルで、１人あたりに換算すると、それぞれ３万ドルと１３００ドルである。[1]

それでも北朝鮮人の耳に絶えず入ってくるのは、韓国は物乞いだらけで、ごくわずかな腐敗した資本主義者だけが快適な生活を送っているという話だ。それ以外の国民は、不潔な厳しい生活で、かろうじてやりくりしているという。国全体がアメリカの資本主義者の餌食なので、韓国人女性は頻繁にアメリカ軍兵士にレイプされ、人々は北朝鮮による解放を待ちわびている、と平壌の宣伝機関は主張する。プーチン政権の代弁者であることを公言するロシアの政府系国際メディアＲＴでさえ、北朝鮮の宣伝は行きすぎだと考えている。２０１７年に放送されたドキュメンタリー『地上で最も幸せな人々――北朝鮮、その支配者、国民そして公式の物語』で、この国の様子を外から盗み見ることができる。[2]

２０１６年1月に金正恩《キムジョンウン》がある工場の視察に訪れた時について、工場長の女性が回想している。「元帥様が扉を開けて入ってこられた時、私たちはその太陽のようなお顔を仰ぎ見ました。まるで夢のようでした。まるで私だけがこの素晴らしい名誉にあずかっているような気がしたのです」。そして彼女は真面目な顔で続けている。「元帥様が到着された時、工場と作業所が全て、太陽の光に満たされたのです！」

映画クルーは、有名な金日成総合大学で勉強する学生たちの様子も映している。北朝鮮では男性は大学入学前に10年間の兵役につかなければならないため、男子学生のほとんどは20代後半か

30代前半である。「革命を指導された偉大な首領様（金日成）と将軍様（金正日）のおかげで、我が国は世界で最も精強な国になりました！」と１人の学生が言う。そして「我が国の主権を脅かそうとするような傀儡《かいらい》国家は、全て敵です」と大きな笑みを浮かべるのである。

　太陽節と呼ばれる金日成の誕生日の4月15日は、毎年、国家を挙げて祝われる。広場に集まった市民が金日成と金正日に忠誠を誓う様子を、映画クルーが撮影している。そして小学校に入学した子供たちが軍歌に合わせて、足をまっすぐ高く上げて行進し、先導する子供が右腕を45度の角度にさっと上げると、行進する子供たちも一斉に右斜め上に顔を向ける。

　孤児のための中等学校では、偉大なる金正恩元帥は学校の視察に２時間かけられたと、ある職員が映画クルーに話している。入り口の壁には施設の巨大な見取り図が示され、金正恩が視察を開始した地点は赤い星で、その後たどった道筋は赤い矢印で示されている。一つの部屋全体が、視察を記念する写真や品々で満たされている。金正恩が触れた赤と黄色の毛布や、彼が腰かけた、青いクッションのついた白い椅子は、ガラスケースの中だ。父親や祖父の場合と同じように、彼が触れたものは一つ残らず、神聖な記念品として保存されるのである。

　つまり、平均的な北朝鮮人像として国家が描き出したがっている姿は、次のようなものである。金一族への永遠の愛に満たされ、金日成と金正日の教えの中にのみ真実を見出し、現在の最高指導者である金正恩から、あらゆる事柄について導きを受けている、というものだ。

実は、北朝鮮人は誰でもアバター（分身）を持っている。なぜなら、このアバターがどう振る舞うかが、往々にして生死を分けるからだ。

ほとんどの友人や親戚、同僚に見せる分身は、一般向けの建前だ。北朝鮮人が本音を明かすことができるのは、ごくわずかの人に対してだけで、身近な家族、信頼できる親戚、そして一緒に罪を犯した――韓国映画を見るような――親友だけかもしれない。

北朝鮮の暗黒部分に関する情報は、西側資本主義者や国家の敵がでっち上げた「フェイク・ニュース」に過ぎないと、国家は主張する。しかし２５００万人の北朝鮮人の微笑みのすぐ下には、北朝鮮を隅々まで覆う闇が潜んでいるのである。

北朝鮮には少なくとも四つの強制収容所が存在し、そこに20万～30万人の政治犯とその家族が収容されている。国は公式には、政治犯は存在しないとしている。かつて第22号管理所（現在は廃止）の警備を担当していた安明哲《アンミョンチョル》は、韓国への亡命に成功した数少ない警備員の１人である。彼は囚人たちを、人間ではなく動物と見なすように訓練を受けた。実際、囚人たちは、警備員の飼い犬より少ない量の食料しか与えられなかったのである。

「囚人は先生と視線を合わせることが許されていません」と安明哲は回想している（「先生」は、収容所内で警備員を指す婉曲表現）。

「目が合ったり視線を上げたりした者は殴られますが、いつもというわけではありません。その日の気分によって、ささいな口実でもっと厳しくあたることもできるのです[3]」

第22号管理所は、罪を犯した者の家族を収容していた。罪を犯した本人は、さらに陰惨な、例えば耀徳《ヨドク》の第15号管理所などに送られた。そのような場所では囚人は強制労働、飢え、病気、拷問、殴打、処刑などにより次々に命を落とした。北朝鮮では、政治犯の家族や親戚も、連座制により罰せられて収容所に送られる。例えばもしあなたの従兄弟が韓国に亡命したら、直接の家族が教化所や管理所に送られるだけではない。あなたやそのほかの遠い親戚も捕まる可能性がある。会社や工場の労働者が重大な違反に問われた場合は、その上司や同僚が捕らえられる場合もある。学生たちは、親を監視するように教え込まれる。違反や不純思想に気づいた場合、密告が奨励されているのだ。

心の奥底では全ての北朝鮮人は、二重生活を送らなければならないことを理解している。年齢を重ねるほどに、自分のアバターの振る舞いに細心の注意を払う必要がある。さもなければどこかでうっかりミスを犯してしまう可能性があるからだ――例えばタブーについて冗談を言ったり、党官僚に別のやり方を提案したり、あるいは数百、または数千人の市民の集会で居眠りしてしまうなど。

北朝鮮人にとって最も重大な罪は、「十大原則（唯一的領導体系確立の十大原則）」の一つまたは複数の項目に違反することである（表1）。これがキリスト教の十戒によく似ているのは、偶然ではない。最初に金正日によって導入されたのは、金日成と金一族に対する個人崇拝の風潮が新たな局面を迎えた１９７４年のことで、２０１３年に金正恩によって見直しが行われた。全ての北朝鮮人はこれを丸暗記し、問われたら暗唱しなければならない。

ほとんどどんな行為も、十大原則のうち一つまたは複数の項目への違反と見なされ得る。韓国のＮＩＳ（国家情報院）は２０１７年11月に、朝鮮労働党の日刊機関紙『労働新聞』が一面に弾道ミサイル発射実験成功の記事を掲載しなかったとして、複数の記者が「革命化」（つまり再教育）されたと、国会の情報委員会に報告している[4]。役人が自分の言葉を一言一句書き留めていない、あるいは自分の祖父や父親の肖像の前で45度の角度でお辞儀をしていないことに金正恩が気づいたら、それも十大原則違反と解釈されかねないのだ。

ドキュメンタリー映画『太陽の下で――真実の北朝鮮』（２０１５年）を撮ったロシア人映画監督ヴィタリー・マンスキーは、北朝鮮のごく普通の8歳の少女リ・ジンミの生活を世界に紹介したいと考えていた。北朝鮮政府はマンスキー、撮影スタッフのアレクサンドラ・イヴァノヴァ、そして音響アシスタントしか入国を許可せず、またマンスキーは、当局が用意したシナリオ通り

表１　唯一的領導体系確立の十大原則

1	全社会を金日成・金正日主義化するために一身を捧げて闘争しなければならない。
2	偉大な金日成同志と金正日同志を我々の党と人民の永遠の首領として、主体の太陽として高く奉じなければならない。
3	偉大な金日成同志と金正日同志の権威、党の権威を絶対化し、決死擁護しなければならない。
4	偉大な金日成同志と金正日同志の革命思想とその具現である党の路線と政策で徹底して武装しなければならない。
5	偉大な金日成同志と金正日同志の遺訓、党の路線と方針貫徹で無条件性の原則を徹底して守らなければならない。
6	領導者を中心とする全党の思想意志的統一と革命的団結を百方に強化しなければならない。
7	偉大な金日成同志と金正日同志に倣い高尚な精神道徳的風貌と革命的事業方法、人民的事業作風を持たねばならない。
8	党と首領が抱かせてくれた政治的生命を貴重に考え、党の信任と配慮に高い政治的自覚と事業実績で報いなければならない。
9	党の唯一的領導下に全党、全国、全軍が一つのように動く強い組織規律を立てなければならない。
10	偉大な金日成同志が開始され金日成同志と金正日同志が率いてこられた主体革命偉業、先軍革命偉業を代を継いで最後まで継承完成しなければならない。【5】

の撮影しか許されなかった。しかし北朝鮮当局は知らなかったが、音響アシスタントのロシア人は朝鮮語が堪能で、またマンスキーは、指示された時以外もずっとカメラを回し続けていた。『ロサンゼルス・タイムズ』紙によると、「1日の終わりには、北朝鮮側はその日撮影されたフィルムを点検しました。しかし感情をあらわにした外国人が何年も牢屋に入れられるような国では非常に危険なことですが、クルーは全てのフィルムのメモリーカードのコピーを隠し持ち、密かに国外に持ち出したのです」[6]。完成したマンスキーの映画では、北朝鮮側の当局者が「アクション！」それから「カット！」と言う声を聞くことができる。

　映画の中では、朝鮮少年団に入団する直前のジンミの様子が描かれている。入団式が行われる光明《こうみょう》星節《せいせつ》は、金正日の誕生日（訳注：2月16日）で、北朝鮮で最も神聖な日の一つだ。カメラは彼女の教室にズームインする。ジンミは皺一つない青い人民服を着ている。この日の授業は、日本と資本主義に対する偉大な首領、金日成の戦いについてだ。

「偉大な首領、金日成同志は、ひどい日本人について、私たちに何を教えてくださいましたか？」と教師が尋ねる。すると生徒たちは皆、右腕を90度に曲げ、左腕を胸にあてる。これは答えたいという合図だ。

「彼らがどれほど朝鮮人を虐待したか忘れないことです！」と1人の生徒が答える。

「そう、その通り！」と教師。

幼稚園の頃から、北朝鮮の子供たちは、最高指導者とその前の2人の偉大なる領導者を崇拝するように教え込まれる。そして人々を導いてくれる金一族を称える歌を歌うが、その年齢ではもちろん、歌の意味など全く理解していない。

ジンミの父親の実際の職業は新聞記者だ。しかし撮影に責任を持つ党の監視役が、新聞記者の社会的地位は低すぎると判断したため、繊維の模範工場の技師という設定に変えられた。飲食店で働く母親も、豆乳製造の模範工場勤務ということになった。もちろん3人は、とても快適そうなアパートに住んでいるという設定だが、このアパートは、実は彼らのものでないのではないかと、マンスキーは疑っていた。朝食のシーンでは、朝鮮によくある暖かいオンドルの上に座った一家が、なるべく自然で満足できるシーンが撮れるまで、何度も繰り返し台詞を言わされている様子を、マンスキーは撮影している。

「ジンミ、キムチをたくさん食べなさい。これは我々の国民食だからね」と父親が言う。「毎日キムチを食べれば、1日に必要なビタミンの半分が取れるんだよ」

「うん！」とジンミは答える。「キムチを食べれば、老化やガンも防げるんでしょ！」

父親は彼女が物知りだと褒める。

次のシーンでは、一家が食事用のテーブルを台所に戻す様子をカメラが追う。台所には、平均的な北朝鮮人は普通見ることのないご馳走が並んでいる。スクランブル・エッグ、牛肉ソーセージ、白米、野菜炒め、牛肉スープ、それに甘い餅。

別の演出されたシーンでは、ジンミの母親が、（実はこれまで会ったことのない）同僚たちと並んで立っている。台本によると、集まった労働者たちに役人が、ジンミが少年団に加盟したので母親に祝いの言葉をかけるように指示している。監視役が「カメラのことは考えるな。できるだろう?」と言っているのをマンスキーは撮っている。しかし8人の女性労働者とその上司の様子は、全く自然ではない。「同志に話しかけられたら、みんなにっこりしろ!」と彼らは指示される。

映画の終わりでジンミは、少年団に加わることについてどう思うか尋ねられる。すると反射的に、彼女は自己批判を始めるのだ。頬を涙で濡らし、自分の欠点を数え上げ、偉大なる指導者のためにもっと努力すると約束する。「彼女を落ち着かせろ。全てうまくいくと言ってやれ」という監視役の声が聞こえる。

「何かいいことについて考えてごらん」と1人が提案する。

「例えば?」とジンミは悲しげに尋ねる。

最終的に詩を暗唱するように監視役に言われ、涙をぬぐったジンミはやっと立ち直る。

偉大なる首領様金日成同志がお作りになり
偉大なる輝かしい領導者様金正日同志がつき固められ

敬愛する領導者様金正恩同志が率いられる
輝かしい少年団に加盟した私は、誓います
いつでも、どこでも
偉大なる将軍様たちの精神にそして
敬愛する領導者様金正恩同志の教えにしたがって考え、行動することを
共産主義社会を建設するための革命的な主体《チュチェ》思想の
信頼できる擁護者になるために
世代を超えて
誓います！

後にマンスキーはインタビューで次のように語っている。これまで世界各地で子供たちを撮影したが、彼らには一つの共通点があった。どこでも子供たちは、好奇心にあふれ、ひっきりなしに質問をしてきたものだ。だがジンミはそうではなかった。「撮影期間中、ジンミは一度もカメラに映った自分の姿を見ようとはせず、一度も質問しなかったのです」とマンスキーは言っている。「まるでＳＦの世界にいるようでした」[7]

公開された映画が批評家の絶賛を浴びると、北朝鮮はロシア外務省に正式に抗議し、同国の宣

伝機関はダメージコントロールに奔走した。再び登場させられたリ一家は、演技を強要したのはマンスキーだったと証言した。そして、文化交流の一環としてドキュメンタリーが作られるのだと思い、したがったのだと言った。

おそらく何よりも不穏なのは、ジンミの家族は実は一緒に暮らしていないのではないかとマンスキーが疑っていることだろう。

「女性たちは工場で働いたり住んだりしており、子供たちは寮のような場所で暮らして学校に通っているのを見ました。……それに家族——母親と父親と子供——が通りを歩いているのを、見たことがないのです、一度も。私たちの家族だけが、一緒に通りを歩いていました。撮影のためにね[8]」

ジンミに危害が加えられているのではないかという疑惑を払拭するため、北朝鮮メディアはその後、彼女が金正恩に花束を贈呈したと報道した。それでも、ジンミの運命は「これからも私の心の重石であり続けるでしょう」とマンスキーは語っている[9]。

脱北者の物語

現在、約３万人の脱北者が韓国で暮らし、ほかに数万人が、中国や東南アジアの各地に潜伏している。彼らは皆、命がけで北朝鮮から脱出した。鴨緑江《アムノッカン》の水深の浅い上流を横断するのが、主な脱出ルートである。周旋人の力を借りて密かに中国に入国し、運に恵まれれば韓国に到着できる。しかし中国まで来た北朝鮮の女性の多くは、脱出費用を工面するために売春婦として売られる。また中国は北朝鮮からの逃亡者を摘発しており、捕まった者はほぼ確実に北朝鮮に強制送還される。

北朝鮮に送還された逃亡者は投獄されて厳しく処罰されたり、教化所に送られたり、最悪の場合は処刑される。しかし汚職がはびこっているため、家族が賄賂を払った結果、早々に釈放される場合もある。事実、外貨さえ持っていれば、賄賂を払ってほとんどの状況を切り抜けることが可能なのである。

厳しい情報統制にもかかわらず、多くの北朝鮮人は、国境の南側の親戚が豊かで自由な暮らしを送っていることに薄々気づいている。ほとんどの北朝鮮人は、密かに韓国のテレビ番組を視聴したことがある。しかし脱北者は、ソウルに到着した時にはじめて、韓国人の日常生活の現実について知る。彼らの多くは当初、建物や通りや車は果たして巨大な映画セットの一部なのだろうかと、訝ったものである。

脱北者たちの悲惨な物語は、北朝鮮に関するまたとない洞察の機会を与えてくれる。安全な南側に落ち着いたこれら脱北者たちは、もはやアバターのように振る舞う必要はない。彼らの言葉は、北朝鮮が幾重にも重ねてきた欺瞞をはぎとる。

多くの脱北者たちは韓国の生活を楽しんでいるが、二級市民のように感じている者も少なくない。学校に通ってソウル方言を身につける若者は順応するのも速いが、年長者の場合、平壌方言のせいですぐに出身が明らかになってしまう。

脱北者にとっての最大の課題の一つが、韓国の超競争社会に順応することである。韓国では「パリパリ（早く早く）」が日常生活の大原則である。レストランで注文したら、数分以内に料理が出てくるはずだ。現代の韓国のような超接続社会では、何でもあっという間に届けられる。自宅にケーブルを引きたい？　電話申し込み後数時間以内に設置は完了。新しい度つき眼鏡が欲しい？　1時間もかからない。

勝者総取り文化と非常に強い労働倫理のおかげで、韓国は朝鮮戦争の廃墟の中から、わずか2世代のうちに、世界第11位の経済大国へのし上がった。しかしその対価として支払った社会的犠牲もまた小さくなかった。韓国の自殺率は65歳以上の男性とティーンエイジャーに関しては、ＯＥＣＤ諸国中で最も高い。韓国社会で頂点にのぼり詰めるには、激しい競争をくぐり抜け、多額の金と、親の犠牲を必要とするのである。

韓国に住む北朝鮮出身者にとって、この環境で生きていくだけでも容易ではない。その上、社会の隅々まで党の目が行き届いていた北朝鮮と異なり、韓国では彼らは基本的に放っておかれる。北朝鮮人は生まれた時から、何をすることができ、何をしてはいけないのかを教えられる。また全ての仕事は党から与えられる。大学入試は、特定の出身成分（一族の政治的、社会的、経済的なバックグラウンドに基づいて定められた身分。第2章参照）に属す者だけが受験を許される。

北朝鮮でフルタイムの仕事についていた者は、韓国の生活を非常に困難なものと感じる。ネットワークが広く張りめぐらされ、非常に競争の激しい韓国の組織文化に彼らが順応するのは、ほぼ不可能だ。ある北朝鮮の元警察官は、建設労働者として働く韓国での現在の生活について嘆き、北朝鮮では、自分は恐れられてはいたが、尊敬もされていた、と言う。

非常に数は少ないが、北朝鮮に戻ることを決意した脱北者もいる。その1人であるイム・ジヒョン（北朝鮮ではチョン・ヘソンとして知られている）は、２０１４年に脱北したあと、韓国のリアリティー・ショーやトークショーに登場して有名になった。しかし２０１７年7月に、北朝鮮の国営の宣伝用サイトに彼女のインタビュー動画が登場したのである。そこでイムは、「韓国での私の生活は、一日一日が地獄でした」と話している。「暗くて寒い部屋に一人きりでいる時、私は惨めでたまらず、祖国やそこに残してきた両親のことを思って毎日泣きました」[10]

彼女が自発的に戻ることを決意したのか、それとも家族に危害を加えると北朝鮮当局に脅されて泣く泣く戻ったのか、韓国政府は確信を持てずにいた。

別の脱北者キム・リョンヒは、２０１６年3月にソウルのベトナム大使館で、北朝鮮に戻るためにベトナム政府の支援を求めて政治亡命を申請した。彼女は、間違えて韓国に来たのだと主張した。それによると、２０１１年に中国を旅行した時に会った密輸業者が、韓国で金を稼いでから北朝鮮に戻れる、と言ったのだという。[11]

脱北者たちの物語は、北朝鮮というパズルのピースを合わせるのに非常に大きな意味を持つ。しかし彼ら一人一人の証言を検証するのは、決して簡単ではない。彼らの多くは、韓国側の当局者が聞きたいと思っているようなことを話すからだ。ブレイン・ハーデンのベストセラー本『北朝鮮――14号管理所からの脱出』（訳注：邦訳は園部哲訳、白水社、２０１２年）の主人公である申《シン》東赫《ドンヒョク》は、自分は収容所で拷問され、また母親と兄が処刑されるのを目撃したと語っている。また、収容所で生まれたとも言っている。しかし２０１５年には「いくつかの重要な事実を除外していたことを彼は認めた。例えば子供時代を、それほど厳しくない（しかし北朝鮮では、これは程度の差に過ぎない）、大同江《テドンガン》の対岸の第18号収容所で過ごしたといったことだ。しかし彼によれば、ハーデンに説明した拷問は全て実際に起きたことで、ただ別の場所で、別の時に起きたに過ぎない」[12]。確かなのは、北朝鮮の日常生活に存在する暴力的で暗い面について、何千もの証言が存在するということである。『七つの名前を持つ少女』（訳注：邦訳は夏目大訳、大和書房、２０１６年）の著者である李晛瑞《イヒョンソ》は２００６年に北朝鮮を脱出したが、彼女はそれ以来、北朝鮮の惨状に世界の注目を集めるために活動している。「北朝鮮の人々を、現在だけでなく将来にわたって長期間援助できるような財団を設立したいと考えています」と彼女は話している。

「それに韓国が北朝鮮のひどい現状を理解することが、非常に重要なのです」[13]

大きな注目を集めた２０１５年4月のＴＥＤトークで李晛瑞は、自身が脱出したあと、どうやって家族が北朝鮮を脱出する手助けをしたか、語っている。

「私は航空機で中国に戻り、北朝鮮との国境に向かいました。家族は中国語を話せないので、中国国内を２０００マイル（訳注：３２００キロメートル）以上縦断して東南アジアへ、何とか彼らを連れていかなければなりませんでした。バスの旅は１週間かかり、その間に数回、捕まりそうになりました。一度はバスが停止して、中国の警察官が乗り込んできたのです。警察官は乗客全員の身分証明書を改め、それから一人一人に質問を始めました。私の家族は中国語が分からないので、これで捕まってしまうと思いました。警察官がこちらに近づいてきたので、私はとっさに立ち上がり、この人たちは耳が聞こえず、頭も弱い人々で、私が引率していると言いました。彼は私を疑わしげに見たものの、幸い信じてくれました[14]」

韓国人ジャーナリストの李《イ》学俊《ハクチュン》は、同国最大で、最も影響力の大きな新聞である『朝鮮日報』の記者である。彼は北朝鮮からの脱出者の旅について記した画期的な作品『天国の国境を越える――命懸けで脱北者を追い続けた1700日』（訳注：邦訳は澤田克己訳、東洋経済新報社、2013年）を執筆している。中国を通過してラオスに入国した北朝鮮人のグループに加わった彼はまた、脱出者と行動をともにしたただ一人のジャーナリストでもある。

「『グループの全員は成功できないかもしれないと、私はとても不安でしたが、自分自身については、兵役も終えていることだし、大丈夫だと思っていました』と李は話している。『驚いたことに、一行から最初に遅れ始めたのは私だったのです。生命と自由を求める北朝鮮人の熱情は、彼らの年齢や身体的問題をものともしなかったのです。私のせいで遅れが出ていたので、どうか自分を置いて先に進んで欲しいと頼みました。彼らが捕まったら、北朝鮮に強制送還されかねませんが、私の場合は、罰として中国の刑務所でしばらく過ごすだけで済むはずだったからです[15]』」

北朝鮮について報道した多くのジャーナリストの中で特に注目に値するのが、『ワシントン・ポスト』紙のアンナ・フィフィールドだ。ソウル、東京、そして今では北京に拠点を置くフィフィールドは、15年以上にわたって北朝鮮情勢を追い続け、平壌を7回訪問している（訳注：２０２０年7月にフィフィールドは『ワシントン・ポスト』を退職して、故郷ニュージーランドの『ドミニオン・ポスト』に移籍した）。著書“The Great Successor（偉大なる継承者）”（訳注：未邦訳）で金正恩の変化を分析したフィフィールドは、２０１７年11月に『ワシントン・ポスト』紙に執筆した「金正恩の下での暮らし」をはじめとするアジア情勢の報道で受賞した。「ますます多くの北朝鮮人が、１９９０年代半ばの激しい飢饉開始後の約15年間のように空腹を逃れるためではなく、幻滅したために、逃亡している」と彼女は書いている[16]。

韓国の政治的左派に関する大きな皮肉の一つは、北朝鮮の重大な人権侵害を、彼らがほぼ完全に否認していることだ。かつての金《キム》大中《デジュン》・盧《ノ》武鉉《ムヒョン》両大統領の革新政権と同じように、現大統領の文在寅《ムンジェイン》大統領も相変わらず、北朝鮮のひどい人権状況について脱北者たちが証言するのをやめさせようとしている（訳注：大統領の任期は、金大中が１９９８～２００３年、盧武鉉が２００３～０８年）。韓国の急進左派は、北朝鮮の暴力的な体制に人々の注目を集めようとするＮＧＯ（非政府組織）の努力を攻撃し続けている。それでいて、文政権の閣僚を含む韓国の左派は、国内のあらゆる人権侵害には敏感なのだ。

自由北韓放送の代表である金聖玟《キムソンミン》は、北朝鮮に自由を広めるために献身的な活動を続ける、代表的な脱北者である。文在寅政権はなぜ北朝鮮の人権状況を無視していると思うかと尋ねられた金聖玟は、おそらく北朝鮮と和平を確立したい韓国政府の方針に関係があるのではないかと推測した。金聖玟は「（文政権は）北朝鮮の反応を非常に気にしており、目標を達成しようとしている時に、あえて両国間の争点を取り上げる必要はないと考えているのでしょう」と答えた[17]。しかしその結果、韓国の左派は民族主義という口実の下で、北朝鮮に関する道義的な指針を失ってしまったのである。

駐英北朝鮮大使館の公使で２０１６年４月に韓国に亡命した太永浩《テヨンホ》は、１９９７年に脱北した黄長燁《ファンジャンヨプ》以来、知られている中で最も高位の脱北者となった（訳注：太永浩は7月にイギリスを出国し、8月に韓国に亡命した）。北朝鮮を代表する知識人だった黄長燁は、党の国際担当書記や最高人民会議議長を含む数々の高位の役職を歴任している。一方、太永浩は自身の物語を、韓国でベストセラーになった『北朝鮮外交秘録――三階書記室の暗号』（訳注：邦訳は鐸木昌之監訳・李柳真・黒河星子訳、文藝春秋、２０１９年）に書いている。同書の特に陰惨な部分の一つで彼は、自らの叔父である張成沢《チャンソンテク》だけでなく、張と親しいとされた15人以上の政府や党の高位者の処刑を命じた、金正恩の真に残忍な性格について述べている。太によると、この時期に約４００人の官僚と３００人の軍関係者が粛清されたという。[18]

２０１３年11月中旬に、張成沢の２人の最側近である李龍河《リヨンハ》と張秀吉《チャンスギル》が姜建《カンゴン》軍官学校で対空機関銃を使って処刑された。同じ場所で張成沢も１ヶ月後に処刑されている。李龍河は国防に携わる党行政部第一副部長で、同部の副部長である張秀吉は人民保安部の高官と考えられていた。[19]太永浩によると、処刑は党書記や副書記、閣僚などを含む多くの高位高官が見守る中で執行された。同じく処刑に立ち会うために、下級官僚を乗せたバスも到着したが、そこから降り立った１人が張成沢だったのには、多くの者が驚いた。張成沢は金正日の義弟で、高い地位を占めていたからだ。[20]

２０１７年１月の記者会見で太永浩は、金正恩体制は今後それほど長く続かないと思う、と発言している。なぜなら外から流入する情報を統制しようとする努力は、体制内に存在する腐敗や不満に妨げられているからだ。[21]太永浩は金正恩の側近でないため、北朝鮮体制に関するその洞察力には限界があるが、それでも体制がどのように機能していたか――あるいはむしろ機能不全に陥っていたか――を、彼は直接経験している。

太永浩によると、彼は２０１５年5月に、パリの北朝鮮大使館の同僚から暗号通信文を受け取ったという。そこには、近いうちにトップから非常に重要な指令があるので待機するようにとあった。数回のやり取りのあと、ようやく明らかになった彼の任務は、ロイヤル・アルバート・ホールで開催されるエリック・クラプトンのコンサートのチケットを、金正恩の兄の金正哲《キムジョンチョル》のために購入することだった。

クラプトンの熱狂的なファンでアマチュア・ギタリストでもある金正哲は、自身が最高指導者になる野心は持っていなかった。父親の金正日も、若年の時から金正哲が政治向きでないことに気づいている。しかし弟の金正恩に対する徹底的な忠誠心を示していたため、音楽好きの趣味を満足させるために世界中を旅することを許されていた。

金正恩が父親の後継者であることは早い時期からはっきりしていた。仮にもし金正哲がごくわずかでも政治的野心を示していたら、激しい権力闘争が勃発していたことだろう。金正哲は賢く立ち回った。王侯のような暮らしとそれに付随する特権を享受できる限り、たとえ政治権力は皆無でも、彼は必要な全て、そしてそれ以上のものを手に入れられたのだ。ある意味で彼は、北朝鮮を支配する権力だけでなく、それに伴う重荷も背負わされている弟より運がいいと言えるかもしれない。いかに専制的であろうと、北朝鮮で起きる出来事に究極的に責任を負うのは金正恩なのだ。彼の権威に楯突いたり、過ちを指摘したりする勇気を持つ者など誰一人いない。それでも心の奥底では、金正恩は自らの成功と失敗に気づいているはずだ。

太永浩によると、彼はエリック・クラプトンのコンサートの前に到着した金正哲を、ヒースロー空港で出迎えたという。金正哲はあるレコード店に寄りたがったが、すでに夕刻だったため、太永浩はできるだけ丁重に、市内に着く頃にはすでに閉店しているだろうと告げた。ロンドンに向かう道中ずっと、諦めきれない金正哲は「閉店しているとしても、扉をノックするか電話をかければいいじゃないか？　オーナーが出てくるんじゃないか？　君はそういうコネも持っていないのか？」となじったという[22]。

一行がホテルに到着したのは真夜中をだいぶ過ぎてからだったが、金正哲ははいているズボンを翌朝再びはけるように、直ちにドライクリーニングに出すと主張した。ホテルのランドリーサービスはすでに閉まっていると告げられても、これがお気に入りなので、ほかのズボンははきたくないと駄々をこねた。午前４時に開店するドライクリーニング店を大使館員がようやく見つけ、こうしてクリーニング済みのズボンは無事、正哲の起床前に客室に届けられたのだった。

コンサート後、購入した２４００ポンドのギターを抱えてロンドンを発つ金正哲は、滞在中の世話に非常に感謝し、平壌に戻ったら是非連絡して欲しいと太永浩に言った。任務を無事に果たした太は大喜びで、息子たちともこの気持ちを分かち合おうと、有頂天で帰宅した。しかし彼らの言葉で天から地へ、突き落とされたのだった。

「お父さんはいったいどこにいるのかと思っていたんですよ。金正哲をエスコートしていたんですね」と息子たちの1人が言い、そして続けた。「普通の市民は、金正恩の命令で、退廃した資本主義の歌を聴くことを禁じられていて、学生は、外国の歌を聴いたら追放されることもあるんですよ。金一族は、国民には『苦難の行軍』（1990年代半ばの北朝鮮の大飢饉）に耐えるように命じておいて、自分たちは好き勝手放題です。退廃した西側音楽を独占するために彼らが1日に何千ドルも浪費することについて、何とも思わないんですか？[23]」

息子たちのなじる言葉を聞いて、太は大きな衝撃を受けた。「子供たちは怒りを抑えきれなかった」と彼は書いている。「私の世代は金一族をまるで神々のように仰ぎ見ていたが、全く異なる考え方を持つ新しい世代が育っていたのだ。突然、金正哲を助けたことが恥ずかしくなった。これは何ら自慢するようなことではなかった。奴隷が主人を助けることと変わらなかったのである[24]」

国境を越えて韓国に亡命する兵士は普通、地雷が大量に埋設された無人の危険な非武装地帯を越えていく。何人かはミグ戦闘機で韓国側への亡命に成功した。しかし2017年11月13日には、共同警備区域（非武装地帯の中で、朝鮮人民軍と韓国軍及びアメリカ軍がほぼ向かい合う、唯一の場所）付近に駐屯する部隊所属の呉青成《オチョンソン》という兵士が、両国を隔てる軍事境界線に沿って北朝鮮のジープを走らせていた。南北間の連絡が行われる、韓国側の施設である自由の家から約50メートル離れた韓国側の警備所の近くで車を止めたこの兵士は、突然狂ったように走り出し、朝鮮人民軍の銃撃を浴びながら目に見えない線を越えた。彼はやがて韓国軍の兵士によって安全な場所まで引っ張っていかれ、韓国の病院にヘリコプターで搬送された。韓国の最も名高い救急救命医である李国鍾《イグクジョン》はその後、兵士は銃創に加えて肺炎を発症しており、その上、腸の中には「信じられないほど多くの」寄生虫——一番長いもので28センチメートル——がいたと発表した[25]。

亡命の1年後、呉青成は東京で『産経新聞』の記者のインタビューに応じ、「私の世代の者は、80パーセントが政治と指導層に無関心で、体制に忠誠心も抱いていないと思います」と自身の考えを述べている[26]。「配給制度や福祉は完全に破綻しているため、権力かカネを持たない限り、北朝鮮では死ぬよりほかないのです[27]」

そして、北朝鮮では誰もが自力で何とかするしかなく、治安関係者や影響力を持つ者は、賄賂を受け取って目こぼしするのだと強調した。そして越境したことを後悔していないとつけ加えた。しかし彼の家族は、朝鮮人民軍の少将だった父親を含め、おそらく体制によって処刑されたか、少なくとも収容所に送られた可能性が高い。

海外の奴隷労働者

北朝鮮からの脱出を決意させる理由はいくつかある。空腹、自由とカネを求めて、あるいは犯罪者が逃亡するため。以前は最初の２点が非常に大きな割合を占めていたが、１９９０年代半ばの大飢饉の終結後は、ほとんどの脱北者を駆り立てるものは、空腹から逃れることではなくなった。彼らは今では自由、それにカネを求めて国境を越えるのだ。

国際社会による制裁は北朝鮮経済を窒息させるには至らなかった。経済的な困窮に何十年も対処してきたこと、（特に中国及び文政権下の韓国による）制裁の緩さ、そして何より、新たな外貨獲得手段のおかげで、外国からの締めつけに対して、北朝鮮経済は思いも寄らず強靱なのである。

体制が編み出した一つの方法は、海外で働く北朝鮮人労働者から何億ドルも搾り取ることである。正確な数値は不明だが、ある計算によると、北朝鮮は「10万人以上の労働者を海外に送り出せば、年間およそ23億ドルの外貨を稼ぐことができる。労働者の80パーセントは中国とロシアに向かい、国連によると、そこで『奴隷に近い労働条件』で働かされ、賃金の90パーセントを金正恩体制に吸い上げられるのである」[28]。東ヨーロッパや北アフリカで働く北朝鮮人労働者もいる。

シベリアの伐採場で働くキム・スンチョルは、１日あたり13時間働くが、１ヶ月の賃金として受け取るのはわずか20ドルだ[29]。別の試算によると、これらの労働者から国家が集める総額は、年間２億～20億ドルにのぼる[30]。

「労働者たちは毎朝、蛍光灯で照らされた中国の宿舎の金属製の狭い寝台で目覚める。自国政府によって派遣されてきた彼らは、最終的にアメリカの店に並び、家庭で消費される海産物を加工する仕事に従事する北朝鮮人だ」と、ティム・サリバンがＡＰ通信の記事に書いている。

「つまり、ウォルマートやアルディで夕食用にサーモンを購入するアメリカ人は、核兵器開発プログラムを進める北朝鮮政府に、無意識のうちに資金を提供しているのかもしれない[31]」

中国企業にとっての北朝鮮人労働者の魅力の一つは、その人件費の安さにある。サリバンがインタビューした、ある海産物加工会社の中国人セールスマネジャーは、彼の工場では北朝鮮人は中国人とほぼ同額の、月額３００～３８５ドルが支払われていると言った。「しかし」とサリバンは書いている。「ほかの者は、中国人の５４０ドルに対して、北朝鮮人には通常、約３００ドルしか払われていないと言っている[32]」。そして彼らは、稼いだ金をほとんど目にすることがない。北朝鮮政府が、彼らの稼ぎの70～90パーセントを取り上げてしまうからである。

北朝鮮が水素爆弾の実験を行ったことを受けて２０１７年9月11日に採択された国連安保理決議第２３７５号には、次のように定められている。

「全ての加盟国が、自国の管轄権内の北朝鮮国民の雇用が人道支援の輸送、非核化又は決議……もしくはこの決議の目的に適合するその他の目的のために必要とされることを委員会が事前に個別の案件に応じて決定する場合を除き、自国の領域への許可に関連して、自国の管轄権内において北朝鮮国民への労働許可を提供しないことを決定するとともに、この規定は、この決議の採択前に書面契約が確定している労働許可には適用しないことを決定する[33]」

（訳注：「外務省告示第３３３号」を引用）

この決議採択にもかかわらず、北朝鮮人はその後も中国に向かい続けている。それも、中国政府が見て見ぬふりをすることにしたからにほかならない。北朝鮮が中国と交わした合意文書には、北朝鮮人労働者は中国に30日までしか滞在できないと明記されているが、北朝鮮政府は「半年から1年間有効な通行許可証を発行しており、中国側は、有効期間の延長に抗議していない[34]」。

ウラジオストクに住むロシア人主婦ユリア・クラウチェンコは、「北朝鮮人労働者は仕事が早いし安いし、信頼できて、ロシア人労働者よりはるかに優秀です。彼らは朝から夜遅くまで、ずっと働いているのです」と話している。[35] またウラジオストクのある企業は、「驚くべきことに、彼らは几帳面で非常によく働きます。長い休憩時間を取ったり、頻繁にタバコ休憩を入れたり、任務を嫌がったりしません」と北朝鮮人労働者の雇用を勧めている。[36]

ＢＢＣの極秘取材で明らかになったのは、ポーランドの造船所で、北朝鮮人労働者たちが全く休憩時間を取らずに働く姿だ。「ごみを食べ、人間であることをやめるしかありません」と、彼らの１人は話している。あるポーランド企業で現場監督として働く北朝鮮人は、「締め切りがある場合、我々は休憩時間も取らずに働きます。ポーランド人たちは、１日８時間働いて帰宅しますが、我々はそうではありません。我々は、必要なだけ長く働いているのです」と話している。[37] あるポーランド人経営者が、北朝鮮人労働者の「許可証の取得がどんどん難しくなっている」とこぼしながらも、今後も彼らを使い続けると話すのを、ＢＢＣのレポーターは密かに録音した。[38]

北朝鮮の強制収容所

もし金正恩が、経済改革や大衆の生活の改善を真剣に考えていると世界に信じさせたいなら、彼がすべきことはただ一つ、強制収容所を全て閉鎖することだけだ。しかしこれを実行した途端に、あらゆる厄介事が持ち上がるだろう。なぜなら強制収容所こそ、冷酷な抑圧体制の最も強力な象徴だからだ。状況は異なるものの、金正恩が全ての強制収容所を閉鎖するとしたら、それは、スターリンがソ連の収容所を全て閉鎖するのに等しい大事件だ。

２０１４年2月に国連人権理事会は、北朝鮮、特にその強制収容所での基本的人権の激しい侵害に関する、背筋も凍るような報告を発表した。そこには「拘束、処刑、失踪を含む、北朝鮮における重大な人権侵害は、巨大な治安組織を構成する各部署の中央集権的な連携をその特徴としている」と記されている。

「北朝鮮においては、政治犯罪に関する場合は特に、尋問の際の拷問の使用は通例である。拘束下での食糧の制限やそのほかの非人間的な扱いは、容疑者に圧力をかけて告白及び他人への罪のなすりつけを促すために意図的に実施されている[39]」

人身売買に関するアメリカ国務省の報告書は、中国に脱出した北朝鮮人は中国当局によって強制送還され、その結果は恐るべきものであると述べている。

「潜在的な人身売買の犠牲者を含めたこれらの個人は尋問施設に送られ、そこで強制労働につかされたり、拷問、強制堕胎、そして看守による性的暴行を受けたりし、さらに強制収容所に送られる可能性もある……強制送還された犠牲者から強制収容所内で生まれた新生児は殺される[40]」

「管理所」として知られる北朝鮮の「政治犯収容所は、20世紀に全体主義国家が設置した強制収容所の恐怖を想起させる……（そして）現在、8万～12万人の政治犯が、四つの大きな政治犯収容所に収容されている[41]」。そこは完全統制区域とも呼ばれている。囚人たちは社会から完全に分離され、実質的に奴隷化されているからである。

北朝鮮における人権状況に関する国連調査報告書の結論は、簡潔だが、強力に訴えかけてくる。

「当委員会は、特にこれらの違反が人道に対する罪に相当する可能性がある場合に関して、責任の完全な所在を明確にすることを目指して調査を行った。当委員会は、司法機関でも検察組織でもない。したがって個人の犯罪責任に関して最終決定を下すことはできない。しかしながらその発見が、権限を持つ国家的または国際的な司法機関による犯罪捜査を必要とするような、人道に対する罪が起きたことを証明するに足るかどうか、判断することは可能である。この基準に照らして当委員会は、集められた証言やそのほかの情報に基づき、北朝鮮において人道に対する罪が起きたことは確実であると判断した。それは国家の最高レベルで決定された政策に沿うものである。こうした人道に対する罪には、絶滅、殺害、奴隷化、拷問、投獄、強姦、強制堕胎そのほかの性的暴行、また政治信条・宗教・人種・性別に基づく迫害、住民の強制移転、強制失踪、そして意図的に引き起こされた長期間の非人道的な飢餓状態などを含む。当委員会はさらに、朝鮮民主主義人民共和国では、その核心部の政策・組織・そして免責パターンが変化していないことから、現在でもこうした人道に対する罪が継続していると考えている[42]」

しかし管理所は、唯一の厳しい収容所というわけではない。ＮＧＯの報告によれば、北朝鮮には６種類の収容所が存在する。あとの五つは「教化所」「労働教養所（労働改造センター）」「集結所（軽微な犯罪者の集結センター）」「労働鍛錬隊（労働・訓練センター）」「勾留所（尋問施設）」である[43]。西側諸国で最もよく知られているのは管理所だが、教化所も同じくらい暴力的で非人道的である。管理所は国家保衛省の管轄であるのに対して、教化所は社会安全省の管轄である。国家保衛省は、旧ソ連のＫＧＢやナチスドイツの親衛隊に相当する、北朝鮮の秘密警察である。社会安全省（または安全部）は北朝鮮の警察組織だが、通常の国家警察組織よりもはるかに強大な権力を持っている（訳注：北朝鮮の秘密警察は１９９３年まで国家保衛部と呼ばれていた。同年に国家安全保衛部に改称され、２０１６年に国家保衛省となった。人民保安省も２０１６年に部から省に降格され、さらに２０２０年に社会安全省に改称された）。

管理所は、党と金一族に対する脅威と判断された政治的・社会的分子を「予防的に粛清し、懲罰し、除去する」ために使用される[44]。教化所のほうは一般国民を収容する施設だが、その収容者の扱いは、管理所に劣らず劣悪である。韓国に亡命した元収容者は皆、「非常に不適切な食糧配給、危険で骨の折れる労働、医療行為の不在、拘束下の高い死亡率と文化的に不適切で侮辱的な死者の埋葬方法、そして非常に頻繁で不当な投獄」について述べている[45]。

２０１７年4月に、国際法曹協会は金一族による人道に対する罪に関して、主要な事実を公表した。それによると、政治犯の収容所は１９５０年代に、「階級の敵の『種子』を3代にわたって根絶やしにするために」金日成によって設立され、それ以来60年間で数十万人が収容されたという。

「家族3代が一緒に収容され、主に採掘、伐採、農作業などの分野で、奴隷労働を強いられている[46]」

これらの報告で強調されている、言葉に絶する苛烈な状況は、幸運にも釈放された、あるいは

出典：David Hawk with Amanda Mortwedt Oh, *The Parallel Gulag, North Korea's "An-Jeon-Bu" Prison Camps* (Washington, D.C.: Committee for Human Rights in North Korea, 2017), p.v

はるかに稀だが逃亡に成功した、元収容者の多数の証言で確認することができる。イ・ウンシルは、彼女が過ごした恐ろしい状況について、次のように述べている。

「だいたい6ヶ月ぐらいで人々は死にました。拷問のせいだったかは分かりませんが、ものすごく不衛生でもあったのです。水がないので、カチカチの便を軟らかくするため、水の代わりに尿を自分の手でこすりつけたのです[47]」

国際法曹協会の報告によると、現在、北朝鮮には政治犯の管理所が四つ存在する。第14、15、16、25号管理所である。国連委員会は、2007年に新しい収容所が建設された可能性があると述べている。最も悪名高いのが、耀徳の第15号管理所である。第14号管理所は价川《ケチョン》付近、第16号管理所は豊渓里《プンゲリ》核実験場付近、そして第25号管理所は清津《チョンジン》付近に存在する。

すでに閉鎖された第22号管理所で看守として働いていた安明哲は、見せしめのために収容者を殺害するのは日常茶飯事であり、「どんな年でも、年間20件の処刑があった」と述べている[48]。国際法曹協会の報告は、独立した評価の結論として、「金正恩が、殺害、絶滅、奴隷化、強制的移動、投獄、拷問、性的暴行、迫害、強制失踪そのほかの非人間的な行為など、人道に対する罪の責任を負っていることについて、十分な証拠が存在する」としている[49]。

北朝鮮では、誰でも収容所に送られる可能性がある。キム・ヨンソンは１９７０年から１９７９年まで第15号管理所に捕らえられていたが、それというのも、彼女が成蕙琳《ソンヘリム》の友人だったからだ。成蕙琳は、夫と離婚させられて金正日の愛人になっていた。金正日は、成蕙琳の知人が２人の関係について話すのを嫌がったのだ。「ほかの人と話をしたり会ったりする時間なんてありませんでした」と、キム・ヨンソンは収容所内での生活について話している。

「地獄でした。夜中まで重労働をしなければならなかったんです。……希望なんてありませんでした。午前３時に起床して、仕事場に行きます。木の伐採者は頻繁に倒れて骨折したり、倒木に押しつぶされたりしました。空腹に堪えかねた人々は有毒の草や根やキノコを食べて死にました[50]」

国連の報告書で述べられているように、北朝鮮の収容所の最も憎むべき点の一つは、３世代の家族が、そのうちの誰一人として犯していない罪のために収容される場合があることである。例えば、ある男が政治的な理由で収容所に送られると、その子供たちにも同じことが起きる。不運にも収容所内で、囚われた両親から生まれた子供は、自動的に犯罪者と見なされる。子供たちは、彼らが収容所から出られないのは、父親が犯した罪のせいだと言われ続け、やがて父親を憎むようになる。大人になった彼らが、自分で考えられるようになった時はじめて、父親は実は罪を犯していないことに気づくが、もちろんその頃にはもう手遅れだ。父親は、強制労働、病気、事故、または拷問ですでに死んでいるかもしれない。家族から疎まれることによる精神的な重圧もまた、精神的拷問の別の一例である。[51]

イ・ヨングクは第15号管理所に収監されていた。「お前はのろまだと彼らが言い出したら20本の枝を束ねたもので背中と足を打たれます」と彼は話している。

「そのように殴られて学生たちが死にました。いわゆる先生たちが実際に笑みを浮かべる日もありますが、機嫌が悪い日には、自分はいよいよ今日死ぬのかと考えたものです。先生たちは我々を動物と見なし、彼らの喜びや怒りを思いのままに発散させたのです[52]」

元看守の安によると、各収容所には約２０００人の看守が配され、その中には国家保衛省から派遣された者もいる。

「第22号管理所では5万人が収監されていました。蜂起に備えて軍の2部隊が待機しており、収容所の外には監視所が六つ設置されていました[53]」

これらの収容所からの逃亡に成功した者は、彼ら自身にまつわる、または彼らが目撃した、恐ろしい経験について語っている。妊婦を強制堕胎させるために、その腹の上に板が置かれる。２人の収容者が板の両端に乗り、彼女、または腹の中の子供が死ぬまでシーソーする。収容者は週に30分、太陽にあたることが許されているが、その間に草を食べているのが見つかった者は、看守に頭をライフルの台尻で殴られて殺される。収容所内で看守の飼い犬が乳幼児を殺して食べたら、犬の攻撃性を高めたとして、看守たちはその部隊を賞賛するのである[54]。

北朝鮮のように政治犯などの収容所のネットワークを構築した国は、世界のほかのどこにも存在しないが、これらの収容所は、外国人にはほとんど知られていない。西側メディアはその代わりに、金正恩の非常に演出された外側世界への登場について褒めそやし、また今では北朝鮮各地で事実上の市場の地位を得た、かつての闇市場であるチャンマダンに関する記事を書いている。確かに北朝鮮経済は変化しつつある。しかしそれは、この国がいまだに全体主義国家であり続けている事実をいささかも変えない。アメリカのＮＧＯである北朝鮮人権委員会の２０１８年の報告書に次のように記されているのは、今もあてはまるのである。

「北朝鮮の政治環境は、非常に硬直し、規制された恐怖政治システムに支えられた思想的枠組みの中で機能しているため、現状では組織的抵抗はほぼ不可能である。このように統制された社会システムは、今後も人権状況の大幅な改善を妨げ、体制の政策決定プロセスに一般国民がいささかなりと関与することを不可能にするであろう[55]」

北朝鮮の強制収容所からの逃亡に成功した幸運な人間は、ナチスの死の収容所から逃亡したごく少数の人間によく似ている。北朝鮮の収容所での死者の数を正確に知ることは不可能だが、脱北者たちによれば、生存率は非常に低い。平均的な収容者は午前5時に起床して、深夜11時まで労働する。アウシュビッツ収容所の生存者で、国際司法裁判所の裁判官でもあったトーマス・バーゲンソールは、次のように述べている。

「私が若い頃にあのナチスの収容所で経験したことや、人権問題に携わってきた長いキャリアで見聞きしたことに比べても、［北］朝鮮の収容所の状況は、同じくらいか、さらに過酷であると感じました[56]」

人類の歴史の中で最も悲惨な死の収容所の一つを生き延びた人間が、北朝鮮の収容所について、ナチスの収容所と同等かさらにひどいと断じたことは、北朝鮮における人権侵害のひどさを示していると言えよう。

カネの力とトンジュ

事実上の市場と強制収容所が共存することは可能だろうか？　国家経済がもはや国民を支えきれない場合、その答えはイエスだ。１９９０年代半ばの大飢饉では、１００万人以上が飢餓やそれに伴う様々な理由で亡くなり、国家経済が崩壊して、北朝鮮人は、自力で何とか生き延びるよりほかなくなった。配給制度が崩壊すると、チャンマダン、つまり自由市場が各地に姿を現して、食料や物資、情報などを売り始めた。そして先に述べたように、金正恩はこれを合法化するしかなかった。

現在、チャンマダンは国家経済と同じくらい強大な力を持つと考えられている。そしてその結果、過去20年の間にトンジュ（金主）という新興富裕層が登場した。ソウルのＭＢＣニュースによると現在、資産総額10万ドル以上のトンジュが約1万人、少なくとも１００万ドルのトンジュが約２０００人、そして１０００万ドル以上のトンジュが約１００人存在するという[57]。

チャンマダンとトンジュについて注目すべきなのは、どちらも国家経済が失敗した結果、誕生したということだ。国庫からの支出だけでは平壌のエリート層を満足させられない金正恩は、チャンマダンとトンジュの存在をしぶしぶ認めた。今のところ彼はこれらを、新たな支持層を獲得する手段と考えているようだ――それがいつまで続くかは分からないが。トンジュは北朝鮮の「パラレル世界」に住んでいる。つまり、アンナ・フィフィールドが「ピョンハッタン」（「平壌」と「マンハッタン」をかけ合わせた造語）と呼んだ地区に[58]。

しかしトンジュの繁栄を許すのは、悪魔との契約以外の何物でもない。金正恩は暴君の支配手段を何一つ手放すことなく、彼には与えられないもの、つまり基本的な生活水準を大衆が維持するのに、チャンマダンを利用している。金一族にとってははるかに警戒すべきなのは、北朝鮮国民が、金正恩の父親や祖父を恐れたようには彼をもはや恐れていないという事実だ。

金正恩が強制収容所を手放すことは決してないだろう。収容所は、彼の独裁を維持する接着剤の役割を果たしているからだ。問題は、彼にはチャンマダンをひねりつぶす余裕もないということだ。そして威張り返ったトンジュの姿に象徴されるカネの力は、恐怖の力に劣らず強い。いつか人々が恐怖よりもカネの力にしたがう日が来たら、権力にしがみつく金王朝は弱体化するだろう。当局が今後もチャンマダンの存続を許し、トンジュを黙認し続けたら、やがて北朝鮮版の第五列が姿を現しかねない。実際、２０１７年から２０１８年までに韓国に亡命した87人の脱北者への調査の結果、彼らのうち実に60・9パーセントがチャンマダンで物を売った経験を持っていた。[59]

１９９０年代の半ばから後半にかけて発生した、１５０万人の死者を出した「苦難の行軍」と呼ばれる大飢饉では、国家による配給制度が崩壊しただけでなく、国営銀行もほぼ消滅した。大失敗に終わった２００９年の通貨改革が、それに追い打ちをかけた。そして工場や国営企業に対する国家の支援がなくなると、トンジュが急激に増え始めたのである。彼らは事実上の銀行の機能を担うようになり、高利貸し、送金、両替を含むサービスを引き受け始めた。そしてあっという間に質屋を経営し、アパート建設に乗り出し、ベンチャーキャピタルを提供し、人身売買ネットワークを構築し、違法取引に手を染めるようになったのである。頻繁に北朝鮮を訪問し、"See you again in Pyongyang（平壌でまた会いましょう）"（訳注：未邦訳）の著者でもあるトラヴィス・ジェプセンは、北朝鮮には現在、認可市場、つまりチャンマダンが４００存在し、そこで６万人が商売を行っていると考えている。[60]

中国・北朝鮮間の貿易は巨額の利益を上げており、これにはトンジュの存在が不可欠だ。ある脱北者は、「中国やロシアのレストランで、地元の取引相手と１０００ドルもするような食事をとる業者もいることは、国境地帯の行商人の間では公然の秘密です」と話している。[61]

ジェプセンは次のように書いている。

「北朝鮮での経験から、トンジュは北朝鮮における、反体制派に最も近い存在であることが分かった。抜け目なく世知に長けた彼らは、外部世界が思っているような、洗脳された熱狂的な金正恩崇拝者のイメージからかけ離れている。彼らは国家の宣伝などは信じていないのである【62】」

トンジュは自らの富を見せびらかすのを好む。

「彼ら北朝鮮の新しいドリーマーたちは、革命など望んでいない。彼らの願いは、ビジネスや取引を行い、個人的な富を築き上げ、これを維持することに尽きる【63】」

ジェプセンはまた、北朝鮮の根本的な弱点も指摘している。

「(トンジュの)存在は、金日成とその一派が社会主義の独自路線と信じたものを作り上げた時には気づかなかった、必然的な欠点をあらわにしている。つまり、階級システムの撤廃に失敗したことである【64】」

しかしながら、最終的にはトンジュの持つ影響力とその限界は、イーグルスの往年のヒット曲『ホテル・カリフォルニア』の一節、「いつでも好きな時にチェックアウトできるが、決して立ち去ることはできない」という言葉に最もよく表現されているかもしれない。皮肉なことに、北朝鮮で徹底的な経済改革が行われたとしても、その結果特権を失うことになりかねないトンジュの支持は、決して得られないだろう。国家と、そして特に金正恩との愛憎半ばする関係の根底に存在するのは、彼らは金なしでは生きられないが、金とともに改革に邁進することもできないというジレンマである。

トンジュは北朝鮮の新しいエリート層である。彼らは北朝鮮の三大輸出品である石炭、水産物、繊維の市場を独占している。高層住宅が立ち並ぶ平壌の華やかな黎明《リョミョン》通りは、トンジュの投資のおかげで、わずか13ヶ月の工期を経て２０１７年４月に完成した。[65] しかし彼らは金正恩にとって、もろ刃の剣である。繁栄を続けるために党や軍、政府に莫大な賄賂を贈っているとはいえ、彼らの力が増大することは、金一族の強大な支配力を弱体化させかねないリスクを伴っている。

北朝鮮のミレニアル世代――チャンマダンの子供たち

北朝鮮人はなぜ、金一族とその警察国家を我慢しているのか？　その疑問ももっともだ。2005年に咸鏡北道《ハムギョンブクト》の吉州郡《キルチュグン》から脱北したキム・ユソンは、「アラブの春」のような、人民の力による革命が北朝鮮で起きる可能性はほとんどないと述べている。

「独裁政治を打倒する反政府運動がなぜ起きないのかと、多くの外国人は首をかしげる。我々北朝鮮人は、蜂起するほどの能もないと考える人もいるようだ。しかし実際には、一般の北朝鮮人は、反政府運動に参加することに強い恐怖感を持っているのだ。自分たちだけでは変化を引き起こせないという真実を、彼らは理解しているからだ。彼らが街に出て、金正恩や政府の政策について否定的なことを言おうとすれば、口を開けた瞬間に彼らは処刑されるだろう[66]」

北朝鮮の生活の現実の多くの点については、南北統一が果たされるか、金王朝が打倒されるまで、外部世界が知ることはないだろう。しかし北朝鮮はもはや完全な謎ではない。長年にわたって少しずつ漏れ出てきた情報を通じて、同国を観察してきた者は、金正恩が非常に危険な立場にあることを理解している。

　確かに彼は党と軍と治安組織を完全に掌握し、かつてないほどその権力に自信を深めている。あらゆる独裁者と同じように、彼も国民、中でも彼に最も近いエリート層に恐怖を植えつける方法に習熟している。同時に、彼らに贈り物や海外旅行、洒落た別荘などを与え、また子分たちが富をかき集めることも黙認して、懐柔することも忘れていない。この警察国家が近い将来に弱体化する兆しなど、どこにも見えない。北朝鮮は今後も全体主義国家であり続けるだろう。

　しかし金日成の時代には確かに存在した社会契約は、「苦難の行軍」によって、取り返しのつかない形で破られてしまった。社会に深く染み込んだ集団主義こそ、北朝鮮社会を維持する接着剤の役割を果たしていたものだが、その力は以前ほど強くない。

　北朝鮮に生まれた赤ん坊は全員、生後３ヶ月で国営の保育園に送られ、そこから先、彼らは集団で育てられる。保育園では、子供たちは金日成と金正日、それにもちろん最高指導者を讃える歌を覚える。幼稚園では、軍歌に合わせて行進できるようになる。小学校入学と同時に、全ての子供は少年団に入団しなければならない。

　韓国政府が発表したある報告書によると、「少年団は、本格的な政治的洗脳が開始される場として、非常に重視されており、権力掌握後の金正恩は、少年団の活動を強化する必要があると、公式に強調した」[67]。これ以降、出身成分によって集団生活が決定されるようになる。つまり党員になるか、労働者や農業協同組合に加入するかということだ。

当局は、北朝鮮社会の隅々まで広がる党の影響力を通じて、支配を継続するためにとてつもない努力を払っている。監視がやむことはなく、役人はどの家庭にでも立ち入ることができる。20～40世帯で構成される人民班は、メンバーを相互監視している。アムネスティ・インターナショナルによると、システムに監視が組み込まれているのだ。

「各人民班はメンバーを監視し、思想教育を施し、また各種イベントで人民を動員する義務がある。北朝鮮人は誰でも人民班に所属しなければならない。各家庭の代表者は週に１、２度集まるが、専業主婦である女性が参加することが多い。班長は、管理下にある人々の振舞いや互いの人間関係を注意深く監視し、また昼夜を問わず、彼らの家を訪問する権力を持っている」[68]

徹底した監視制度は健在でも、システムの内部には亀裂が生じている。２０１３年に亡命した北朝鮮人のある女性は、金正恩の第一印象についてアンナ・フィフィールドに尋ねられ、次のように答えている。

「この人物が我々の新しい指導者だと紹介された時、私は大学2年生でした。冗談でしょう、と思ったものです。親しい友人たちの間では、彼のことをクソ野郎と呼んでいました。みんな密かにそう思っていますが、同意してくれそうな親しい友人や両親にしか、そんなことは言えません[69]」

この人物はまた、システムを一つにまとめている接着剤だと思うものについても、次のように述べている。

「北朝鮮の体制が生き延びてきた秘密は、恐怖政治にあります。北朝鮮にはどうして公開処刑があると思いますか?　なぜ全ての通信を遮断しているのでしょう?　二度と家族に会えないと知りながら、北朝鮮人が亡命するのはなぜだと思いますか?　どれもこれも、事態がどんなに悪いかを示しています。国民としての権利は全て奪われているのです[70]」

別の脱北者のキム・ジェヨンは、はじめて韓国のテレビドラマを見た時の衝撃について話している。

「私は高校生でした。……とても驚きました。韓国人は我々よりずっとよい生活をしているのだと、はじめて実感したのです。私と同年齢くらいの若者なのに全く違う生活をしていることに、ショックを受けました[71]」

多くの北朝鮮人は、彼らが貧しいのは体制の腐敗のせいではなく、国際的な経済制裁のせいだと考えている。ジェヨンもまた、指導者を批判するなど、考えたこともなかった。金一族は神に等しいと考えられてきたからだ。

北朝鮮が実は貧しい国なのだと亡命後に気がついたのは、彼女だけではない。「外国の動画やラジオを通じて北朝鮮に流れ込む情報が増えるにつれ、北朝鮮が外の世界よりはるかに貧しいことに、人々は気づき始めています」と彼女は言う[72]。

大飢饉以降の北朝鮮社会で最大の変化を一つ挙げるとしたら、それは本章に記したように、チャンマダンが各地に広がったことだろう。ペク・ジウンは『ニューヨーク・タイムズ』紙の記事に次のように書いている。

「現在、人口の約三分の二が、食べ物や、外国の情報媒体を含む様々な品を手に入れるのに、何百も存在する露天市に頼っている。新しい市場経済はしっかりと根を下ろしたのだ[73]」

ほかにも、北朝鮮国内に亀裂を作り出している変化は存在する。ペクが記している中で最も驚くべき統計値の一つは、南北間で1日あたり2000件もの通話があるという事実だろう[74]。中国のセルラーネットワークに接続可能な携帯電話の人気は高い。しかし人々は通話時間を1、2分以内に収める。こうすれば北朝鮮の執拗な監視網も、彼らのところまで通話を逆探知することはできないからだ。

人々の考えはそう簡単には変わらない。北朝鮮のように厚い殻で覆われた国はなおさらだ。それでも、まるでゆっくり流れる川のように、より多くの情報が流れ込むにつれて、人々の心に疑いがきざすだろう。その疑いは、次のような単純な問いに形を変えるのだ。韓国人は本当に北朝鮮人よりも貧しいの？

ペクの記事に登場するキム・ハヨンは、韓国人は裸で通りを走り回っていると、学校で教えられたという。「韓国人は、学費が払えないので学校に行かない。また医療費が払えないので、路上で死ぬ」と教えられた、とキムは言う。

「しかし韓国の映画やショーを視聴しているうちに、教科書に書いてあることはでたらめだと思うようになりました。韓国は北朝鮮よりも進んでいると、すぐに気がついたのです[75]」

脱北者を支援するＮＧＯ「北朝鮮に自由を」は２０１７年に『チャンマダン世代』という注目すべきドキュメンタリー映画を製作した。強烈な印象を与えるこの映画で、北朝鮮の若者たちは、大飢饉中に路上に死体が積み重なっていた様子について話している。そして投獄や拷問、金一族への追従の強要についても語る。しかしそれだけでなく、彼らの願いについても口にしているのである。

彼らの多くは間違いなく、カン・ミンによく似ている。たたき上げのビジネスマンであるカン・ミンは現在韓国に住んでおり、やがて南北が統一したら、両地域をつなぐ旅行代理店を経営したいと考えている[76]。幼い頃に母親と生き別れになったカン・ミンは、物乞いや盗みをして生き延びた。周囲の人間が次々に闇取引を始めると、彼も闇商人になった。十分な資金を作ってから中国に脱出し、そこで3年暮らしてから韓国に移住した。

彼のメッセージは単純だ。しかしそれは、北朝鮮人も人間であることを私たちに厳しく思い出させる。「これが一番大事な点です。しかしあまりにもあたり前なので、（ここの）人々はそのことについてよく考えないのです」とカン・ミンは言う。「北朝鮮人も自分たちの考えを持っています。彼らの目をのぞき込み、彼らと見つめ合えば、その瞳の中に何かを感じ取ることでしょう」

25歳のキム・タンビは次のように回想している。

「冬になると、品物をバケツの中に入れて、川（鴨緑江）に持っていき、氷の上を滑らせたものです。対岸の中国人の商人がそれを受け取り、代金をこちらに滑らせてきました」

彼女はこうして、生き抜くすべを覚えた。

２０１０年に北朝鮮を脱出したジョヨンは、次のように話している。

「飢饉が一番激しかった頃には、16、17歳の多くの若い娘が中国で嫁に売られました。朝起きるたびに、近所の娘が次々に姿を消していたのです。何もしなければ飢え死にすることは分かっていたので、私たちは商売を始めたのです。米があれば、餅を作って売りました。トウモロコシがあれば、粉に挽いて麺を作って売りました。こうやって人々は少しずつ、個人的に商売を始めたのです。私も金を稼がなければならないと分かっていたので、14歳の頃から商売について考えてきました」

現在、彼女は韓国の名門大学の学生だ。

２００８年に北朝鮮を脱出したクムジュは、「貧しくなった政府には、国民を管理することはできなくなりました。国民も政府への信頼を失い、自分で未来を切り開かなければならないことに気づいたのです。私はこのようにして育ちました」と強調している。

ドキュメンタリーの中で特に印象的な場面の一つで、クムジュの母親のヒョンソクが、なぜチャンマダン世代が彼女自身の世代と根本的に異なると思うか説明している。

「食べるものはなく、本や鉛筆も与えることができませんでした。だから子供たちは取引することを学び、社会による管理などあまり気にしないようになったのです」と彼女は説明する。

「（だから）彼らは規則にしたがうことを重視しませんでした。生き延びることが大事だったからです。若い世代は、人生の早い時期にこの現実に目覚めました。彼らは、社会のあらゆるネガティブな面を見たり経験したりして育ち、その結果大胆で向こう見ずになったのです」

「私たちは親世代とは違います。私たちは、全て自力で何とかしなければならなかったのです」

と言うのは脱北した別の男性だ。

「6歳になった年に、『苦難の行軍』の大飢饉が始まりました。多くの人が飢えと寒さで亡くなりました。あらゆるレベルの役人が、自分たちのために食べ物を横流ししたので、市民の手に入る量はどんどん減っていったのです。最後にはほとんど何もなくなりました。配給もなくなったのです」

チャンマダン世代がボトムアップ式の革命を開始し、金王朝を打倒することはないだろう。それでも彼らは、なぜ自分たちが警察国家で暮らしており、世界はこれを見て見ぬふりをしているのか、その理由を自問し始めた最初の世代だ。全ての革命は、一つの疑問から始まる。大飢饉中に育った北朝鮮人のこの世代は、国家がこれまでいかに彼らを裏切り、現在も裏切り続けているのかを知っている。

第2章

本物の金正恩氏はご起立ください

光よ、あれ

ある23歳の盲目の女性がいる。彼女は、ネパール人医師サヌーク・ルイトの手術を受けた、何百人もの北朝鮮の白内障患者の1人である。包帯で目を覆われたほかの患者とともに、彼女も大部屋で席についている[1]。

最初に取り除かれたのは、この女性の包帯だった。密かに撮影する『ナショナル・ジオグラフィック』のクルーのカメラに、期待を込めて父親の手を握る彼女の頭部から、助手が包帯を外していく様子が映される。ルイト医師が、目を開けるように彼女に指示する。

「見えるかい？」と父親が尋ねる。

「よく見えるわ、お父さん！」と娘が叫んで、父親に抱きつく。

普通の父親なら誰でも、ここで娘を抱き締め返し、視力を回復してくれた医療チームに感謝することだろう。

しかしこの父親は北朝鮮に住んでいる。彼はカメラのほうを向いて、「全て、偉大なる将軍様のおかげだ！」と叫ぶのだ。

そして娘のほうを振り向き、声を震わせて、「このことについて、我らの偉大なる将軍様に深く感謝しなければ。偉大なる将軍様、ありがとうございます！」と続ける。

父娘は、北朝鮮の神、金日成《キムイルソン》と金正日《キムジョンイル》の大きな肖像画の前に立ち、深々と90度のお辞儀をする。

「私たちの父である、偉大なる指導者様に深く感謝いたします！　親愛なる指導者様に感謝します！」

彼らがお辞儀をすると同時に、見守る人々は、偉大なる指導者（金日成）と親愛なる指導者（偉大なる将軍とも呼ばれる金正日）への「自発的かつ永遠の」愛の表現として歓声を上げる。

「万歳、万歳！」

「偉大なる指導者様、万歳！」

次は、塩田で働く35歳の女性だ。包帯が取り除かれ、見えるかどうか聞かれると、彼女は「見えます！　偉大なる指導者様、これから塩田でもっとよく働きます。あなたの喜びを大きくするために、もっと塩を生産します！」と叫ぶ。そして肖像画の前で平伏する。再び立ち上がる彼女の頬を、涙がとめどなく流れている。

右目を失明していた高齢の女性は、包帯が取り除かれると、肖像画の前に歩み寄る。感極まった彼女は、お辞儀して「ありがとうございます！　ありがとうございます！」と叫ぶ。

国民の医療システムが完全に崩壊した結果、白内障の手術がめったに行われなくなった北朝鮮では、人々は視力の回復を誰に感謝すべきか、直ちに理解する。そしてそれは、ルイト医師と彼のチームではない。外国人に対していつも言われるように、北朝鮮では、人々は地上の楽園で暮らしていることになっている。手に入るものは全て、金一族の素晴らしい寛容さのおかげなのだ。死去した2人の指導者はまさに神として崇められ、そのあとを継いだ3人目は、生ける神なのである。

王族と貴族と一般大衆

北朝鮮のような国は、地球上にほかに存在しない。アジアで最も貧しい国の一つであるにもかかわらず、先に述べたように、保有する核兵器の数は増える一方だ。現時点で30~60発の核弾頭を保有し、さらに毎年3~5発、またはそれ以上ずつ増え続けている。アメリカ政府のある試算によれば、北朝鮮は、年間12発の核弾頭を製造できる分量の核物質——軍事転用可能なプルトニウムと濃縮ウラン——を保有している。[2]

北朝鮮は、世界で最も軍国主義的な国家である。全ての健康な国民は、男は10年、女は5~7

年、兵役につかなければならない。ただし一部の大学生は、卒業後に5年間、兵役につくだけでよい。２５００万人の国民のうち、１２０万人が朝鮮人民軍の兵士である。さらに数百万人は、教導隊、労農赤衛隊、赤い青年勤衛隊などに所属している（訳注：教導隊は歩兵師団レベルの予備軍。労農赤衛隊は中高年層と未婚女性、赤い青年勤衛隊は16、17歳の学生で構成されている）。絶えず強迫観念にかられたこの国では、突貫工事キャンペーンが頻繁に行われ、突撃隊がこれらを担っている。ＧＤＰの約20～25パーセントは国防に充てられ、その中には大量破壊兵器も含まれる。あらゆる品物とサービスは名目上、国家の目指すゴールを宣伝するためにある。

　北朝鮮はまた、世界最大の犯罪シンジケートの一つでもある。彼らが手を染めているのは、偽札製造（例えば、本物とほとんど見分けのつかない１００米ドル札）、違法ドラッグの製造販売、アルコールとタバコの密輸組織運営、ロシア・中国・中東各地への奴隷労働者の派遣、そしてますます増えつつあるサイバー・ハッキングによる銀行強盗である。

　一つの家系に支配された北朝鮮は、世界で唯一の、名目的なハイブリッド共産主義国家である（図1参照）。建国の根本思想であったマルクス・レーニン主義は、やがて金日成とその息子の金正日の思想に取って代わられた。金王朝の支配は、北朝鮮の指導者としてソ連が金日成を選んだ１９４５年に始まり、そして同国は１９４８年に独立した。金王朝を取り巻く神話はあまりにも幅広いため、ここで全体像を論じることはできないが、そのほぼ全てが偽りと誇張に基づいていることだけは強調しておくべきだろう。

北朝鮮に、抑制と均衡（チェック・アンド・バランス）のシステムは存在しない。最高権力は金《キム》正恩《ジョンウン》ただ1人の手に握られている。彼の妻、妹、兄弟、一族の長老を含めたほかの全ての人間は、金正恩に忠誠を誓うことで特権を享受している。絶対権力を握り続けるために、金一族は暴力的な手段と、ほかに例のない警察国家に頼っている。あらゆる北朝鮮人は、国家の法律と規制にしたがわなければならないが、白頭山《ベクトゥサン》の血統、つまり１９４８年に金日成から始まった金王朝の直系子孫に限っては、この掟はあてはまらない。１９４８年以来、金一族は一貫して北朝鮮に圧政を敷いてきた。革命に参加した、あるいは国家の英雄であると認定された者の直系子孫は優遇されてきたものの、それも白頭山の血統の栄光とは比べ物にならない。政治的正統性は、ひとえに白頭山の血統を拠り所としているのである。

金正恩は金正日の三男だが、その母親の高容姫《コヨンヒ》は日本の大阪で、在日朝鮮人の母親と朝鮮人の父親の間に生まれ、若い頃に両親とともに北朝鮮に移住している。最高指導者の母親が在日朝鮮人であることは、北朝鮮で日本が非常に否定的なイメージを持たれていることを考えれば、皮肉以外の何物でもない。

金一族は法の支配を受けないだけではない。彼らは国民からかけ離れた贅沢な生活を送っている。北朝鮮を襲った１９９０年代の大飢饉が一番激しかった頃、金正日は日本人のお抱え料理人

図1　金王朝の系図

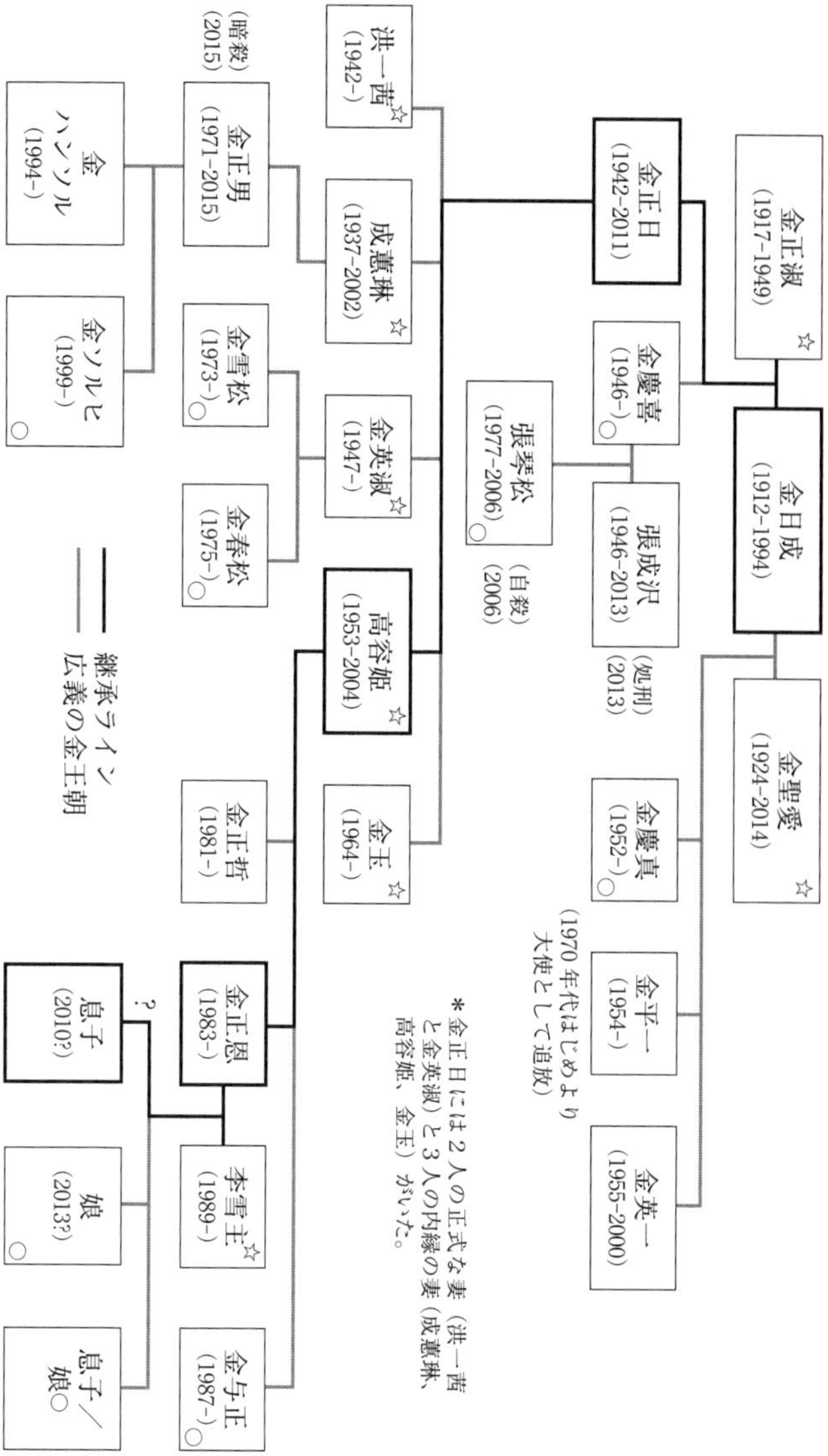

出典：聯合ニュース、2016 年７月、2018 年２月
注：☆は配偶者、○は女性

の藤本健二に、北京経由で東京に、好物の寿司ネタを買いに行くように命じている。

藤本は、金正日とつき合っていた頃の話を高容姫から聞いたことがあるという。「金正日のベンツでドライブに出かけた2人（金正日と高容姫）は、車の中で、韓国の歌を夜が明けるまで聴き続けたのだそうだ」と、藤本は書いている。

「そして、夫人（高容姫）はその思い出の歌を私（藤本）たちの前で歌ってくれた。『その時、その人（クッテ、クサラム）』、とてもロマンチックな歌だった」[3]

王と王妃は韓国の歌を聴いてもいいが、一般国民がそんなことをすれば、監獄か教化所送りになるだろう。国民は韓国テレビや映画を見ることも許されていない――とはいえ、彼らの多くは、非合法に手に入れたDVDやUSBメモリーで、これを視聴している。

金日成の最初の妻の金正淑《キムジョンスク》はわずか32歳で亡くなった。つまり2人の間に生まれた金正日は、義母に育てられたのである。義母はさらに3人の子供を産んだが、その中には、金日成に瓜二つの金平一《キムピョンイル》もいた。金正日は、金平一が決して後継者に指名されることがないように注意した。1970年代はじめ以来、金平一は北朝鮮大使として、東ヨーロッパ諸国の首都に、実質的に追放されていたのである（訳注：2019年に北朝鮮に帰国したと報道されている）。

最終的に金日成のあとを継いだ、（親愛なる指導者としても知られている）金正日には5人の妻がいたが、彼は正式には2回しか結婚していない。１９６６年に結婚した、最初の妻の洪一茜《ホンイルチョン》については、ほとんど知られていない。１９７５年には金英淑《キムヨンスク》と結婚して、娘の雪松《ソルソン》が生まれた。それから有名な女優の成蕙琳《ソンヘリム》と恋に落ち、第1章で記したように、すでに人妻だった彼女を強引に離婚させている。成蕙琳が産んだのが、長男の金正男《キムジョンナム》である。高容姫との間に、さらに３人の子供たち、金正哲、金正恩、金与正が生まれている。

北朝鮮は完全な無階級社会とされているが、実際には全ての国民が、両親の背景や政治的な傾向に基づいて、生まれた時から階層に分類されている。これは、成分と呼ばれるシステムであり、史上最も政治的な意図が強く反映されたカースト制度である[4]。

成分は2種類のカテゴリーに大別される。出自によって決定される出身成分と、職業に基づいて決められる社会成分である。出身成分については、誰でも自動的に次の五つの身分に分けられる。①特殊階層、②核心階層、③基本階層、④動揺階層、⑤敵対階層である。これら5階層は、さらに51に分類されている。出身成分は、北朝鮮人の生活のあらゆる側面を規定する[5]。韓国や日本で生まれた者の子孫は特に信頼に値せず、国家の敵であるとさえ見なされる。しかしこうしたことは、金一族にはあてはまらない。

特殊階層は、金王朝のインナーサークルというべきもので、金日成とともに抗日ゲリラ戦争を戦った革命家の子孫、金正日とその子孫に仕えた者、そして金正恩の最側近が含まれる。彼らは、北朝鮮の権力ヒエラルキーにおける超エリートである。

核心階層に含まれるのは、植民地時代に日本軍と戦った者とその子孫、朝鮮戦争で戦った元軍人とその家族、そして国家への忠誠が証明された「英雄」である。

基本階層は、五つの階層の中で最も人数が多い。労働者、農民、そして知識人が含まれ、彼らの忠誠度は一般的には認められているものの、保証はされていない。

彼らに続く動揺階層は、より厳しく監視されている。この階層に含まれるのは、１９６０年代から70年代はじめにかけて日本から帰還した者、犯罪者及び連座制により不忠であると見なされたその家族、そして朝鮮労働党や金一族に指定された者である。

最後の敵対階層には、大地主・富農・資本家・親日分子の子孫、反党組織のメンバー（党内で定期的に粛清が起きている理由の一つが彼らの存在である）、脱北者とその家族、政治犯収容所や教化所から釈放された者、そしてスパイ行為を非難されたり、スパイであると疑われたりした者が含まれる。要するに、誰でも国家の敵というレッテルを貼られる可能性があるのである。

これらの階層が存在する目的の一つは、朝鮮半島の残りの部分（つまり韓国）を浄化し、解放するという、北朝鮮の崇高な使命を宣伝することにある。なぜなら韓国社会は、何十年にもわたる資本主義や植民地支配の残滓、物質主義などに毒され、人々は真の朝鮮人としてのアイデンティティを失っているからである。「ウリミンジョク」（我が民族）を汚した韓国人は、民族的に不浄であり、したがってこれを正し、浄化する必要があるのである。

平壌で暮らすことが許されているのは、エリートだけである。ここには朝鮮労働党、省庁、保安組織、国営企業などの指導者が住んでいる。彼らは序列にしたがって、毎日、毎週、または毎月、米やそのほかの食糧、料理用の油、肉や魚などの配給を受ける。

超エリートは、最新の韓国製または日本製の電化製品を備えた豪華な家に住んでいる。彼らは特別なリゾート施設に出かけ、外貨ショップで買い物をする。彼らの子弟は、（金日成総合大学、平壌外国語大学、金策工業総合大学などの最高レベルの大学を含む）最も優秀な学校に進学し、主要科目の個人授業を受け、軍隊の任官の際に優遇される。医療ケアでも特別待遇を受け、その中には必要に応じたパリ、北京、シンガポール、ジュネーブでの治療も含まれる。

親愛なる父とマフィア体制

金王朝は五つの同心円で構成されている。この仕組みは互いを強化し、一族を権力の座に留める役に立っている（図2参照）。中心に位置するのが3代目の王、金正恩である。北朝鮮ではあらゆるものが、金王朝を持続させ、強化するために存在し、それ以外のことは全て二次的な問題でしかない。この中心部分を囲むのが、四重の円環である。最初の輪は、党と軍のエリートである。次に来るのは主要3階層（訳注：核心階層、基本階層、動揺階層を指すと思われる）で、各階層内も、また階層相互の関係も、猜疑心に支配されている。三つ目はあらゆる北朝鮮人を対象とする、日夜を問わない監視システム、そして最後が大規模な拘束施設や牢獄で、強制収容所がここに含まれる。これらは互いにバランスを取り合い、強化し合うため、その全てを制御する、余人をもって代え難い人物は、最終的には金正恩ただ1人しかいない。しかし国内各地でチャンマダンが登場した事実に見られるように、北朝鮮の独裁制が変化し、より複雑になった結果、この同心円を維持するには、さらに細心の注意や機転が必要となっている。これが彼の弱点だ。つまり金正恩は権力を維持するために、常にこの同心円を監督し、調整しなければならないにもかかわらず、新たな勢力が登場した結果、その支配は父親や祖父のようにはうまくいかないかもしれないのである。

　金日成と金正日の神格化は、金王朝による権力の維持を保証している。彼らの教えは非常に重要なものとして、政治思想、基本原則、社会組織を含め、北朝鮮の生活のあらゆる側面を縛っている。たとえ彼らのものとされる何百もの著作や演説が、実際にはどれ一つ彼らの手によるのでなくとも、その言葉は、モーゼの十戒ほどの重みを持っているのである。

図２　北朝鮮の五つの同心円

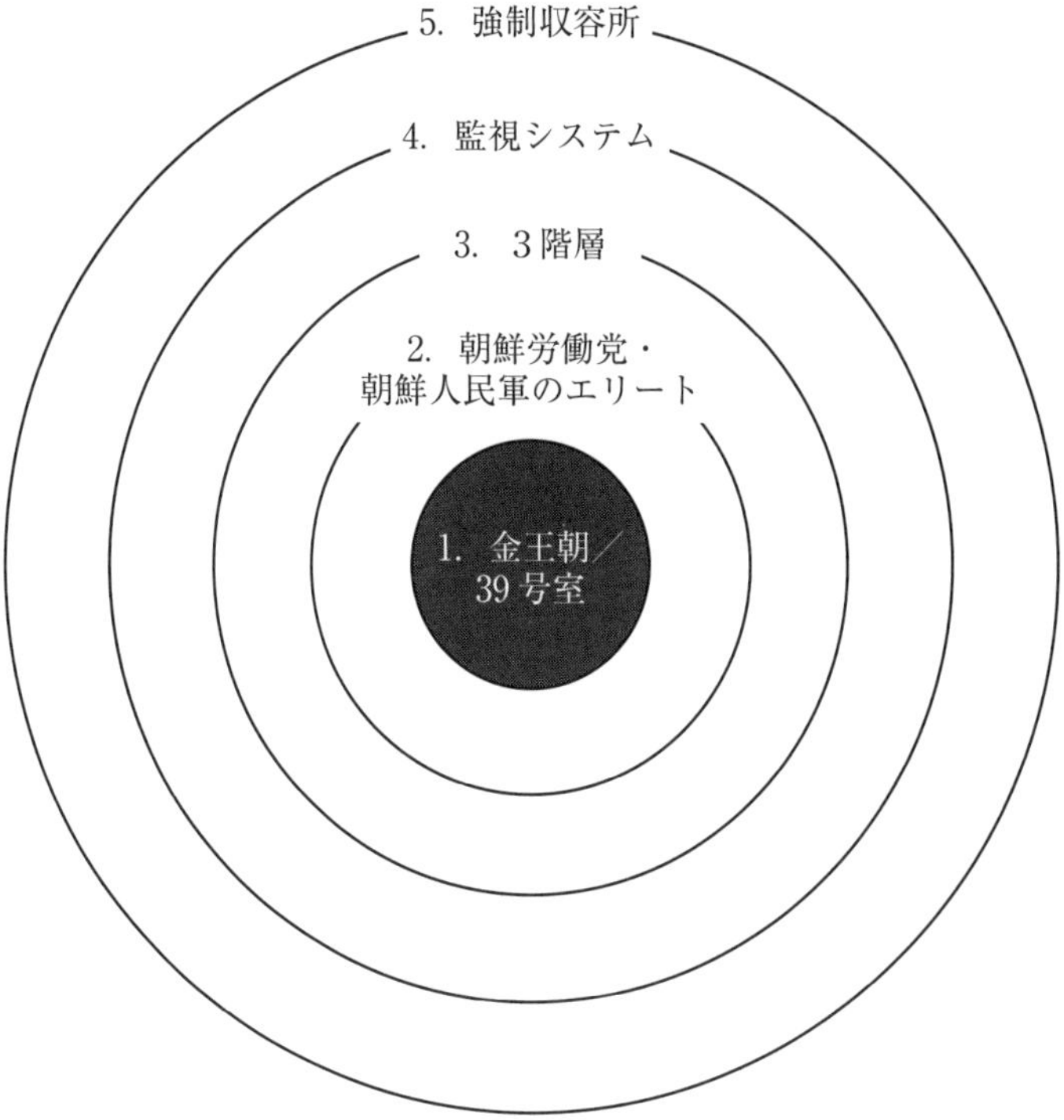

北朝鮮では、今では年を数えるのに、最初の偉大なる指導者の金日成が生まれた１９１２年を元年とする。つまり２０１９年は公式には、主体１０８年だ。この紀年法は、北朝鮮社会に浸透した主体思想の一部である。

Ｂ・Ｒ・マイヤーズの“The Cleanest Race（最も高潔な人種）”（訳注：未邦訳）は、現在までに発表された中で最も洞察力のある、北朝鮮の社会・政治心理に関する考察である。マイヤーズは、北朝鮮の宣伝機関がどうやって、外国の侵略に対する絶え間ない抵抗、支配階級による搾取、そして金一族による救済という3本の柱に依って立つ朝鮮民族の神話を構築したかを分析している。金一族は、密かに忍び寄る外国の思想や風習、特に日本の植民地主義の残滓とアメリカ資本主義、そして韓国人による朝鮮民族の汚染と戦わなければならない。

マイヤーズによると、民族的純粋さへの北朝鮮の固執は、日本の植民地時代までさかのぼる。当時の朝鮮人は、「唯一の純粋で高潔な」日本の大和民族の延長線上の存在（ただし実際には日本人支配者は、朝鮮人を見下していた）であると教え込まれていた。その結果誕生したのが、北朝鮮に住む朝鮮人は「優等人種」であり、救済を待ちわびているとする観念だった。では彼らの救済者とは、一体誰なのか？

「北朝鮮は、国家の長い歴史を、金日成前史ととらえている」とマイヤーズは書いている。

「それはちょうど、キリスト教徒が、イエスの誕生以前の出来事を全て歴史以前、フォアゲシヒテと見なしているのに等しい[6]」

朝鮮労働党は、いわば金日成とその直系子孫の指導を受ける子供たちを甲斐甲斐しく世話する、非常に包容力のある母親のような存在なのである。

金正日が死去してから5ヶ月後の２０１２年4月に、北朝鮮では憲法が改正されて、亡くなったばかりの指導者を「永遠なる国防委員長」としていただくと決定された（金日成はすでに「永遠の主席」とされている）。金正恩の台頭と並行するように、２０１６年5月の第7次党大会のあとで党機関紙『労働新聞』は、「金日成主義と金正日主義の広がりは、我が党の最高原則」であり「永遠の指導原理」であると強調している[7]。

しかし思想だけでは、金王朝の存続に十分ではない。金一族の支配に欠かせないのが、北朝鮮の（党、軍、官僚、国営企業のトップ1パーセントを占める）超エリートと、その一段下に位置する（トップ5パーセントを占める）エリートである。

金正恩とその一族、超エリートやエリートなどの国家の最上層は誰一人として、39号室の存在なしに生き延びることはできない。金正恩の最もコアな支持層に褒賞を与えるために、39号室はなくてはならない存在だ。これは金正恩の個人的な銀行で、あらゆる外貨収入が集中し、彼の命令にしたがって再分配される場所である。つまり金王朝の金融面での最も重要な神経節なのである。

金正恩は有形の贈り物や報酬で、超エリートとエリートの忠誠をつなぎ止めなければならない。しかし彼らの忠誠心は、絶えず再確認されている。このグループに属する全ての人間の家、勤務先、電話は、一つの例外もなく、日夜監視下に置かれている。北朝鮮では、ビッグ・ブラザー（監視装置）の技術は完成の域に達している。14億人の国民をデジタル技術で監視しようと悪戦苦闘している中国に対して、北朝鮮には時の試練を経たアナログ・システムが存在する。とはいえ同国でも、デジタル技術の普及に伴って、デジタル監視装置の開発――より進化した携帯電話や厳しく制限されたインターネット・アクセスのような――に余念がない。

北朝鮮では、一つの町から別の町に行くのに、誰でも通行証がいる。国家の承認なしには、誰も転職したり、引っ越したり、結婚したりできないのだ。そしてすでに見たように、北朝鮮には強制収容所が存在する。そこでは30万人もの国民が、非人間的な環境下で拘束され、多くが死亡しているのだ。

北朝鮮の五つの同心円を管理し、社会の隅々まで支配する朝鮮労働党は、レーニン主義の権力構造に基盤を置くものの、その運営の実態はよく油を差されたファシスト機構そのものである。社会主義の楽園を標榜している北朝鮮は、皮肉なことに１９７０年代初頭に、マルクス・レーニン主義と共産主義から決別した。北朝鮮国家を指導するのは、金日成主義と金正日主義であり、この国が共産主義であるのは、かつてのソ連とのかかわりにおいてだけである。

この同心円の現状維持を可能にしているのが、「危険な」外部の敵に対する盾となってくれる、刻々と増大しつつある核兵器備蓄である。過酷な政治システムを維持する最大の口実として、アメリカや、その子分である韓国や日本などの強大な敵から身を守る必要性があると、当局は主張する。金正日が最初の核実験を行い、金正恩が核兵器備蓄を完成させたおかげで、今後国家が侵略を受けることはないだろう。金一族の優れた指導力があればこそ、北朝鮮は敵の脅威から身を守り、強大な社会主義国家として、独自路線を追求できるのだと、国家は国民に絶えず教え込んでいる。

それに１２０万人を擁する朝鮮人民軍や北緯38度線周辺に配備された長距離砲、隠匿している生物化学兵器さえ含めても、朝鮮戦争以来、核兵器開発ほど北朝鮮に戦略的な影響力を与えてくれたものは、何一つ存在しなかった。

北朝鮮が核兵器保有国の一員になることに成功した現在、金正恩は、南北間の緊張緩和や、それに加えてアメリカとの国交正常化など、ある程度のリスクを冒すこともできるようになった。彼が核兵器を放棄することは決してないだろう。それでも、寧辺《ニョンビョン》の核施設や東倉里《トンチャンリ》ミサイル発射場の廃棄をほのめかすなどの象徴的な行動を通じて、これからもそうした意図を表明していくに違いない。

異なるタイプの指導者

韓国の文在寅《ムンジェイン》大統領は、アメリカが歩み寄りの姿勢を示しさえすれば、金正恩は核兵器や長距離弾道ミサイルを破棄する用意があるはずだと固く信じている。交渉の進展を支持する人々の多くは――中には１９８０年代半ばから――、北朝鮮が中国と同じような重要な経済改革のとば口に立っていると主張してきた。彼らによれば、金正恩は北朝鮮を外部世界に向かって開放しようとしているのである。

中央計画経済は１９７０年代後半には崩れ始め、１９９０～９１年のソ連や東欧諸国の共産主義体制の崩壊でとどめを刺された。闇市場から始まり、今やどこにでもある巨大なチャンマダンなしには、もはや経済は機能しない。１９９４年に金正日が正式に権力を継承し、その直後に北朝鮮経済が本格的に崩壊し始めた時、彼は重要資源を民間経済セクターに振り分けることを拒否した。それよりも北朝鮮の極秘の核兵器開発プログラムを加速させ、弾道ミサイル備蓄を増強することに躍起になったのである。

深刻な飢餓に対する弥縫策として、国家がもはや提供できない物やサービスを人々が手に入れるための闇市場を、金正恩は渋々認めた。しかしながらチャンマダンの増加を危険視した金正恩は、思わぬ形で登場した資本主義の害悪に対する見せしめとして、汚職容疑で各地の市場を閉鎖した。

「北朝鮮は社会主義国だという怪しげな主張を信じるのをやめ、実は超国家主義的で強圧的な独裁国家だと正しく認識しさえすれば、朴正熙《パクチョンヒ》の韓国やリー・クアンユーのシンガポールのような国との類似に気づくだろう」と、著名な北朝鮮ウォッチャーであるリュディガー・フランクは書いている[8]。そして彼は、「シンガポール、中国、それに朴正熙時代の韓国におけるような、独裁国家の奇跡的な経済発展は、正しい手を打ちさえすれば金正恩も、経済改革と権力の独占という、相容れない二つの目的を同時に達成できることを示している」と続けている[9]。金正恩が北朝鮮を次の「アジアの虎」に変貌させられるという主張の根拠となるのが、この見方である。

　フランクが正しいのは、中国とベトナムが、経済改革を行いながらも一党独裁は手放さなかったという点だけだ。アジアの四龍――韓国、台湾、シンガポール、香港――が経済改革を加速させた時、どれも独裁国家ではなかったことを忘れてはならない。中国でも、鄧小平《とうしょうへい》が改革を開始したのは、１９７６年に毛沢東が死去して、いわゆる「四人組」が粛清されたあとだった。ベトナムのドイモイ（刷新）政策が可能だったのは、この共産主義国が一度も、被害妄想的な超国家主義思想に取り憑かれた一族に支配されたことがなかったからだ。

重要なのは、果たして金正恩は祖父や父親とは全く異なる指導者となり、自身の政治的正統性の基盤さえも排除して、構造的な経済改革に取り組むか、という問いである。

韓国統一研究院・北朝鮮研究室の朴英子《パクヨンジャ》研究委員は、「金正恩は今後40年以上、権力の座に留まり続けるつもりだ」とした上で、2030年までに「北朝鮮は経済大国になる」ことを国民に示したがっていると話している。[10] 金正恩はまた、北朝鮮社会のあらゆるレベルを隅々まで覆い尽くしている極端な個人崇拝に飽きたらず、前任者たち以上に国際社会に認められることを切望している。真面目で思慮深く、決断力があり、北朝鮮を変化させられる指導者と、世界の指導者たちの目に映りたがっているのだ。

「ゴルバチョフ氏となら、仕事ができます」ソ連共産党書記長に就任する直前のミハイル・ゴルバチョフとの会見後、イギリス首相のマーガレット・サッチャーはダウニング街10番地の玄関前で、こう宣言した。同じ言葉を金正恩も、習近平《しゅうきんぺい》、トランプ、プーチン、安倍晋三、そして特に文在寅の口から聞きたがっている。しかし彼は同時に、彼自身の台頭を許したシステム、つまり王朝の姿をとった横暴な独裁制に足を引っ張られているのだ。

金正恩は北朝鮮にとっての鄧小平――おそらく20世紀における最も重要な世界的指導者――になりたがっているものの、権力を一切手放さずにそうしたいと考えている。また、北朝鮮の全ての大人が着用しなければならない金日成と金正日のバッジに象徴されるような、社会の隅々まで存在する金王朝の個人崇拝も諦めたくない。全ての北朝鮮人を1人残らず、政治的な背景と忠誠心に応じて分類する、世界で最も邪悪なカースト制度を温存したい。金王朝の存続に欠かせない、警察国家の暴力装置も維持したい。北朝鮮では汚職がはびこっているとはいえ、当局の伸ばす触手は社会の隅々まで達し、抑圧的で、必要とあれば残酷なまでに有能だ。何よりも金正恩は核兵器を手放したくない。これらの柱のどれ一つであれ、放棄はおろか弱体化しただけでも、彼を支えるシステムの基盤が崩れ落ちることにつながりかねない。

それでも金正恩はすでに、世界の舞台に姿を現した改革者と見なされるようになっている。2013年に彼は、経済発展と核開発という二つの目標を同時に追求する、いわゆる並進路線の開始を宣言した。2018年4月になると金正恩は、核保有国となった北朝鮮は今後、総力を挙げて経済発展に邁進するとして、並進路線を停止した。リュディガー・フランクは次のように結論づけている。

「この事実は遠い未来に、金正恩と同年代だった頃に祖父の金日成が抱いていた夢を実現する一助になるかもしれない。つまり軍事的優位に後押しされ、経済的な遅れに妨げられない、北朝鮮の主導による南北統一である。これこそ北朝鮮のあらゆる政策の背後にある究極の目標であることを忘れてはならない[11]」

南北関係について文在寅政権の高官が共有する考え方は、両国の巨大な経済的不均衡を考慮すれば、韓国は豊かな兄として、貧しく怒りっぽい、迷える弟の面倒を見なければならないというものだ。しかしこの視点は真実からかけ離れている。なぜなら、金正恩は長期的な戦略を描いているからだ。朝鮮半島に関与する独裁国家あるいは民主主義国の現在の指導者で、20～30年後も権力の座に残っている者は誰一人いない。例えば韓国では5年ごとに、次第に極端な傾向を強める政治環境の中、選挙で新しい指導者が選ばれる。しかし金正恩はまだ38歳だ。この先数十年間、彼の権力は盤石だろう。つまり彼の考えでは、時間は彼に味方しているのである。

核保有国のうち、困難に直面して核兵器を放棄した国は一つもない。アメリカ大統領のトランプとの核兵器交渉が今後も断続的に続く可能性は十分ある。しかし交渉を通じて北朝鮮を完全に非核化できると期待するのは、夢物語に過ぎない。

金正恩の戦略は、長期的には核兵器とＩＣＢＭを廃棄するとアメリカに信用させ、同時に南北間の緊張緩和の流れを固定して韓国の投資を呼び込み、また同国を政治的に「武装解除」することである。韓国の左派は思想的に北朝鮮の超民族主義に近いので、進歩主義者が権力の座にある限り、非核化は、アメリカを満足させる程度のリップサービスだけで放置することができる。危険を伴うゲームだが、事実上アメリカに対する共同戦線を張ることになるこの作戦を、文在寅は引き受ける用意がある。

金正恩の戦略が成功するかどうかはひとえに、外交的な勝利を発表したいトランプが高度に技術的な検証作業をうやむやにできるような妥協案に同意するかどうかにかかっている。北朝鮮との交渉における外交的な突破口と発表できる、とトランプが納得さえすれば、細かいことはどうでもよくなる。自国の情報機関を軽視し、自らの勘と『フォックス・ニュース』の自分に好意的なコメントを判断基準としているトランプはすでに、金正恩との会見のような「素晴らしい外交上の成果」を自分の手柄として誇っている。

「ディールはディールだ、そうだろう？　不動産だろうと小売業だろうと、変わらない」とトランプは北朝鮮へのアプローチについて、報道番組『60ミニッツ』でキャスターのレスリー・ストールに話している[12]。北朝鮮で起きている弾圧、暗殺、強制収容所についてストールに尋ねられたトランプは、「もちろん、そういったことは分かっている。赤ん坊じゃないんだから、全部知っている」と答えている。しかし「彼（金正恩）とは気が合うんだ。よいエネルギーが通い合っているのを感じる。相性がいいんだ。以前の恐ろしい脅しのことを思い出してみたまえ。もう脅しはなくなった」とつけ加えているのだ[13]。

共感力が乏しい指導者にしては、トランプが強権的な指導者、例えばプーチン、サウジアラビアのムハンマド・ビン・サルマン皇太子、そして金正恩と意気投合しているのには驚かされる。トランプにとって重要なのは、彼らと個人的に仲よくなることだけだ。そして核兵器削減交渉も不動産交渉も、彼にとっては似たようなもので、彼はいつでも「有能な交渉人」なのだ。

国家の指導者が個人的に親しくなるのは結構なことだ。しかしトランプが金正恩を気に入ったからといって、北朝鮮の指導者が邪悪な警察国家の支配者であるという事実をなかったことにしたり、北朝鮮の人々が金王朝の支配下で大きな犠牲を払い続けていることを正当化したりはできない。圧政的な独裁国家や全体主義国家に好んで住む人間はいない。たとえトランプが金正恩と「意気投合」しようと——愛している、とさえ彼は言っている——、北朝鮮が世界最悪の人権侵害を続ける、ならず者国家であるという事実は変わらない。

苦難の行軍

世界で最も圧政的な国で生きていくことこそ、北朝鮮のほとんどの人々が今も耐え続けなければならない最大の問題である。しかし1990年代半ば以降、特に2000年代になってから、韓国に亡命する北朝鮮人の数は急激に増えた。現在では3万人の脱北者が韓国で暮らし、さらに数万人が中国に隠れ住んでいる。金正恩の支配下で弾圧が激しくなると、脱北者の数は急激に減少した。その数は２００５年をピークに、食糧事情が安定するにつれて徐々に減っていった。金正恩が権力を握った直後の２０１２年はじめ以来の脱北者のほとんどは、息がつまるような独裁制に耐えかねて、国を離れる決意をしている。

石川昌司の父親は在日朝鮮人、母親は日本人だった。石川は日本で生まれたが、少年時代の１９６０年に、一家は帰還事業の一環として北朝鮮に移住した。大飢饉が最も厳しかった１９９６年に、彼は妻と子を置いて脱北した。北朝鮮と中国を隔てる国境の川岸に立った時、同じような境遇にある何千人もの北朝鮮人に思いをめぐらせ、果たして脱出行を生き延びられるだろうかと思った、と彼は書いている。

「何の違いがあるだろう？」と彼は考えた。

> 「北朝鮮に残ったら、飢えて死ぬだろう。簡単なことだ。少なくともここにはチャンスがある。成功して家族を救い出すか、それでなくとも、何らかの方法で彼らを助けられるチャンスが[14]」

しかし石川の逃亡後、妻は飢え死にし、子供たちとは、１９９８年以来音信不通になっている。

「北朝鮮に残っていたら、自分はどうなっていただろうと、よく考える」と石川は書いている。

「おそらく飢え死にしていただろう。だが少なくとも、家族に囲まれて、誰かの腕の中で死ねたに違いない。みんなに別れを告げることができただろう。そんなことは、今となっては不可能だ[15]」

金正日の時代に北朝鮮が直面した最大の課題は、１９９５～98年の大飢饉をいかにしのぎ、そこから回復するかということだった。一般的に、この時に１００万～３００万人が死亡したとされるが、資料によって数値は異なる。[16] 例えば北朝鮮政府は、飢饉で23万５０００人が亡くなったとしている。２００１年6月に季刊誌〝Population and Development Review（人口と発展）〟に発表されたある学術論文では、１９９５～98年に飢饉で亡くなった人数を60万～１００万人としている。[17] しかしアメリカの元国際開発庁長官で、『北朝鮮飢餓の真実――なぜこの世に地獄が現れたのか？』（訳注：邦訳は古森義久・坂田和則訳、扶桑社、２００２年）の著者でもあるアンドリュー・Ｓ・ナチオスは、２５０万～３５０万人が亡くなったと考えている。[18] 北朝鮮のデータの乏しさや信頼性の低さを考えると、大飢饉による死者数の合計を正確に算出することは不可能である。しかしその実数が何であろうと、ステファン・ハガードとマーカス・ノーランドは次のように書いている。

「北朝鮮の食糧問題は、ほかに例を見ない問題を国際社会に突きつけている。多くの人道危機では、国際社会が直面するのは破綻国家や紛争状態であり、それが援助を困難にしている。一方北朝鮮の場合、国際社会が直面するのは、『強硬な』国家であり、この国家は幾度となく、自国民がいかに極度の貧困に苦しもうと、まるで意に介さないことを示してきた。……北朝鮮の悲劇にはいくつもの原因が存在するが、これほど激しい飢饉は、政治指導者が一般国民から乖離し、人々に対する責任を何ら負わないシステムでしか起こり得ない。国民に十分な食糧を提供するのに北朝鮮政府が失敗したことは、彼らが国民の権利を厳しく制限していることと密接に結びついている。すなわち公務員の犯した失敗の告発を許さず、問題の深刻さを正確に把握するための情報公開をせず、そして不正や不足に対する集団的な抗議活動を認めないのである[19]」

北朝鮮の農地の15パーセントは、１９９５年の大水害で失われた。自然災害こそがこの人道危機の原因であると、北朝鮮政府は主張している[20]。しかし飢饉が発生した時、北朝鮮の食糧分配システムはすでに破綻していたと、ナチオスは指摘している。彼によれば、この危機を引き起こした最大の原因は、構造的な問題だった。金正日が大規模で直接的な食糧支援を受け入れてさえいれば、大量の餓死者の発生を防げただろう。しかし海外からの食糧支援がようやく社会に細々と流れ込んできたのは、飢饉が終わりに近づいた１９９６～97年になってからだった。「全ての飢饉は政治的な理由で発生します」とナチオスは語っている。

「民主主義社会では、飢饉は発生しません。そうした社会では、人々はずっと前から危機に備えているからです。飢饉が中央集権的な国家で発生するのは、そうした国家ではしばしば、情報が隠匿されるからなのです[21]」

政治面では、北朝鮮は１９７０年代のはじめから、大国からの独立を強調する「主体思想」を社会の隅々まで浸透させる努力を強化してきた。これがやがて、金日成主義とその後の金正日主義に発展していく。経済面で強調されたのは、経済的な自立を目指す「自力更生」だった。そのため、刻々と忍び寄る不作の懸念に対して金正日が出した答えは、トリアージ、つまり優先順位をつけることだったのである。平壌に住む党と政府と軍の指導層への食糧確保が最優先された。国家が国民に食糧を供給する責任を放棄した結果、大衆は自分たちで何とか生き延びるよりほかなくなった。農民への配給は減らされたと、ジャーナリストのジョーダン・ワイスマンは書いている。

「飢餓の恐れに直面した農民たちは、収穫した穀物を隠し始めた。1996年には国連世界食糧計画は、収穫されたトウモロコシの半量が行方不明になったことを発見している」[22]

海外からの支援物資がようやく北朝鮮に届くようになっても、「その大半が、有力なコネを持つエリートに盗まれ、彼らはこれを高値で転売した。農民たちも、自分たちの収穫物で同じことを始めた。その結果食糧価格は高騰し、最も貧しい人々は飢え続けた」[23]

国民の大半が非常に苦しんだ「苦難の行軍」の真っ只中でさえ、超エリートや金一族の中で、高級品の消費を控えた者は誰一人いなかった。金正日とその家族は、億万長者のような生活を続けたのである。

大飢饉が拡大して大量の餓死者が発生すると、農業大臣は上位者に報告するのを恐れ、朝鮮労働党の国際担当書記で、主体思想の理論家でもある黄長燁《ファンジャンヨプ》に、代わりにこの凶報を金正日に伝えて欲しいと依頼した。黄長燁はこれを引き受けた。

定例会議の終わり近くで黄長燁は、飢饉の激化と深刻な食糧不足について、親愛なる指導者に報告した。金正日は、黄長燁がそのことに言及したというだけで激怒し、両手をテーブルに叩きつけると、会議室を飛び出した。これ以後、黄長燁やほかの高位の幹部が飢饉について金正日と話し合うことはなかった。[24]金正日には、150万人の北朝鮮人を死なせた責任を負うつもりなどなかった。経済は首相と内閣の管轄であり、自分は軍事と政治に専念する、と彼は常々主張していた。全ての北朝鮮人の父である親愛なる指導者はこうして、指導者の最も重要な責務である、国民の食糧を保障するという義務を放棄したのである。

金日成の権力を公式に継承した1994年から死去した2011年までの間に、金正日は中国を7度訪問している。中国に経済改革を勧められた金正日は、何度もその考えをもてあそんだ。2001年には上海の浦東新区《ほとうしんく》を視察して、「上海はすっかり変わった！」と感嘆している。[25]北朝鮮ウォッチャーたちは、これは親愛なる指導者がいよいよ本格的な経済改革を開始するサインだと確信した。上海視察に同行した中国の朱鎔基《しゅようき》首相は、北朝鮮で改革を開始する可能性について用心深く尋ねたが、金正日は答えなかった。

その5年後に北京を再訪した際には、同国の経済発展のスピードと幅広さにショックを受けた金正日は「夜も眠れなかった」と、中国のメディアが報道している。[26]金正日に続いて、彼の義弟で中国側との窓口と広く見なされていた、改革派の張成沢《チャンソンテク》が中国を訪問している。中国の改革開放路線を採用するように張にも勧められたにもかかわらず、金正日にその意志はなかった。

金正日の経済政策が惨めな失敗に終わった原因は、政治的・構造的な問題にあった。例えばソ連崩壊に伴い、エネルギー援助やそのほかの支援が途絶えたといったことだ。しかし、経済学者のニコラス・エバースタットが２０１１年にすでに述べているように、だからといって失敗は不可避だったわけではない。

「同じく１９８０年代後半にソ連の支援に大きく依存していた、別のアジアの社会主義国であるベトナムの例を見ても明らかである。世界銀行によると、１９９０年から２００７年の間に、ベトナム人１人あたりの収入は１５０パーセント以上上昇し、１人あたりの名目輸出額（ドル建て）は7倍以上に増大した。これに対して、北朝鮮の１人あたりの名目輸出額は、同時期に25パーセント以上も下落したのである[27]」

エバースタットはさらに、金正日の時代に北朝鮮経済を崩壊させた、あと二つの重要な要因を強調している。一つは「無計画な計画立案」または「事実を軽視した計画」、もう一つは軍事優先の「先軍政治」で、その結果となった「恐るべき軍事負担」である。[28]要するに北朝鮮は、必要な資源も現実に即したデータもなく、経済戦略を組み立てていたのである。

アメリカ国務省によると、北朝鮮のＧＤＰの20～25パーセントが軍事費に充てられているという[29]（北朝鮮は、２０１７年度予算の15・9パーセントを軍事予算と公式発表したが、この数値は低すぎると専門家は考えている）[30]。北朝鮮のデータの乏しさとその信頼性の低さのため、正確な数値は不明だが、20〜25パーセントということは、２０１７年のＧＤＰを４００億ドルとした場合、約80億〜１００億ドルが軍事予算であることを意味している[31]。

北朝鮮はこれまでに核兵器及び大量破壊兵器の開発に11億〜32億ドルを費やしたと、韓国政府は考えている（もちろんここでも、正確な数値を算出するのは不可能に近い）。これが、自国民が必要とする食糧を賄えず、中国からの石油と食糧支援にほぼ完全に依存している国であることを思い出して欲しい。結局、金正日の経済政策として後世に残るのは、単純明快かつ陰鬱な評判である。中国の目覚ましい経済発展についてどう述べようと、彼にはこれを真似る気持ちは毛頭なかった。金正日が最優先したのは、金王朝の存続と先軍政治だけで、あとはどうでもよかった。そう、全くどうでもよかったのだ。

小さな大将同志

当局の宣伝を別にすれば、金王朝の姿が、たとえごくわずかでも垣間見える機会はほとんどない。最近実施された、文在寅やトランプとの、金正恩の前代未聞の会見は、彼の性格を知る絶好の機会を与えてくれた。金正日も金大中《キムデジュン》、盧武鉉《ノムヒョン》の両元大統領に会ったとはいえ、今回のような会見は彼の時代には想像もできないものだった。金正日は非常に慎重で、ほとんど隠棲者のようだった。金正恩も同じく隠棲者ではあるが、より戦略的である。

１９８３年1月8日生まれの金正恩は、生まれた時から負けず嫌いで、強い性格の持ち主だった。伝統にしたがえば、彼の異母兄である金正男こそ、金正日の後継者の第一候補となるはずだった。しかし彼があとを継ぐ可能性は、２００１年5月に雲散霧消した。この時彼は、１００ドル札を詰めたカバンを持って、東京の成田空港で拘束されたのだ。ドミニカ共和国の偽造パスポートを使って日本への入国を試みた金正男は、幼い息子のハンソル、妻、そして子供の乳母とともに東京ディズニーランドへの訪問を計画していた。金正日は激怒した。長男の愚かさに対してだけではない。この一件で、金一族が全員革命の闘士でないことが世界に露呈されたからだ。最悪なのは、世界の笑い者になったことではなかった。何より金正日を怒らせたのは、この一件が朝鮮のかつての宗主国であり、現在ではアメリカに次いで北朝鮮で最も嫌われている日本で発生したことだった。

先に述べたように、金一族を直接知る人間による数少ない証言の一つは、藤本健二のものだ。藤本は１９８０年代半ばから約10年間、断続的に北朝鮮に居住していた。最終的に彼は北朝鮮を脱出して日本に帰国し、そこで金一族との生活についてのベストセラー本（訳注：『金正日の料理人――間近で見た独裁者の素顔』扶桑社、２００３年）を著すとともに、北朝鮮工作員による暗殺を恐れ続けた。

数年後に彼は北朝鮮に戻り、涙ながらに金正恩に謝罪して許しを乞うた。子供時代に遊んでくれた藤本を最高指導者は許し、藤本は今では平壌で人気の和食レストランを経営している。それでも、藤本の運命が最終的に金正恩の胸先三寸であることに変わりはない。

金正日の息子たちの遊び仲間となった時期、藤本は金正恩とその兄の金正哲のバスケットボールの相手を務めた。藤本によると、金正日は正哲について「あいつには無理だ。まるで女みたいだ」と評したという[32]。もう1人の息子である正男のことは、平壌の邸宅でも田舎でも、藤本は一度も見かけたことはなかった。

将軍の正装をした少年時代の金正恩の写真が存在する。王子、そして将来の世継ぎにふさわしく、彼は周囲の者に「小さな大将同志」と呼ばれていた。しかし彼は「小さな」と呼ばれることをひどく嫌い、兄と同等だと主張し続けた。

1992年1月8日に、金正恩の9歳の誕生日を祝って、一族や幹部たちが集まった。その際に金正日の指示にしたがって、有名な普天堡《ポチョンボ》電子楽団が、金正恩のために特別に書かれた「パルコルム」（足取り）という曲を演奏した。金正日のほかの子供たちのための曲もあるものの、「パルコルム」は金正恩に捧げられた最初の例である。

タッタッタッタタ　パルコルム　我が金大将のパルコルム
2月の精気を振りまいて　前へタッタッタ
パルコルム　パルコルム　力強く　ひとたび踏み鳴らせば
国中の山河が喜ぶ　タッタッタ[33]

10代のはじめにはすでに、金正恩はひどく負けず嫌いだった。バスケットボールの試合後、彼は優れたプレイをした者を褒め称えたが、ほかの者を、時には容赦なく批判した。一度、選手に対して厳しすぎたのではないかと尋ねられた藤本が「時には怒るべき場合もあります。そうしなければ、彼らは上達しないではありませんか？」と答えると、大いに満足した。そして「その通りだ！」と満面の笑みを浮かべて答えた[34]。

金正恩は兄たちや妹と同じように、スイスに留学した。１９９８年から２０００年にかけて、ベルン南のケーニッツにあるリーベフェルト・シュタインホルツリ校に、「パク・ウン」という偽名で通っていた。当時の級友たちは、愉快な仲間だったと彼のことを記憶しており、そのうちの1人によると、「彼にはユーモアのセンスがあり、北朝鮮に敵対している国の生徒を含め、誰とでも仲よくしていました[35]」。彼を教えたミヒェル・リーセンはアメリカＮＢＣのニュース番組

『トゥデイ』で、「彼はよい生徒でしたが、非凡というほどではありませんでした」と話している。[36] スイス留学中にも金正恩は頻繁に北朝鮮に帰国しており、年に5ヶ月ほどしか学校で過ごさなかったと、藤本は証言している。

金正恩が２０１１年に父親のあとを継ぐと、スイス留学という彼の経歴は、果たして北朝鮮が改革に舵を切ることを意味しているのかと、盛んに取りざたされた。スイス留学が彼にどんな影響を与えたか、見極めるのは不可能だが、海外経験にあまり注目しては状況を見誤るだろう。実際、彼が受けた最も重要な教育は、北朝鮮に戻り、後継者教育が本格的に開始されてからあとのものなのである。

鄧小平になる？

ルイ14世の有名な言葉「朕は国家である」は、国王が神に与えられた王権を体現する存在であることを示している。北朝鮮ほど、この言葉にあてはまる国はないだろう。なぜなら金正恩は、権力の正統な後継者であるだけではなく、２神の後継者でもあるからだ。

金日成と金正日の遺体はどちらもレーニンと同じように保存処置が施され、安置されている。

北朝鮮の最も重要な祝日のうちの二つは、太陽節として知られる4月15日の金日成の誕生日と、光明星節として知られる2月16日の金正日の誕生日である。金正恩は１９８３年１月８日生まれだが、現在までのところ、彼の誕生日は国家の祝日に制定されていない。

それよりはるかに重要なのは、金正恩には果たして、父と祖父の遺産を放棄する気はあるのかという問題だ。彼は「中国の特徴ある社会主義」――市場経済の採用を覆い隠すための大義名分――を模倣して、本格的な経済改革に向けて舵を切るのか？　大事な核兵器や弾道ミサイルを最終的に放棄して、世界と国民を仰天させるのか？　何よりも国民に、彼らが体制に忠実である限り、好きなように振る舞える自由を与えるのか？　金正恩は強制収容所を廃止して、なおかつ生き延びることができるのだろうか？

韓国の文政権は、金正恩が改革主義者だと確信しており、文在寅自身、金正恩がすでに重要な路線変更を行ったと信じている。

「金正恩委員長の決意と行動に深い敬意を表します」と文在寅は、２０１８年９月に平壌で開かれた金正恩との共同記者会見で述べ、次のようにつけ加えた。

「金正恩委員長は、朝鮮半島の非核化に向けた道筋を明確に示し、我々は核兵器や、核と戦争の脅威から半島を解放するというビジョンに合意しました[37]」

これは金正恩とトランプの初顔合わせから約３ヶ月後のことで、文在寅は「非核化及び朝鮮半島の和平プロセスの大きな進展を目指して」２度目の米朝首脳会談の実現に向けた努力を重ねて欲しいと、各方面に要請した[38]。文在寅はさらに、「朝鮮半島で新たな秩序が生まれようとしています。半島の新秩序は、北東アジアにおける新秩序の誕生につながるでしょう」と強調している[39]。文在寅の言葉は、朝鮮半島の出来事に関して韓国政府が２０１８年に強調した三つのテーマを反映するものだ。つまり和平は目前に迫っている、北朝鮮は非核化を約束した、そして両国民にとっての明るい時代が始まりつつあるということである。

金正恩のスタイルが、父親のそれと大きく異なっていることは間違いない。彼はよりあかぬけて洗練され、正しいイメージ作りの持つ計り知れない重要性を理解している。だとすると、根本的な問いは、彼は果たして北朝鮮のミハイル・ゴルバチョフなのか、それとも鄧小平なのか、という問題だ。

金正恩がゴルバチョフを見習うことは、決してないだろう。なぜならゴルバチョフの改革は、彼本人の失脚につながっただけでなく、ソ連崩壊をも引き起こしたからだ（ロシア大統領のプーチンは、これを20世紀最大の歴史的な過ちと呼んでいる）。金正恩にとってより好ましいモデルは、（経済特区の設置から始まった）鄧小平の市場型経済改革、またはベトナムが採用した同じような改革である。
和平交渉の進展を示すため、文在寅は金正恩をソウルに迎えたいと切望している。しかし金正恩に向けた彼の好意は、文在寅に現実を見失わせているだけではない。韓国では金正恩に親しみを持つ団体が急速に増えている。強固な左派や親北団体は、卓越した指導者のソウル訪問を期待する広告板を掲げ、公共テレビは、金正恩がこれまでとは全く異なる若い指導者であることに注目した番組を放送している。

文在寅が平壌を訪問したことを受け、金正恩もまた、２０１８年末までにソウルへの画期的な訪問を実現させることを検討した。これは実現しなかったが、韓国の青瓦台（訳注：韓国政府）によれば、年末に金正恩は個人的な書簡を文在寅に送ったという。そこには、同年にソウルを訪問できなかったことは残念であり、２０１９年には是非ともソウル訪問を実現させたいと記されていた。

金正恩は２０１８年には、6月のトランプとの会談に加えて、アメリカの国務長官マイク・ポンペオにも4回会っている。トランプが強く望んだ2度目の首脳会談は、２０１９年2月にベトナムのハノイで開催された。しかしトランプは、不本意な合意に応じるよりは決裂を選び、またしても世界に対して、自分だけが相手を説得できると信じ込んでいる2人の身勝手な指導者が会うとどうなるかを示した。

国内では、金正恩はスキー場施設、遊園地、高級レストランなどを次々と建設したが、これらは何よりも宣伝を目的としている。頻繁に繰り返される視察では、金正恩は庶民のために品質の高い商品を製造すべきだと話す。彼は平壌に、新しいマンションと北朝鮮版シリコンバレーを建設して、首都の姿を一新した。

金正恩は横暴であると同時に賢明で、北朝鮮を経済大国にしたいと、本心から願っている。そして権力の独占を諦めたり核兵器を放棄したりせずにそれが可能だと、信じているのだ。たとえ海外ではおかしな髪型の肥満した独裁者と揶揄されていようと、そのような視点は間違っているだけでなく、あまりにも物事を単純化しすぎてもいる。その一方で、金正恩のいわゆる改革志向を強調し、経済発展に専心するために彼が核兵器を放棄するだろうと期待しすぎるのも間違いだ。

「彼は中国のような急速な経済発展を望んでいます」と語るのは、韓国の元統一相で、盧武鉉政権のＮＳＣ（国家安全保障会議）常任委員長だった李鍾奭《イジョンソク》である。

「我々は金正恩の統治の核兵器にかかわる面だけに注目し、ほかの面は無視しようと努めてきました。経済発展を実現させるために、彼には交渉次第では核兵器を放棄する覚悟ができています。しかし国民に１日３食を保証するためだけなら、核兵器を放棄しないでしょう[40]」

このような発言は、金正恩の改革志向が本物であると確信している韓国の専門家からよく聞かれるものだ。

トランプとの首脳会談から１週間経った２０１８年６月20日に、金正恩は習近平と３度目の会談を行った。会談のあとで韓国の進歩派の新聞『ハンギョレ』は、金正恩は農業の近代化と鉄道建設の２本立てで経済改革に踏み出そうとしていると報じた。金正恩が北京の交通管制センターと基幹インフラの投資会社を視察したと報じた同紙は、これらの視察は「北朝鮮の指導部が、経済開発に不可欠な鉄道などのインフラ建設に高い関心を抱いていることを示している」と評した。[41]

こうしたことが韓国で起きている間、北朝鮮では２０１８年４月に、国営企業の下級官僚に１本の動画が見せられた。それは、経済目標が達成されないことに、最高指導者がどれほど胸を痛めているかを示すものだった。動画の中で、金正恩とされる人物が海辺に立ち、沖を見つめている。その頬を涙が流れている。そこに「(最高指導者は)強力な国家を建設するための改革の進展にばらつきがあり、進まないことに深く落胆され、涙を流しておられる！」というナレーターの声が重なる。『朝鮮日報』は、「動画が、党に対する忠誠心の高い中央幹部ではなく、地方や国営企業の官僚に見せられたことに注目すべきだ」と書いている。そして、北朝鮮では神とされている金正恩が泣く様子を見せて、これらの下級官僚に罪悪感を植えつけようとしたのではないかと推測している。[42]

イギリス人のマイク・ヘイは、北朝鮮で12年間、弁護士として働いた。短期滞在のほかの外国人と違い、マイク・ヘイは平壌の様々な事業に深くかかわった。同僚たちについて彼は、皆英語を流暢に話し、全員が金日成総合大学法学部の卒業生で、外国人や外国企業との豊かな交渉経験を積んでいると話している[43]。マイク・ヘイが生き延び、事業にも成功した秘密の一つは、決して政治や指導者を話題にせず、地元の習慣を徹底的に尊重したことにある。国際的な制裁が厳しくなって外国人の顧客が姿を消した結果、マイク・ヘイも北朝鮮から撤退し、ソウルの法律事務所に参加した。しかし、機会さえ与えられれば、北朝鮮は繁栄するはずだと、彼は深く確信している。

「北朝鮮は制裁など気にかけていませんし、現状では社会は十分に機能しています。経済発展、つまり各地で進む建設工事、高級レストラン、中産階級の出現、自由になるカネといったことは全て、制裁下でも起きているのです[44]」

北朝鮮がいつか世界に開かれれば、そこに待っているのは外国企業にとってのフロンティアだと、彼は言う。

「彼らは地下に（鉱物資源を）持っていますが、採掘設備はありません。そこに、海外投資家にとってのチャンスがあるのです[45]」

正しい状況下でなら北朝鮮が経済的に大変貌することは疑いないと、マイク・ヘイは言う。しかし金正恩は存在論的なジレンマを抱えている。国家が繁栄するには、国を外部に向けて開く必要があるが、後戻りできない分岐点を超えれば、彼の王朝は危機にさらされる。中国とベトナムは、共産主義体制を維持したまま改革に成功したとよく言われる。それは正しい。しかしハノイも北京も、国民の完全服従を要求する、中心まで腐った冷酷な一族に支配されていたわけではない。

金正恩のジレンマ

２０１１年12月に父のあとを継いで以来、金正恩は「世界の趨勢」を重視すると強調しているが、これは主体思想を重視した父とはだいぶ異なる姿勢だ。もちろん、自身の正統性と金王朝による支配の根拠である金日成・金正日主義は、金正恩も重要な思想として継承している。それでも北朝鮮の体制の枠内では、彼は驚くほど柔軟と言える。

2002年7月1日に、金正日は「経済管理改善措置」を発表して、市場経済を一部認めた。これは計画経済の失敗が続いた結果、小さな市場があちこちに出現し、闇市場の数が指数関数的に増大していたことを受けての措置だった。集団農場やそのほかの労働単位にある程度の決定権を与え、国家に認可された総合市場を開設すれば、現状をコントロールできるだろうと当局は期待したのだ。しかしその成果が上がるにつれて、計画経済と非公式経済を分ける境界線は、金正日が好むよりもずっと早く曖昧になっていった。

> 「人々は認可された総合市場の外のあらゆる場所、路地や携帯電話ショップなどで取引を行うようになった。また誰もが個人事業を始めた。特に様々なサービス産業が発展し、カラオケ・バー、コンピューターゲーム・ショップ、下宿、引っ越し業者、浴場、レストラン、修理屋、バイクや自転車を使った宅配などが登場した。利益の一部を国家に納入しなければならない一部の工場や企業も、より大きな利ざやを稼ぎ、またトンジュ（金主）に出資させるために動きに加わった[46]」

非公式経済セクターが伸び続けるにつれて、これが計画経済に取って代わる危険に気づいた当局は、２００５年の後半に「経済管理改善措置」を廃止した。

２００９年11月30日に、北朝鮮は貨幣改革を発表して新紙幣を導入したが、旧紙幣の額面価値の80パーセントを失うことになる国民の反発は激しかった。異例なことに、この政策は2ヶ月後に撤回された。そして経済政策を担当していた党官僚が、金正日の命令にしたがっただけだったにもかかわらず、スケープゴートとして処刑された。金正日は、この通貨改革を金正恩の実績作りに利用しようと目論んでいた。それは２００８年の金正日の発作の直後からようやく後継者教育が本格化した、金正恩の指導者としての能力を、大衆に示すものになるはずだった。しかし、結果は全くの逆効果で、一般国民だけでなく、エリート層も通貨改革に反対した。そして金正日としては、三男の権力継承に不可欠なエリートの支持を失うような危険は、冒すわけにいかなかった。

この大失敗は、計画経済が機能していないことをまたもや見せつける結果となった。また金正恩にとっては、トンジュの助けなしでは、彼の夢見る経済改革の成功はおぼつかないことを意味していた。そのため彼としては、彼らが非公式な活動を続けるのを黙認するよりほかなかったのである。

当初は高利貸しや闇市場での両替を行っていたトンジュたちは、金融仲介者として社会で重要な役割を果たすようになった。融資機関は存在しないため、トンジュたちはローンを提供し、送金、金融取引、担保を取る融資を手がけ、さらに新規事業に投資するエンジェル・インベスターの役割も担うようになったのである。[47]

北朝鮮は今後経済発展に専念すると宣言した２０１８年4月以降、金正恩は独自の経済発展モデルを編み出して、これを全国に広める必要があると強調してきた。農民はより多くの収穫物を所有することが許され、工場では品質管理や価格や労働者の賃金を自分たちで決定する自由が広がり、そして小規模事業間の直接取引が許可されるようになった。

経済の路線変更は不可避だった。ソ連と東欧諸国の共産党政権が崩壊すると、北朝鮮は非常に慎重な経済改革を実験的に開始した。経済特区（ＳＥＺ）を指定し、南北の経済協力の象徴として現代グループの出資による金剛山《クムガンサン》観光地区と開城《ケソン》工業団地を設置した。しかし現実には、金正日が、そしてその後金正恩が指定した経済特区のうち、軌道に乗ったものは一つもない。社会的・経済的な影響を恐れた金正日は政治的な決断を下すことをためらい、また金正恩の時代には、現在に至る国際的な制裁と低迷する経済状況のせいで重要資源を活用できないことが、これらの特区の挫折につながったのである。

金正日の時代の小規模な経済改革は、海外の資本、技術、思想などの望ましくない要素を除外した「蚊帳」のような特徴を持っていた。崩壊した北朝鮮経済を立て直す意志など、彼にはなかったからだ。[48] 金正恩はというと、彼は相容れない政策を両立させられると考えている。つまり彼は核兵器の放棄を決意したふりをして、撤回不可能な南北協力事業に韓国を引き入れ、韓国の安全保障政策の軟化につけ込み、そして慎重に経済を改革しようと考えているが、その間も、彼の王朝を維持してきたオーウェル的な警察国家体制——全ての北朝鮮人を支配するカースト制度、１２０万人の軍隊、そして非人間的な状態で数十万人の北朝鮮人を拘束する強制収容所——を手放す気はないのだ。

彼が望み、かつ可能だと信じているのは、現在の特権や権力や影響力を維持したまま、急速な経済発展を実現することである。巨大な犯罪シンジケートを、より合法的なビジネスに変身させることは可能だろうか？　小出しにならできるかもしれないが、構造的な改革となると、非常に危険だ。流れ込んできた外貨が北朝鮮社会の隅々まで浸透し、また何十年にも及ぶ洗脳をもはや誰も信じていないため、支配の枠組みはすでにガタついているからだ。これ以上の改革は、枠組みをさらに弱体化させるだけだろう。

金正恩は一体どれくらいの自由を一般国民に与える用意があるのだろうか？　比較的自由な情報の流れは、どこまで許容されるのだろうか？　北朝鮮では現在、５００万～６００万台の携帯電話が使用されているが、これは国民の約25パーセントにあたる計算になる。もちろん国際電話はかけられないし、一般大衆はインターネットに接続できない。２０１０年には１０２４のＩＰアドレスが、タイのロクスレー・パシフィック社の子会社である平壌のスター・ジョイント・ベンチャーの管理下に置かれた[49]。脅威インテリジェンス・サービス企業であるレコーデッド・フューチャーによると、インターネットに接続できるのは人口の（トップレベルの）０・１パーセントだけだ。彼らは９種類の北朝鮮ドメイン（.kp）のサイト、中国網通（チャイナネットコム）、そしてロシアの衛星通信会社を通じて接続している[50]。

レコーデッド・フューチャーの最近の報告には、「北朝鮮の支配層は科学技術に精通し、旧式や最新式を問わず、あらゆるコンピューター、携帯電話、デバイスを駆使し、制裁回避の手段としてインターネットを利用している。最近では欧米から中国のソーシャル・ネットワーク・サービスに移行した」と記されている[51]。さらに、インターネットにアクセス可能な北朝鮮指導者たちは、２０１７年と比べてはるかにセキュリティー意識が強いこと、また複数の国が、情報経済の分野で働く北朝鮮人労働者を受け入れていることも記されている。その中には中国、インド、バングラデシュ、ネパール、モザンビーク、ケニア、タイ、インドネシアが含まれる[52]。

北朝鮮には、許可されたサービスやアプリに接続するためのイントラネットは存在するものの、一般庶民はインターネットに接続することができない。インターネット接続を許可しない限り、国を近代化できないことは、金正恩も百も承知だろう。しかし彼はまた、一般国民に外部世界との自由なやり取りを許したら最後、制御不可能な水門が開いてしまうことを理解している。北朝鮮の一般国民が中国やベトナムの国民と同じようにインターネットにアクセスを始めたら、彼らがそれまでずっと教え込まれてきた欺瞞——例えば金一族の「神々しいまでの才能」——が全て暴かれてしまう。そしていくら金正恩といえども、２５００万人の北朝鮮人を全て虐殺することはできない。

金正恩の警察国家を機能させる装置は健在だが、政府や軍、党のあらゆるレベルを蝕む腐敗は、だいぶ前から手の施しようがない状態に至っている。計画経済政策とされるものや、最近の５カ年戦略などは、商品やサービスのやり取りを行っている何百ものチャンマダンの敵ではない。金王朝を機能させる潤滑油は、もはや金日成・金正日主義ではなく、こうした小さな市場、そして外貨への渇望なのだ。

イギリスの調査会社キャピタル・エコノミクスのギャレス・レザーとクリスタル・タンは、次のように述べている。

「北朝鮮の自然資源、地理的位置、そして安い人件費を考えれば、経済的なポテンシャルは高い。しかし同国がベトナムと同程度の経済発展を達成するという金正恩の願いが叶う可能性は低いだろう[53]」

ソウルのＫＢＳニュースは、金正恩が最近、党内に改革開放幹部局を新設し、中国共産党に支援を依頼したと、中国の情報源に基づいて報道している。この情報の信憑性は確認されていないが、「北朝鮮はこの部署のための人材確保を進めており、朝鮮労働党中央委員会副委員長の朴泰《パクテ》成《ソン》などが関与する可能性が高い。朴は２０１８年５月に中国を訪問して、同国の科学的・技術的発展の現状を視察した」という。[54]

金正恩が、中国はもちろん、ベトナムにさえ追いつくための努力をするかどうかは不明だ。NKニュースのピーター・ウォードは次のように書いている。

「改革開放政策は、政治的安定を大きく損なう危険をはらむ。海外投資家の平壌に対する信頼感は非常に低い。また世界に対する北朝鮮の唯我論的な態度は、信頼性を醸成し、互恵的な投資環境を整える上で大きな障害になるだろう。その結果、将来の投資『ブーム』の中心になるのは、韓国政府を後ろ盾にした『協力』である[55]」

サウジアラビアの経済大国化を目指す「ビジョン２０３０」（訳注：２０１６年４月発表。２０３０年までに達成すべき国家目標として、脱石油依存経済、雇用の創出、効率的な行政の３点が設定されている）を指揮する同国のムハンマド・ビン・サルマン皇太子と同じように、金正恩が直面するのも巨大な構造的な挑戦だ。しかし金正恩が直面する課題はさらに大きい。なぜならサルマン皇太子は取り替えがきくが、金正恩の支配する北朝鮮では、金正恩に取って代われる人物などいないからだ。党や軍首脳によるクーデターでもない限り、彼を放逐することなど不可能なのだ。

究極的に金正恩は、無制限の経済活動の前提である情報の自由な流れを許可せずに、大規模な経済改革を実施することはできない。また本気で全面的な経済改革を望むなら、超エリート以外の全ての北朝鮮人を隷属させる政治的カースト制度の存続は許されない。たとえ現在の北朝鮮では地球上のほかのどこよりも抑圧されているとしても、自由意志は人類の最も強力な武器なのである。

金正恩が何よりも恐れているのは、アメリカや、韓国の従米勢力などではない。１９８９年６月の北京の天安門広場で、戦車にただ１人立ち向かった人物のように、「もうたくさんだ！」と言う勇気を持つ１人の北朝鮮人が出現することなのだ。

金正恩の支配する北朝鮮は、本当に変化しつつある。しかしそれは、「トゥルーマン・ショー」（訳注：１９９８年に公開された、ピーター・ウィアー監督のアメリカ映画。ある島で暮らす主人公の人生は、実は隠しカメラで全て撮影されており、外の世界の視聴者のためのリアリティー・ショーだった）のように、いわば映画セットの中の変化に過ぎない。金正恩が北朝鮮を改革したいと本気で考えているなら、彼は見せかけの飾り立てられた平壌よりも遠くを見据え、あたって砕ける覚悟を持つ必要がある。

第3章

最高指導者の世界デビュー

金与正、ソウルに来る

北朝鮮で最も有名な、そして最も権力を握っている女性は、金正恩夫人の李雪主《リソルジュ》ではない。彼のただ一人の妹、金《キム》与正《ヨジョン》である。朝鮮労働党の宣伝扇動部第一副部長、同党中央委員会政治局員候補、そして中央委員会委員及び最高人民会議代議員である金与正は、北朝鮮の政治システムの頂点グループに属している。

しかしまだ30代前半の金与正の権力の拠り所になっているのは、こうした党のポストではない。彼女が白頭山の血統に属しているという事実なのである。北朝鮮の建国の父で長年の指導者だった金《キム》日成《イルソン》（１９１２〜94）の孫娘である金与正は、２０１８年2月にその搭乗機が韓国の仁川国際空港に着陸した瞬間からスーパースターになった。朝鮮戦争以来、支配者一族の中で韓国に足を踏み入れたのは、彼女がはじめてだった。

韓国や諸外国のメディアは彼女の一挙手一投足に注目した。金与正の主な仕事が、兄に代わって情報戦を担当し、その権力維持に努めることだというのは想像しづらかった。金一族の中で彼女のような女性を見た者は誰もいなかった。冷静で優雅、そして魅惑的な笑み。メディアは彼女の外見やオーダーメイドの黒コート、そして首をわずかに上に向ける様子を競って報道した。こうして金与正は、北朝鮮の新しい指導部の象徴となったのである。

権力者のすぐ近くにいることがどれほど危険か、金与正はよく理解している。金与正の祖父、金日成の愛娘であり、父、金正日《キムジョンイル》のお気に入りの妹だった叔母の金慶喜《キムギョンヒ》は、張成沢《チャンソンテク》と結婚した。しかし最高指導者に就任したわずか2年後、金正恩は張成沢の処刑を命じたのである。叔父の処刑によって、金正恩は権力基盤を固め、最高指導者の行く手を阻む者は誰も許されないことを、皆が肝に銘じた。この一連の動きを間近で見つめてきた金与正は、彼女の権力も兄の胸先三寸だということをわきまえている。

金与正は与えられた任務を深く理解していた。つまり韓国（及び世界）を魅了して、金正恩と韓国大統領の文在寅《ムンジェイン》との会談への道筋をつけることだ。最終的な目標は、北朝鮮に対する国際制裁の解除、そして金正恩を、大胆で改革を厭わない指導者——若き日の鄧小平《とうしょうへい》のような——として認めさせることである。

最高指導者のイメージチェンジ

最高指導者は、行動に移る用意ができていた。妹にことづけたそのメッセージは、簡単だが力強いものだった。「真剣に経済成長に専念したいので私が会いたがっていると、文在寅に伝えろ。核兵器を放棄してトランプと直接会う用意があると」。これこそ、かつてソ連当局がマスキロフカ、つまり欺瞞作戦、偽装工作と呼んでいた、前代未聞のキャンペーンの幕開けだった。

武力による威嚇の段階は終わっていた、少なくとも当面の間は。金正恩は、世界における自らのイメージを一新する必要があった。そうしなければ、厳しさを増す国連の経済制裁が、北朝鮮の外貨収入に深刻な影響を与えかねなかったからだ。ドルやユーロなしで、現体制を維持することはできない。主体思想はまだ北朝鮮社会を覆いつくしていたとはいえ、現実はそれからかけ離れていた。

北朝鮮は、必要とする燃料と食糧の90パーセントを中国に依存している。しかし金正恩は巨額のカネ――韓国側の推計によれば、２０１１年から２０１７年までに、ミサイル発射実験だけで１億ドル近く――を核兵器・ミサイル開発プログラムにつぎ込んでいる。[1] ２０１１年に金正恩が権力の座について以来、北朝鮮のミサイル・プログラムに合計13億ドルが費やされたと考えられている。これはトウモロコシ４６０万トンを購入できる金額で、これだけあれば、北朝鮮人全員を４、５年は養える（訳注：４００万〜５００万トンという数値は、むしろ年間需要量に近い）。

２０１７年終わりから翌年はじめにかけて、国連の経済制裁は北朝鮮社会に深刻な影を落とし始めていた。北朝鮮が最初の核実験を行った２００６年に国連安保理決議１７１８が採択され、その後も北朝鮮が核実験を行うたびに、追加制裁が発動された。２０１７年9月に北朝鮮が水爆実験を実施すると、国連は決議２３７５を採択した。いくら北朝鮮の将軍たちが、降格、粛清、教化所送り、管理所収監、または高射砲による処刑の恐怖に怯えていようと、金正恩としては、厳しい制裁が続けば、党指導部が彼の指導力に疑問を抱き始めかねないと懸念せずにいられなかった。不安にかられた大佐や将軍が20人、30人、あるいは１００人集まって彼の排除を企み始めたら？　新しい戦略を必要とした金正恩は、イメージ一新の絶好の機会として冬季五輪に目をつけたのである。

西側諸国では金正恩はしばしば、核弾頭を撫でては悦に入っている経験の浅い「少年将軍」と揶揄されてきた。そんな彼の行為として特に知られているのは、その権力掌握に大きな役割を果たした叔父を処刑し、クアラルンプール空港で白昼堂々異母兄を暗殺し、会議で居眠りをしていたとして国防相の死を命じたことだ（訳注：国防相の玄永哲《ヒョンヨンチョル》が居眠りのせいで処刑されたと韓国などで報じられた)。

金正恩は権力を維持できないだろうという予想は外れた。彼は狡猾で、いつ、どのように権力を行使すればよいか、完全に理解している。父親や祖父と違い、金正恩は波風を立てるのを恐れていない。しかし体制崩壊につながりかねない臨界点がどこにあるのか、知る者は誰もいない。

叔父と異母兄の殺害は北朝鮮のエリート層を震撼させた。北朝鮮の指導者が近い親戚を殺害したことは、これまで一度もなかったからだ。しかしこの野蛮な行為は、エリート層を恐怖に陥れる以外に予期せぬ効果があった。韓国のインテリジェンス・コミュニティのベテラン北朝鮮ウォッチャーによると、粛清された人物は圧政の象徴だったため、大衆はこれを歓迎したのだという[2]。

北朝鮮国内で権力基盤を固め、また先進的な核兵器を開発し、ＩＣＢＭの能力を見せつけてアメリカに対抗してみせることに成功した金正恩は、今こそ両国関係の新しいページを開く時が来たと判断したのである。

平昌のプリンセス

金正恩が完全に信頼できる人間は、妹の金与正だけである。金正恩が急死した場合に何が起きるかについて、北朝鮮専門家の意見は異なるが、金与正があとを継ぐ可能性は決して低くはない。北朝鮮の軍部が金正恩とその一族の排除を決意しない限り――不可能ではないにしろ、その可能性は低い――金一族の中で、後継者となり得るのは与正だけだ。軍と党の指導部が女性を最高指導者として認めるはずはないという意見もあるが、北朝鮮の政治において、金一族は事実上、不可侵のオーラをまとっているのである。

　金与正自身のオーラは、２０１８年２月の五輪開会式での行動により、さらに光を増したことは間違いない。北朝鮮の代表団が同行していたにもかかわらず、彼女以外のメンバーに対する韓国メディアの関心は皆無といってよかった[3]。時にはその地位にふさわしく、自信に満ちた厳しい表情がカメラにとらえられたものの、ほとんどの場合、彼女は温かい笑みを浮かべた率直な物腰で、こうして映画スターと同等の人気を得たのである。韓国の多くの男性が、もし可能なら、すぐにでも彼女と結婚したいと答えたほどに。

　開会式が始まって来賓が着席すると、文在寅大統領夫妻は立ち上がり、金与正と、当時の名目的な国家元首の金永南《キムヨンナム》に挨拶をした。世界中の目が彼女の一挙手一投足に注がれていることをわきまえていた金与正は、大統領と握手しながらごくわずかに頭を下げて、敬意を表した。

「お目にかかれて大変嬉しく思います、大統領閣下」と彼女は言った。

「お会いできて嬉しいです。開会式にいらしていただき、ありがとう」と文在寅が答えた。

その次に彼女は、韓国のファースト・レディと握手した。

何台ものカメラがこの瞬間をとらえていたが、同時に、金正恩より１列上に着席していたアメリカのマイク・ペンス副大統領のことも映していた。ペンス夫妻は緊張した様子だった。金与正が突然彼らのほうを向いて挨拶したらどうしよう、と考えていたことは間違いない。しかし彼女は彼らに挨拶しなかったし、ペンスも彼女に挨拶しなかった。

３日間の韓国滞在の間に、金与正は文在寅大統領と４回会っている。五輪開会式の翌日に青瓦台で開催された昼食会で、彼女は兄から託された書簡を文在寅に渡し、平壌への招待の言葉を伝えた。文在寅は笑みを浮かべて「正しい環境構築に向けてともに働きましょう」と答えたが、前向きに考えているようだった。こうして「五輪雪解け」が始まり、金与正がこれを先導していた。

リトル・ロケットマンから新しい大親友へ

父親から北朝鮮の最高指導者の座を譲り受けた７年半後の２０１８年６月12日に、金正恩はシンガポールの首脳会談で壇上に上がり、アメリカ大統領のトランプへ握手の手を差し伸べた。わずか６ヶ月前には激しい中傷合戦を繰り広げていたことなど、どちらも気にしていないようだった。会見後、トランプは金正恩との首脳会談を「完全なる成功」と呼び、北朝鮮の指導者と絆を結ぶことに成功したと宣言した。

しかし２０１７年夏から翌年のはじめにかけて、世界のメディアは、朝鮮半島で高まる戦争の脅威について連日報道していた。アメリカ人は、核弾頭を搭載したＩＣＢＭの発射能力を獲得した北朝鮮に、真剣に恐怖を覚えていたのである。この時の北朝鮮のようにアメリカを脅かした国家は、かつて一度もなかった。北朝鮮の宣伝機関は、ホワイトハウスを包み込むキノコ雲や粉々になった議事堂などが映った画質の粗い動画を、ユーチューブに投稿していた。それはまるで映画『ダイハード』の一場面が現実世界に登場したかのようだった。

２０１７年８月８日にトランプは、北朝鮮によるいかなる攻撃も、「世界がこれまで見たことのないような炎と怒り」に直面するだろう、と厳しく警告した[4]。これに北朝鮮はすばやく反応し、グアムを「炎で包み込む」と応酬して、「アメリカ本土が決して傷つくことのない極楽だと考えるのは、白昼夢でしかない」とつけ加えた[5]。

トランプ政権の最初の国務長官であるレックス・ティラーソンが、政権には金正恩と交渉する用意があると述べた時、トランプが次のようにツイートしたのはよく知られている。

「我々の素晴らしい国務長官であるレックス・ティラーソンには、リトル・ロケットマン

（金正恩）と交渉を試みるのは時間の無駄だと伝えた。……レックス、労力を無駄にしないでくれ。すべきことをするまでだ[6]」

トランプがどんな北朝鮮戦略を持っているのか、誰にも分からなかった。アメリカ政府の外交政策担当者は、大統領のツイートに右往左往した。２０１７年9月20日に国連総会で行った就任後はじめての演説で、トランプは、アメリカは非常に強く、忍耐力もあるが、「自国または同盟国を守らなければならなくなったら、北朝鮮を完全に破壊するしか、選択の余地はなくなる」と述べた[7]。冷戦の真っ只中でさえ、これほど激しい言葉を発したアメリカ大統領はいなかった。

金正恩も負けじと、「アメリカ全土が我が国の核兵器の射程圏内に入っている。核のボタンは常に私の机の上にある。これは単なる脅しではなく、現実だ」と警告した[8]。

最後の言葉を発するのが常に自分でないと気が済まないトランプはこれを受けて、「消耗して食糧のない体制の誰かが、私も核のボタンを持っていると彼に知らせてくれ。私のボタンは彼のものよりずっと大きくて強力だ。それに実際に機能する！」とツイートしている[9]。

五輪の雪解け

では、いったい何が起きたのか？　激しい非難や警告の応酬を行ったトランプと金正恩は、どんな経緯の末シンガポールで会談することになったのか？

金正恩にとって、現役のアメリカ大統領との会談は、彼には大いに欠如している国際社会における正統性を獲得する絶好の機会だった。一方トランプにとっては、政権が誠意をもって外交政策を進めていることを示し、また頑固で狡猾な敵との交渉に彼が長けているところを世界に誇示するチャンスだった。「最強のネゴシエーター」は「偉大な指導者」と会うのだ。

トランプは、自分なら前任者たちと違って、核兵器を放棄するように金正恩を説得できると、批判する者たちに示したがっていた。それは徹底的にトランプ的な思考だった。つまり、たとえ補佐官たちが同意しなくても、自分の直感にしたがえ。

関係改善の最初の兆候は、2018年1月の金正恩の新年の辞に表れていた。毎年繰り返されるこうしたスピーチはそのほとんどが、冷戦時代のソ連の指導者による、誇張され、自賛に満ちた長々しい演説によく似ている。それでもソウル、東京、ワシントンなどの情報機関は、新しい年における平壌の戦略を探り出そうと、長時間かけてこれらのスピーチを分析するのだ。

しかし２０１８年1月の金正恩の演説は、全く異なるメッセージを発していた。彼はいつもの人民服ではなく、明るいグレーの背広とそれに合ったネクタイを締めて登場した。落ち着かなげだった以前のスピーチと異なり、この時は自信に満ちた様子だった。そしてスピーチの冒頭で、彼は一礼して、国民に新年の挨拶を述べたのである。これは前代未聞だった。彼の父も祖父も、同様の状況で頭を下げたことなどなかった。彼らは生ける神なのだ。単なる人間の前で、神が頭を下げる必要がどこにある？

演説の中で、彼がアメリカと韓国を非難したのは予想通りだったが、同時にソウルに向けて手を差し伸べた。

「去年、我が党と国家、人民が達成した突出した成果は、国家核武力の完成という歴史的な大事業を成就させたことであります[10]」

そして北朝鮮は今や核兵器を含め、様々な武器を保有しており、アメリカが我が国に戦争を仕かけるのはもはや不可能だと宣言した。

金正恩は例によって、国際的な制裁にもかかわらずあらゆる分野で北朝鮮が達成したという目覚ましい成果を並べ立て、国際社会に唯々諾々としたがっているとして、韓国を厳しく非難した。その一方で、北朝鮮建国70周年記念行事と、韓国で開催される冬季五輪競技大会という、2018年に予定されている二つの重要なイベントを成功させる重要性についても強調したのである。

「南朝鮮で遠からず開かれる冬季五輪について言えば、それは民族の威容を誇示するよい契機になります。私たちは大会の成功を心から願っております。このような見地から、私たちは代表団の派遣を含め、必要な措置を取る用意があります。このために北南当局が早急に会うことも可能でしょう[11]」

それは、「責任ある核保有国」としての北朝鮮の「平和的な」意志を強調する、巧妙に組み立てられた演説だった。国家の独立と主権を侵害されない限り、「我々は核兵器を使用せず、いかなる国や地域も核で威嚇しない」と金正恩は述べている[12]。

新年の辞が発表されてから3時間以内に、韓国の統一省の報道官が、冬季五輪競技大会に代表団を送りたいという金正恩の意向を歓迎する声明を発表した。そして韓国側は、関連するあらゆる措置についてすぐにでも話し合う用意があると述べた。

五輪は、金正恩の平和イニシアティブを開始する絶好の機会だった。文在寅が喜んで協力することは、１００パーセント確実だったからだ。韓国が競技大会の準備に何億ドルも費やしたのに対して、金正恩のすべきことは、妹を高位の使節団とともに派遣することだけだった。もちろん選手たちも派遣する。しかし予選を通過した北朝鮮の選手はわずか2人だったため、平昌五輪のハイライトとなるのは、スノーボードとスキーの競技ではなく、金与正だった。

南北間の関係改善は、文在寅が大統領に就任した２０１７年5月からほどなく確実になった。大統領選挙中、彼は過去の革新政権が開始した「太陽政策」、つまり積極的な関与政策を続けると約束していた。当選後、文在寅はＮＩＳ院長として徐薫《ソフン》を任命した（訳注：２０２０年7月には青瓦台国家安保室長に就任）。徐は盧武鉉政権でＮＩＳの次長を務め、２００７年10月の２度目の南北首脳会談の実現に大きな役割を果たしていた。

北朝鮮がミサイルを発射し、２０１７年9月3日に6度目の、最も強力な核実験（北朝鮮はこれを水素爆弾だと主張した）を実施している間にも、ＮＩＳの院長に就任した徐は、北朝鮮側と目立たないように連絡を開始していた。北朝鮮の主要な情報機関である偵察総局とのチャンネルを、10年前の次長時代に開拓した彼の努力がようやく実を結ぼうとしていた。

平壌側にとって、これ以上好ましい韓国側パートナーは望むべくもなかった。韓国の保守政権が10年近く続いたあとでようやく、ソウルは平壌からの電話に応答してくれるようになったのだ。

２０１７年7月の韓国大統領としての最初の演説で、文在寅は南北関係改善に向けた全く新しいアプローチの展望を説明した。そして政府は非核化を目指すが、それと同時に北朝鮮の体制存続を保証すると約束したのである。ロナルド・レーガンが米ソ関係を説明するのに好んで使った言い回しを真似て、文在寅は「手のひらを叩いてこそ音が出る。北朝鮮が核の挑発を全面的に中断し、非核化のために2国間対話と多国間対話に出てきてこそ可能なことだ」と述べている。[13]文は、非武装地帯からわずか100キロメートル離れた韓国の平昌で2018年2月に開かれる冬季五輪を利用することを考えるべきだと、北朝鮮側にはっきり要請している。

「適切な条件が整い、朝鮮半島の緊張と対決局面を転換させる契機となるのなら、私はいつ、どこでも北朝鮮の金正恩委員長と会う用意があります。核問題と平和協定を含む、南北間の全ての関心事を対話のテーブルに上げ、朝鮮半島の平和と南北協力のための議論をすることができます[14]」

韓国の指導者は、金正恩に非常に明快なシグナルを送っていた。「中間地点で会おう。冷戦終結後の最後の前線として定着したこれまでのパターンを変えよう。アメリカ人に、彼らの望むもの、つまり非核化された北朝鮮を与え、我々2人も、どちらも欲しいものを手に入れよう。つまり国家の運命を自ら決定する民族、大国に対して一致団結し、祖国を再統一する民族を。いよいよ我々の番が来た。是非実現させよう」と。

平壌に降り立った文在寅

誰も予想しなかったペースで、文在寅は２０１８年の4月、５月、９月と、矢継ぎ早に金正恩と３回の首脳会談を行った。９月には、はじめて平壌を訪問している。迎える側の金正恩は、３日間にわたった南北首脳会談の全ての時間を巧みに演出している。

金正恩と妻の李雪主は、平壌の順安国際空港の滑走路で、文在寅の到着を待った。韓国の大統領専用機ボーイング７４７型機の扉が開くと、文大統領夫妻は、出迎えのために集められた数百人の北朝鮮人に向かって手を振った。北朝鮮の儀仗兵が21発の礼砲を撃った。長い赤絨毯の上を歩く途中で、文在寅は出迎える観衆のうちの何人かと握手した。注意深く選抜され、集められた一般国民の列の終わりに来ると、文在寅は上半身を45度に曲げてお辞儀をしたが、これは朝鮮半島の文化では深い敬意を表す。北朝鮮のテレビは、文在寅が最高指導者とその国民に深い敬意を表すシーンとして、この場面を繰り返し放映した。

金正恩と文在寅はにこやかに握手して、３回抱き合った。２人の指導者は別々の車に乗って空港を出発したが、平壌の中心部に近づくと、車列を連ねて、何万人もの平壌市民が並んで歓声を上げる中を通り過ぎた。

翌日、金正恩と文在寅は軍事分野の合意をハイライトとする平壌共同宣言を発表した。2018年9月20日には、スタジアムで15万人の北朝鮮人を前に、文在寅は韓国大統領としてはじめて演説を行った。民族主義と団結を強調した文在寅は、「我が民族は優秀です。我が民族は強靱です。我が民族は平和を愛しています。そして我が民族は、ともに生きなければなりません」と訴えた[15]。

さらに「今回の訪問で私は、平壌の驚くべき発展ぶりを目にしました」と続けた。「金正恩委員長と北の同朋たちがどのような国を作っていこうとしているのかを見て、私は胸を熱くしました[16]」

さらに数回の会談、昼食会、公式晩餐会のあと、文在寅と金正恩は朝鮮半島の北東部にそびえる白頭山の山頂にケーブルカーで登った。白頭山は北朝鮮では金正恩の父親の金正日の出生地として知られている——全くの虚構だ——が、何より伝説によれば朝鮮民族の父とされる檀君《タングン》が5000年前に生まれた場所であると、半島全域で考えられている。この地で、手をつなぐ文在寅と金正恩の姿をテレビクルーが撮影した。

非武装地帯を南へ北へ

先に述べたように、文在寅による9月の北朝鮮訪問は、同年に開催された3度の南北首脳会談のうちの3度目にあたるものだった。1度目は4月27日に板門店で行われた。その日の午前9時ちょうど、金正恩は両国を分ける軍事境界線の北側の公式施設である板門閣《パンムンガク》の階段を下った。文在寅は境界線の南側で待ち、何百台ものテレビカメラがその様子を追っていた。韓国と世界のメディアにどう映るかを強く意識した金正恩は、笑みを浮かべて文在寅に歩み寄り、1段高いコンクリートの境界線を挟んで両者はがっちりと握手した。

金正恩の手を握った文在寅は、「お会いできて非常に嬉しいです、金委員長！　ようこそ」と話しかけた。

「これほど短い距離を来るのに、随分時間がかかりました」と金正恩が応じた。

「私は北朝鮮をいつ訪問できるでしょうか?」と文在寅が尋ねた。

「今すぐいらっしゃい」と金正恩は答えた。そして手をつないだまま、2人は北緯38度線を越えて北朝鮮側に足を踏み入れた。金正恩が韓国側に戻ると、2人は抱擁して、まるで宝くじにあたったかのように大きな笑みを浮かべた。

完璧な演出だった。はじめての首脳会談に臨むため、赤絨毯の上を平和の家に向かって歩く両指導者は、伝統的な衣装と現代の服装に身を固めた儀仗隊を閲兵した。金正恩は、両国の随行団と集合写真を撮ることを提案した。

両首脳のはじめての会談には、文在寅政権のＮＩＳ院長の徐薫と大統領秘書室長の任鍾晳《イムジョンソク》も参加した。金正恩の左側には妹の金与正が座り、メモを取る様子をカメラが映した。冬季五輪の開会式では彼女が大スターだったと文在寅大統領が言うと、金与正はにっこりして顔を赤らめた。金正恩は文に、「（発射実験で）あなたの朝の眠りを妨げるようなことはもうしません」と言い、招待されれば「いつでも青瓦台を訪問したい」と続けた。文在寅は、もちろん歓迎すると答えた[17]。

金正恩はなぜ２０１８年４月に文在寅と会うことにしたのだろうか？　彼が文在寅に手を差し伸べたのには、主に三つの理由がある。①彼が信頼に値する交渉相手だという明白なシグナルをトランプに送ること、②北朝鮮は朝鮮半島での戦争の勃発を望んでいないと、アメリカに示すこと、③世界の大舞台でも彼が気後れしておらず、父の時代からは変わったことを世界と自国民に示すことである[18]。

しかし何より重要な点は、文在寅と金正恩とトランプの、それどころか習近平も含めて、皆の利害がはじめて一致したということかもしれない。全員が首脳会談を自分に都合よく解釈して、メリットがリスクを大幅に上回ると判断したのである。
文在寅と金正恩は板門店宣言で、朝鮮戦争は終結し、半島に新たなる平和の時代が到来したと宣言した。共同宣言では、離散家族の再会から非核化まで、南北関係の改善に向けたあらゆる点が網羅された。非常に象徴的な宣言だったが、具体的な点となると、限定的だった。非核化に関しては、両指導者は次のように合意している。

「南と北は、完全なる非核化を通じて核のない朝鮮半島を実現するという共通の目標を確認した。南と北は、半島の非核化のために北が講じている措置は非常に意義があり重大だという認識を共有し、この目的を達成するためにそれぞれの役割と責任を果たすことで合意した。南と北は、半島の非核化のために国際社会の支持と協力を積極的に求めていくことで合意した[19]」

文在寅と金正恩はまた、非武装地帯を平和地帯とし、両国の海上の境界線である北方限界線一帯を、「偶発的な軍事衝突を防止し、安全な漁業活動を保証するために、海上平和水域」とすることを宣言した[20]。
青瓦台はそれから、非武装地帯の北側の板門閣で２０１８年5月26日に2度目の南北首脳会談が開催されると発表して、世界を驚かせた。2度目の首脳会談が開催される最大の理由は、金王朝の一員とアメリカ大統領による史上初の顔合わせを、計画通り２０１８年6月に確実に実現させるためだった。

4月と5月の会談の前、途中、そしてそのあとにも、果たして安全保障と引き換えに金正恩は非核化を本気で進めるつもりなのかという議論は続いた。それでも、北朝鮮との対話の継続を望む者は、一連の動きの持つ象徴性こそが大事なのだと力説した。ある北朝鮮ウォッチャーが述べたように、「(金正恩は)平和を求める南北両国民の、強力な新しい象徴を作り出すことにすでに成功している。板門店で最近開かれた文と金正恩の首脳会談は、彼らの文化において重要な価値である礼、孝、和、義を強力に示した」のである[21]。

シンガポール・スリング

金正恩とトランプの首脳会談が本当に実現するのかどうか、韓国政府が気を揉んだのも無理はない。両者の顔合わせが予定されていたわずか3週間前の5月24日に、トランプは突然、会談をキャンセルしたのである。北朝鮮メディアがペンス副大統領を「政治的な愚か者」と批判し、

「核による決戦」で脅したことを受けての措置だった。[22] それでも、あくまでテレビのリアリティー番組的なところのあるトランプは、会談はやはり実施されると、6月1日に発表した。トランプが金正恩に会いたがったのには複数の理由があるが、最も重要なものの一つは、「最強のネゴシエーター」というテレビ画面上の自らのイメージを強化することだった。

トランプは昔から、自分には類まれな交渉能力があると信じてきた。1999年10月24日の『ミート・ザ・プレス』（訳注：アメリカの3大ネットワークの一つであるNBCが日曜日の朝に放送する報道番組）で、司会者のティム・ラサートが、もし彼が大統領だったら、深刻化する北朝鮮の核の脅威にどう対処するかと尋ねた時のトランプの答えは、次のようなものだった。

「私ならまずは交渉して、一番いいディールを得ようとするね。……彼らは3、4年後には核兵器を手にしているだろう。……現代世界の最大の問題は、核の拡散だ。そしてあの北朝鮮という国は、いかれてはいるが愚か者の国ではない。そして彼らは核兵器を開発している……。交渉がうまくいかないなら、後回しにするよりも、（先制攻撃によって）今のうちに解決したほうがいい。……5年後、あの国が核弾頭だらけになり、その全てがニューヨークやワシントンに照準を合わせているような時に、そうすべきだとでも？ 今のうちに対処したほうがいい。こちらが真剣だと知れば……彼らも交渉の席につき、危機がそこまで深刻化することを防げるだろう[23]」

トランプのレトリックや、自賛するその交渉能力は別として、彼の進める「最大限の圧力」戦略は、一定の成果を上げたようだ。シンクタンク「アトランティック・カウンシル」のバリー・パーベルは、トランプ政権の「前代未聞の容赦ないプレッシャー・キャンペーンは疑いなく、北朝鮮指導者の戦略を変更させるのに貢献した」と評価している[24]。

金正恩との一対一の会談と、随行団を交えた拡大会合のあとで、トランプは、金正恩との会見は「素晴らしかった」と宣言した。両首脳が署名した合意文書には、「トランプ大統領は、朝鮮民主主義人民共和国の体制の保証を約束し、金正恩委員長は、朝鮮半島の完全な非核化を目指す、断固としたぶれることのない決意を再確認した」と明記されている[25]。

トランプは報道陣に、「会見は、私たちのどちらが予想したよりもはるかにうまく進んだ」として、金正恩と「特別な絆」が結ばれたと感じている、と言った。北朝鮮の横暴な体制について尋ねられると、トランプは、自身もこれまで幾度となく厳しく非難してきたにもかかわらず、「確かにひどい状況だが、ひどいことが行われてきた場所は世界中に存在する」と反論した。

強権的な指導者にトランプが好感を持っていることはよく知られた事実だ。自国内で独裁者として振る舞うプーチンへの憧れは、そのほんの一例に過ぎない。そのため、警察国家を支配する横暴な独裁者を信頼できるのかと尋ねられたトランプは返答を避け、「与えられた状況で最善を尽くすだけだ」と答えた。そして「彼の国民は彼のことを愛している。国民の熱狂を見ただろう。みんな熱狂しているんだ」と続けた[26]。

ＵＳＦＫの撤退については協議しなかったと強調しながらも、トランプは次のように述べている。

「我々は（米韓の）戦争ゲームは行わない。戦争ゲームはやめたいと、以前から考えてきた。非常に挑発的だからだ。それにひどく金もかかる。我々は政治をしっかり行っているが、とても金がかかる[27]」

その前の記者会見でも、同じような質問を受けたトランプは、次のように答えた。

「我々は長年、韓国と合同軍事演習を行ってきた。我々はこれを戦争ゲームと呼んでいる。私も戦争ゲームと呼んでいる。非常に高くつくんだ。韓国も金を出しているが、１００パーセントではない。これについても、彼らと話し合う必要がある。これは軍事費や貿易にも関係する。実は我々と韓国の間には新しいディールがある。……現在、我々は完全かつ包括的な合意に向けて交渉中だ。戦争ゲームはよくない。第一に、出費を抑えられる。それも大幅に。第二に、これは彼らが非常に喜んでいることだ[28]」

しかしトランプは、北朝鮮が自国の軍事演習の中止に同意しなかったという事実には、1度として言及していない。またアメリカが韓国との合同軍事演習をやめる約束と引き換えに、金正恩がどのような譲歩をしたかについても、何も言わなかった。何よりも、合同軍事演習は北朝鮮に対する「挑発」だという、アメリカ大統領の公式発言は、全く前代未聞である。そもそもUSFKは、韓国防衛に対するアメリカのコミットメントの、この上なく重要な象徴なのである。非常に優秀で、朝鮮戦争とベトナム戦争でともに戦った同盟軍の中でも最もアメリカナイズされた韓国軍との合同演習は、相互運用性を保証するためにも、欠かせないのだ。

45分間の個別会談のあとで、トランプと金正恩は短い距離を一緒に歩いた。2度目の会談は主要閣僚を交えて行われ、アメリカ側は国務長官のマイク・ポンペオ、大統領首席補佐官のジョン・ケリー、国家安全保障担当大統領補佐官のジョン・ボルトンが出席した。金与正は首脳会談の期間中シンガポールにいたものの、拡大会合には出席していない。北朝鮮側使節団には、朝鮮労働党の統一戦線部長で元偵察総局長の金英哲《キムヨンチョル》、党中央委員会副委員長の李洙墉《リスヨン》、そして外相の李容浩《リヨンホ》が参加していた。

４項目の合意文書を発表して、首脳会談は終了したが、非核化プロセスに関する合意はなかった。合意文書には次のように記載されている。

「両国間に何十年間も存在した緊張と敵意を克服するために開催された、史上初の米朝首脳会談が非常に大きな意義を持つことを認識し、トランプ大統領と金正恩委員長は、ここに記された条項を完全及び迅速に実行することを約束する[29]」

その後ＡＢＣニュース司会のジョージ・ステファノプロスとのインタビューで、金正恩が約束通り非核化を実施すると本当に信用できるのかと尋ねられたトランプは、次のように答えている。

「そう、彼は非核化する。地域全体を非核化するんだ。すぐに始まるさ。彼は今すぐ始めると思う[30]」

トランプは自分の成果に自信満々だった。２０１９年1月には、次のようにツイートしている。

「ロケットやＭ（ミサイル）が日本の上空やほかの場所を飛ぶことはもうないし、何よりもう核実験はない。北朝鮮に関して、これは史上最大の成果だ。フェイク・ニュースもそのことを知っている[31]」

シンガポールの首脳会談は、それが実現したというだけでも大きな意味を持つことは間違いないものの、実際の非核化に向けたプロセスははるかに複雑で、多くの障害に見舞われるだろう。金正恩は、文在寅とトランプを和平交渉の席につかせるための餌として、非核化を約束してみせたに過ぎない。北朝鮮は、非核化プロセスは対称的であるべきだと主張している。つまりアメリカの核の傘を韓国から撤去する必要があるとして、アメリカが要求する一方的な軍縮には同意していないのだ。

最終的に金正恩は、国際社会の一定の敬意を獲得した。それがいかにごくわずかでたちまち消え去るものだったとしても、勝利であることに変わりはない。なぜなら国際社会の敬意こそ、北朝鮮の以前の指導者が決して手に入れられなかったものだからだ。同時に彼は、韓国を和平交渉に誘い込み、国際制裁の効果を薄めるための時間稼ぎにも成功した。ある北朝鮮ウォッチャーは次のように述べている。

「首脳会談が国際社会における金正恩のイメージ向上に大いに貢献したことは間違いない。

多くの国や国際機関が非核化プロセスの詳細について知りたがるだろうが、その一方で、多くの政府や企業は、変化や開放の兆しを求めて北朝鮮を注視している。その結果、制裁緩和を求める圧力が強まるかもしれない。中国は確実に、積極的に関与したがるだろう。また韓国も、さまざまな人道的活動や文化活動などに加えて、さらに多くの投資や開発計画を奨励して、関与への努力を続けるだろう[32]」

韓国とアメリカを非核化という非現実的なウサギの巣穴に誘い込むことに成功した金正恩こそ、シンガポールの首脳会談における勝者だった。「責任ある、話し合うことのできる指導者」という彼の新しいイメージの持つ価値は、計り知れなかった。中国の航空機――ソ連製の彼の専用機は長距離飛行に耐えられないかもしれないという懸念があった――で平壌に帰還する金正恩は、外交戦略の成功に満足しながらも、トランプとの関係を維持できるかどうかは、ひとえに非核化をできるだけ遠い未来に押しやれるかどうかにかかっていることを理解していた。彼には核兵器を手放す意志など、毛頭なかったのである。

シンガポールの米朝首脳会談と平壌の南北首脳会談を終えた金正恩は、二つの重要な目標を達成したことに満足していただろう。一つ目は韓国軍備を弱体化させたことで、これはトランプが米韓合同軍事演習の停止に同意したことで実現した。もう一つの、内政面で文在寅の支持率の底上げに協力したことは、北朝鮮を利するものでもあった。事実、２０１８年８月下旬に韓国国防省は、国防白書で北朝鮮を「敵」と指定していた従来の表記の削除を検討していると発表したのである[33]（訳注：２０１９年１月に発表された『２０１８年版国防白書』では、北朝鮮を「敵」とする記述は削除されている）。

ハノイの決裂

シンガポールの首脳会談から首都ワシントンに戻ったトランプはただちに、北朝鮮による核の脅威はなくなったとツイッターに投稿した。「今、着陸した。長旅だったが、私が大統領に就任した時に比べて、皆さんはずっと安全になったと感じているだろう」と書き、「北朝鮮の核の脅威は、もうない。金正恩との会見は非常に興味深く、ポジティブなものだった。北朝鮮は未来に向けた大きな可能性を秘めている！」と続けた[34]。

しかし、北朝鮮の核の脅威がなくなったというのは、事実に反している。北朝鮮による核兵器開発は、シンガポールの首脳会談以前にも行われていたし、会談後も続けられた。２０１９年１月に、国家情報長官ダン・コーツは、議会公聴会で次のように証言している。

「我々は、北朝鮮が大量破壊兵器の保有を目指しており、核兵器とその製造能力を完全に放棄する可能性は低いと、現時点で考えております。北朝鮮指導部は、体制存続のために核兵器は欠かせないと判断しているからです[35]」

マイク・ポンペオ国務長官は、トランプの発言を説明しようと懸命になった。２０１９年２月のＣＮＮのインタビューで彼は、トランプは北朝鮮の脅威がなくなったとは言っていないと主張している。そうではなく、とポンペオは説明した。

「彼（トランプ）の発言の真意は、シンガポールでの努力、つまり金正恩委員長の約束により、アメリカ人にとっての危険が大幅に減ったということです。我々はその実現を目指して努力しているのです[36]」

シンガポールの首脳会談の８ヶ月後、ホワイトハウスは、２度目の米朝首脳会談がベトナムのハノイで開催されると発表した。２月27、28日に行われる会談への期待の高まりを抑えようと複数の政府高官が躍起になっていた一方で、シンガポールの首脳会談が具体的な成果に乏しかったことを受けて、トランプがその交渉能力を披露したがっていることは明らかだった。

　金正恩にとってハノイの首脳会談は、尊敬される指導者として世界の舞台に再び登場できる新たな機会だった。宣伝効果を高めると同時に安全のためにも、金正恩は60時間かけて専用列車で陸路をハノイまで移動した。国際危機グループのクリストファー・グリーンが述べたように、「これは政治的レガシーの問題である。……北朝鮮当局は、国家を建設した祖父の業績を、国際的正統性の確立に成功した金正恩が継承したと宣伝することを目論んでいる」のであった[37]。

　韓国の文在寅も、ハノイの首脳会談の成功を強く願っていた1人だ。持てる政治的資本のほぼ全てを南北関係の改善につぎ込んできた文在寅は、トランプ以上に具体的な成果を必要としていた。

　アメリカの北朝鮮担当特別代表のスティーブ・ビーガンは、ハノイの首脳会談に向けた北朝鮮側担当者との折衝にかかわっていた。２０１９年1月に北朝鮮高官の金英哲がホワイトハウスにトランプを訪問した。ハノイの首脳会談の方向性を定めるための一連の発言の中で、トランプは、オバマ政権下ではアメリカは北朝鮮と一触即発の危機にあったが、自分がそれを回避したと豪語した。

　２０１９年2月にはトランプは、大統領就任式の日に会った時、バラク・オバマが「北朝鮮と戦争を始める意志を持っていた」という印象を得たとして、「彼は開戦するつもりだったと思う。

実際、彼は北朝鮮と大戦争を始める寸前までいったと、私に話した」と述べた[38]。オバマ政権時代の補佐官たちは、トランプの発言に強く反発した。ベン・ローズ元安全保障担当大統領副補佐官は、「２０１６年当時、我々は北朝鮮と開戦する瀬戸際にはなかった」と話し、元ＣＩＡ長官のジョン・ブレナンも、「オバマ大統領は、大小を問わず、北朝鮮といかなる戦争も始める直前になかった」と述べている[39]。

絶えずスポットライトを浴びずにはいられないトランプの性癖は、北朝鮮との対話を理由に、安倍にノーベル平和賞への推薦を依頼したことでも明らかになった。トランプは、２月中旬に安倍から受け取った推薦文の「美しい手紙」を披露したが、これがトランプ政権の依頼を受けて作成されたものだとは明かさなかった[40]。

２度目の首脳会談は、２月27日の金正恩とトランプの個別会談と、それに続く非公式の夕食会で幕を開けた。金正恩との30分の会見後、またもや注目を集めずにいられないトランプは、「我々の会話を聞けたら！　そのためなら何を払ってもいいと思えるだろう。とてもよかった。多くの問題が解決されると思う。そして長期的に、本当に素晴らしい状況が生まれるはずだ」と言った[41]。

翌日、期待が高まる中で本交渉が始まった。ホワイトハウスは、交渉終了後の午後に合意文書の調印式を予定していた。韓国の青瓦台は、全世界で放送される調印式の様子を文在寅が見守る予定だと発表した。

それから、破局が訪れた。

トランプが、交渉の決裂を宣言したのである。制裁を解除してもらいたい北朝鮮は、寧辺の核施設を一部取り壊すことに同意していた。トランプのほうは、北朝鮮が全ての核兵器及びそのほかの大量破壊兵器を廃棄するという確約を要求した。彼は次のように述べている。

「彼らは制裁を完全に解除してもらいたがったが、我々にそんなことはできなかった。彼らは我々が要求する地域の大部分で非核化に応じる用意があったが、それと引き換えに全ての制裁を解除するわけにはいかなかった[42]」

ポンペオ国務長官は、できるだけよい面を示そうとして、「大統領と金正恩委員長は、交渉があれだけ進展したことにどちらも満足していたが、さらに大きな成果を出すためにこれ以上歩み寄ることは、現時点では不可能だった」と述べた[43]。

交渉決裂後の記者会見でトランプは、これまで北朝鮮側から知らされていたものだけでなく、二つ目のウラン濃縮プラントの存在についてもアメリカが知っていることに、金正恩は気づかされたはずだとほのめかした。

「我々はもっとずっと多くの点を取り上げたので、彼らは我々の情報量に驚いていたと思う[44]」

記者会見ではさらに、オットー・ワームビアの死に金正恩は責任があると思うかとの質問があり、トランプは守勢に立たされた。ワームビアは北朝鮮で拘束されて拷問を受け、その後昏睡状態のままアメリカに帰国してすぐに亡くなったアメリカの学生だ。

「私は確かにその話を持ち出したが、彼［金正恩］がそれを許可したとは思わない。……彼が知っていたとは、私は本当に信じていない。……彼は、それについて知らなかったと言っており、私もその言葉を信じている」とトランプは答えた[45]。

記者会見のあとで、ワームビアの両親は、「金正恩と彼の邪悪な政治体制には、我々の息子オットーの死の責任があります」と声明を発表した。

「金正恩と彼の邪悪な政治体制は、信じられないような残酷さや非人間性を発揮してきました。どんな口実や賞賛も、その事実を変えることはできません[46]」

ナンシー・ペロシ下院議長は、「私の考えではならず者であるプーチンや金正恩を大統領が信じるというのは、どこか間違っている」と述べている。[47]

合意には達しなかったものの、首脳会談は失敗ではなかったと、大統領の安全保障担当補佐官ジョン・ボルトンは、ハノイの首脳会談後のインタビューで述べている。

「大統領がアメリカの国益を守り、追求しているという点で、これは成功だったと考えています」

1年で北朝鮮を非核化できるかもしれないという以前の自身の発言について尋ねられると、彼は次のように答えた。

「期限はありません。以前も申し上げたように、下位レベルの交渉を継続するか、それとも適切な時期に再び金正恩と会見するか、大統領にはどちらの用意もあるのです」[48]

核兵器を廃棄するという約束を金正恩が守ると思うかと尋ねられたボルトンは、極めて慎重に答えている。

「彼はあの国の専制的な支配者なので、核を放棄するという戦略的な決断を下せば、それは実現するでしょう[49]」

珍しいことに北朝鮮外相の李容浩は深夜の記者会見で、部分的な非核化と引き換えに金正恩が制裁の完全な解除を求めたというトランプの発言に反論した。「我々が求めたのは、制裁の全面解除ではなく、一部解除です」と述べた李容浩は、それと引き換えに北朝鮮は「アメリカの専門家の監視の下、プルトニウムとウラン濃縮施設を含む寧辺の全ての核施設を完全かつ恒久的に廃棄」する用意があると続けた[50]。

物別れに終わったハノイの首脳会談のあとで、国内でも対外的にも金正恩の立場を強化しようとした北朝鮮のベテラン外交官の崔善姫《チェソンヒ》は、金正恩の忍耐は尽きようとしているとほのめかした。

「金正恩委員長は、アメリカ式の計算は理解できないと感じています。金正恩委員長は、交渉を継続する意欲を失ったかもしれません[51]」

そして北朝鮮はアメリカの圧力に「決して屈しない」とも言った。北朝鮮が核兵器を放棄することはあるのだろうか？　北朝鮮専門家のアンドレイ・ランコフは、金正恩が約束を守るとは思えないと考えている。

「（非核化は）遠い未来の出来事だろう。アメリカ軍の完全撤退が、必ずしも朝鮮半島だけでなく、東アジア全域、もしかしたら太平洋全域で起きた時、ハワイはどうなっているか。そしてアメリカの核兵器とロシアの核兵器と中国の核兵器の廃棄に関しては？　それが実現すれば、おそらく北朝鮮政府もまた、喜んで自国の核兵器を放棄するだろう」[52]

金正恩がアメリカに伝えたがっているメッセージは、朝鮮半島での平和体制の構築に大きな進歩が見られないうちは、北朝鮮が核を放棄することは決してないということである。金正恩は制裁解除を必要としている。そして中国とロシアの支援、それに北への大規模投資を進めたくて仕方がない韓国政府の支援を得ている。しかし依然として、国連が大きな障害として残っているのだ。

トランプに関して言えば、たとえある程度の合意に達したとしても、彼がどうやって自身の計画を実行に移すつもりなのかは、もともとはっきりしていなかった。北朝鮮は１９９０年代はじめ以来、アメリカと交わしたあらゆる合意を破ってきたではないか？　それでも、長期的な緊張緩和を求める韓国大統領と、（トランプがイランとの核合意を破棄して再びテヘランへの制裁を科してからは特に）大きな外交的成果が欲しいアメリカ大統領との首脳会談に何度も臨むことによって、金正恩は、これまで持っていなかったもの、つまり時間を確保することに成功した。それは国際制裁の効力を薄める時間であり、韓国への多方面の圧力――北朝鮮の船が国連の制裁に違反して瀬取りを行うことに目をつぶってもらうなど――をかける時間である。

また北朝鮮が核開発プログラムとミサイル基地を本当に放棄している証拠として、明らかにすでに廃棄済みの核兵器や弾道ミサイルをいくつか世界に提示する時間である。何よりも金正恩は、中国とロシアの支持を確実にし、また文在寅の５年の任期が終わる２０２２年まで彼をつなぎ止めておく時間を必要としているのだ。

たとえ文在寅が米韓関係の重要性を強調し続けようと、任期の残りの期間中に南北の協力関係を確立しようという文在寅の意気込みを考えれば、青瓦台が今後も確実に南北対話を続けていくに違いないと金正恩は知っている。たとえ北朝鮮が今後、核実験やＩＣＢＭの発射実験を実施しようと、青瓦台にいるのが左派の大統領である限り、恐れることは何もないと、金正恩はもう理解しているのだ。

さらに習近平とプーチンはどちらも、金正恩ができるだけ長く権力の座に留まり続けることを望んでいる。金正恩の後援者は中国と、それよりもだいぶ程度は低いがロシアだけであることを知っている限り、金正恩が中ロ両国の利益に反した行動を取る可能性は低い。金が今後20～30年権力の座に留まり続けるとすればなおさらだ。

米朝間の核をめぐる騒動は１９９０年代はじめから続いており、歴史的となる合意が実現すれば、トランプと金正恩のどちらにとっても得るものは大きい。トランプにとっては、それは外交上の決定的な勝利を求める彼の最大の成果となる。一方金正恩の場合、入念に練り上げられた合意を通じて、核兵器の製造能力の一部の放棄と引き換えに制裁が解除されて国交正常化が進展すれば、高い国際的評価を得ることだろう。

トランプが２０２０年11月の大統領選で再選されることを目指し、また韓国では２０２０年４月の重要な議会選挙を目前にした文在寅が、和平交渉を頓挫させないように懸命の努力をしている中、時間は金正恩に味方している。第二次朝鮮戦争を引き起こさずに、北朝鮮の核能力を武力で削減させられると信じる者は、今や誰もいない。そう考えると、不利な立場にあるのは金正恩ではなく、トランプと文在寅なのである。

第4章

新しい君主の誕生

北朝鮮で最も著名なアナウンサーのリ・チュニは、２０１１年12月19日の朝鮮中央テレビの正午のニュースに黒いチマチョゴリ姿で登場し、金正日《キムジョンイル》の死去を発表した。親愛なる指導者が死去したのは２日前の12月17日だったが、その報道に48時間以上を要したのである。

北朝鮮のほかのあらゆる公式イベントと同じく、細部まで演出されたリの振る舞いは非の打ちどころがなかった。「計り知れない悲しみをもって、我々の偉大なる指導者である金正日同志の逝去をお知らせいたします」と彼女は厳かに告げた。

「主体１００（２０１１）年12月17日午前８時半に、現地指導中に突然の病で亡くなられました[1]」

しかし北朝鮮のアナウンサーは皆、あらかじめプログラムされたような話し方をするため、彼女にまつわる全てが、巧みな悲嘆の表現も含めて、極めて不自然だった。生ける神の死をリが発表したのは、これで２度目だった。１度目は１９９４年７月９日で、この時彼女は偉大なる指導者、金日成《キムイルソン》の死去を発表したのである（訳注：金日成の死去は８日だったが、公式発表は９日に行われた）。

２０１１年12月29日午後１時57分に、リは親愛なる指導者の葬送行列を報道する中継番組のアンカーを務めた。国民が最後の敬意を捧げられるように、霊柩車はあらかじめ計画された平壌の道路をたどった。１９９４年と同じように人々は道路に並び、遠くからストレッチ・リムジンの霊柩車――何年も前に屋上に金日成の棺を安置したのと同じ車――が近づくのを目にすると、彼らは同じように悲しみの叫び声を上げ、胸を叩き、滂沱の涙で頬を濡らした。それは以前見た光景と変わらなかった。今回違っていたのは、天気が雪で、次第に激しく降り出したことだけだ。

世界で最もオーウェル的な監視国家では、肉体的にも政治的にも生き延びられるかどうかは、ひとえに国葬での振る舞いにかかっていた。金日成が心臓発作で死去した１９９４年７月には、それ以外の指導者というものを知らなかった北朝鮮人の悲しみは本物だった。しかし彼らは同時に、もし膝をついて声を限りに泣き叫び、拳で胸を叩かなければ、誰かに気づかれ、通報される危険があることを知っていた。常に北朝鮮人を監視しているビッグ・ブラザーは、十分真摯に泣かない、あるいは深い悲しみを示さない者は誰か、見張り続けていたからである。

誰も用心を怠ることはできない。高官となれば、なおさらだ。朝鮮人民軍の人民武力部副部長のキム・チョルは、親愛なる指導者の死に続く１００日の公式服喪期間中に酒を飲んだとして、金正恩に処刑されたと言われている。[2] 死後でさえ、親愛なる指導者は人々を恐怖で縛っていた。

金日成の時と同じように、人々は亡くなった金正日のために嘆き悲しんでいた。しかし今回は、はっきりどことは言えないものの、何かが違っていた。亡くなった王に北朝鮮人が哀悼の意を捧げているように見えても、建国の父の死去の際のような真摯な感情のほとばしりは、そこにはなかった。１９９０年代後半の大飢饉で多くの国民が餓死した時も、金正日が眉ひとつ動かさず、平然としていたからかもしれない。彼が国民のことを一度として気にかけなかったことに、人々が本能的に気づいていたからかもしれない。あるいは、操り人形のように行動することに、うんざりしていただけかもしれない。

カメラが回る中、党や軍、政府の幹部、そして国民団体の団員が数千人、金日成広場に整然と並び、目の前を通過する金正日の棺に向かって一斉に頭を下げた。８人の高官が、葬儀委員会の序列にしたがって両側に４人ずつ、霊柩車につき添って歩いた。旧ソ連なら、葬儀委員会の顔ぶれから、新たな権力機構の内容を推測できたかもしれない。しかし北朝鮮の場合、たとえ葬儀委員会の高い序列にあったとしても、それで未来が保証されたとはとても言えなかった。

沈痛な面持ちの金正恩は霊柩車の右側先頭に立った。そのすぐ後ろを歩いたのは、叔父で北朝鮮の第二の権力者である張成沢《チャンソンテク》だった。親愛なる指導者の時代に北朝鮮で最も重要な機関である国防委員会の副委員長だった張成沢は、金正恩への権力継承のためにあらゆることをすると、金正日に約束していた。ほかに霊柩車につきしたがったのは、党中央委員会書記局書記の金《キム》己《ギ》男《ナム》、最高人民会議議長の崔《チェ》泰《テ》福《ボク》、人民軍総参謀長の李《リ》英《ヨン》鎬《ホ》、人民武力部長の金永春《キムヨンチュン》、軍総政治局第一副部長の金正覚《キムジョンガク》、そして国家安全保衛部第一副部長の禹東則《ウドンチュク》だった。韓国メディアに「七人組」と呼ばれた彼らのうち、１人を除く全員が、２０１３年12月までに処刑されるか失脚している[3]（訳注：正しくは、金己男と崔泰福の２人を除く全員）。

保存処置を施された親愛なる指導者の遺体が安置され、最後の敬意を示すために最高幹部たちが列を作った。父親の棺の横で金正恩は気をつけの姿勢を取り、頭を下げて涙を流した。妹の金与正は後ろですすり泣いていた。しかし悲痛な表情の下で実際に金正恩の頭を占めていたのは、父親の権力をいかにつつがなく継承するかということだった。何よりも彼は軍の後ろ盾と叔父の張成沢の支持を必要としていた。

北朝鮮の宣伝機関は、金正恩の権力継承を正当化する作業に、すでに全力で取りかかっていた。全国各地で新しい指導者への忠誠の誓いが発表された。金正日の遺体の安置期間中、朝鮮中央テレビは、微笑する親愛なる指導者の巨大な肖像画の下で、全土の何千人という国民が哀悼の意を表す様子を連日放送した。

平壌の天安門広場に相当する金日成広場では、あらゆる職種の北朝鮮人が四角に整列し、まるで時計仕掛けのように、親愛なる指導者の巨大な肖像画の前まで１列ずつ進み、一斉に頭を下げて胸を叩いた。朝鮮中央テレビのアナウンサーの解説によれば、人々は同時に新しい最高指導者、金正恩の権力継承への「心からの喜び」を示しているのだった。ある集団が金正日の巨大肖像画の下に花束を置くと、カメラが１人の若者にズームインした。若者は涙を流しながら、「最も尊敬すべき金正恩同志の最大の忠僕として、彼をお守りするため前線に立ちます！」と厳かに宣言した[4]。

葬儀の間も国営放送では、死せる王に捧げられた哀悼と同じくらい、国民が新王を歓迎する様子が放映された。リ・チュニはその特徴的な声で、「建国の父」金日成の子供たちは全員「将軍にして親愛なる指導者の逝去を嘆き悲しんでいる」と同時に、「国民は１人残らず、燃えるような心で金正恩同志に忠誠の誓いを立てている」と宣言した[5]。

金正恩は新しい最高指導者になった。しかしスイスで教育の一部を受けた、まだ真価が試されていない28歳の若造を、長老たちが本当に支持するかどうかは、はっきりしなかった。父親に取り立てられた将軍や党幹部たちは、彼の指導を受け入れるだろうか？　公式服喪期間が続く中、自分が権力を完全に掌握したとは言い難いことを、金正恩は知っていた。本当に信用できるのは誰か？

核兵器を保有するマフィア国家

厳密に言うと北朝鮮は、伝統的な意味での共産主義国家ではない。１９７２年憲法により、マルクス・レーニン主義に代わって金日成主義と強い結びつきを持つ「主体思想《チュチェ》」が国家運営の指導指針に定められた。自主独立をうたう主体思想は、北朝鮮を代表する思想家の黄《ファン》 長燁《ジャンヨプ》が編み出した新しい思想だった。

１９７０年代はじめに発表された当初の主体思想は、マルクス・レーニン主義に北朝鮮の特徴を加味したものとされていた。しかしそれはすぐに、金日成の絶対性と、彼の支配の根拠となる虚構に基づいた個人崇拝の広がりを正当化するものへと変質していった[6]。

ヒトラーのナチスドイツやスターリンのソ連でさえ試みられなかったことが、北朝鮮では起きた。金日成は朝鮮労働党と北朝鮮の指導者というだけでなく、全ての北朝鮮国民の真の父だと、人々は教えられたのである。個人崇拝が極限まで推し進められた結果、２人の指導者への完全なる忠誠心の証として、全ての北朝鮮人は、心臓の上に金日成と金正日のバッジをつけるという規則が定められた。

北朝鮮では全ての家庭は偉大なる指導者と親愛なる指導者の肖像画を飾らなければならない。北朝鮮のあらゆる建物でも同様だ。会社の勤務時間の開始前には、肖像画の埃をはらうことが聖なる義務とされている。金一族の写真が掲載された新聞紙で魚や野菜を包むことは、写真を汚すことになるので厳禁だ。火災で建物が炎に包まれた時、２人の指導者の写真を抱えて窓から飛び出した男は、人民の英雄として称えられた。

主体思想の確立に大きな役割を果たした黄長燁は、１９９７年に韓国に亡命した。亡命後に執筆した本で黄長燁は、金正日の時代に新たな高みに達した個人崇拝の持つ、非常に自己愛の強い性質について説明している。

「『最高指揮官』は、最も位の高い指揮官であり、つまり朝鮮人民軍の全ての兵士と同様、国家と国民のために命を捧げる義務を負っていることを意味する。しかし兵士たちは、血統のおかげで最高指揮官になったに過ぎない金正日に命を捧げるように命じられる。国家を個人的な所有物としか考えていない彼に命を捧げるように命じるのは、大いなる侮辱である……。国民や兵士に無条件の完全な忠誠を要求する金正日は、あらゆる倫理道徳を無視することによって、国家と人類に対する反逆者であることを露呈している。軍の倫理的な基盤が崩壊しているのは、そうした現実と無関係ではない[7]」

金正恩が権力を継承すると、公式思想に金正日主義がつけ加えられた。金正日が死去した２０１１年以降、北朝鮮人は公式に2柱の永遠なる神を崇拝しなければならなくなった。

党と政府機関、軍には、レーニン主義の構造が反映されており、その中には民主集中制の原則も含まれている。つまり情報は上に吸い上げられるが、いったん党の決定が下されたら、全員がこれにしたがわなければならない。北朝鮮では、これは金一族にしたがうことを意味している。旧ソ連の赤軍や中国の人民解放軍と同じように、朝鮮人民軍でも、政治局員が職業軍人に目を光らせている。しかし北朝鮮国家の軍事化の進み具合は、中国はもちろん、旧ソ連でさえ遠く及ばない。現代社会に類例は存在しないのである。パキスタンは国家のふりをした軍隊だというC・クリスティン・フェアの言葉は、北朝鮮にもあてはまる。政治システムは大きく異なる一方で、北朝鮮とパキスタンに共通するのが、軍隊の持つ圧倒的な影響力である。この共通点を出発点として、両国は大量破壊兵器をめぐる特別なパートナー関係に入ったのだろう。パキスタンは核技術を北朝鮮に伝え、その見返りとして平壌はＩＣＢＭの技術をイスラマバードに移転しているのである。[8]

もう一つ、北朝鮮の独特な思想に寄与しているのは、本質的に金一族の支配する犯罪シンジケート国家における、前代未聞の腐敗の広がりである。「ファミリー」を首領が率い、その下にアンダーボス、カーポ、ソルジャーなどが序列を作る典型的なマフィア組織との類似は驚くほどだ。[9]マフィアの稼ぎが底辺のソルジャーから頂点に吸い上げられるように、北朝鮮でも、金一族とそのインナーサークルは、婉曲的に「革命資金」や（金日成や金正日の誕生日などにおける）「特別貢納金」という名目の下、毎年数億ドルもの資金を搾り取っている。そして39号室を介した外貨の使途を決定できるのは、最高指導者だけだ。北朝鮮の犯罪シンジケートの中心に位置する39号室は、金一族の個人的な貯金箱であり、金正恩の望む特別プロジェクトの資金源なのである。

この正式な裏金基金は１９７０年代に金日成が設立したもので、やがて麻薬取引、密輸、人身売買、そして最近ではコンピューター・ハッキングにも手を染めるようになった。[10]２０１６年には、39号室所属のハッカーたちがバングラデシュ中央銀行から８１００万ドルを奪った。送金依頼書のスペルを間違えなければ、被害総額は10億ドルにのぼっていただろう。[11]

「北朝鮮は１９９０年代以来、シンガポールの会社などを経由してロシアから原油を輸入している」と話すのは、39号室に勤務していた元幹部でその後韓国に亡命したリ・ジョンホである。

39号室は、「最高指導者の個人資金と、国家運営のための党資金を管理する組織である。また外貨獲得のための貿易業務に従事している[12]」。あるイギリスの新聞は、「輸出できるような物資などないので、西側企業向けに偽薬をたくさん製造している」と書いている。[13] 39号室は様々なビジネスを展開しているが、その一つである平壌のＫＫＧ（金剛経済開発総会社）のタクシーは、香港に拠点を置くクイーンズウェイ・グループとの合弁企業である。[14] ２０１０年に39号室を制裁リストに掲載したアメリカに次いで、同じ措置を取ったヨーロッパ連合によると、39号室は金正日の直轄機関で、その死後は金正恩が引き継いでいるという。

避けられない事態に備えて

２００８年8月中旬、金正日は重い脳卒中の発作に襲われた。このことは極秘にされ、家族と信頼する側近以外は誰一人知らされなかった。しかし重要な決定は全て金正日の承認を必要としたため、政府は機能を停止した。

１６０人が死亡し、数百人が負傷した２００４年4月22日の龍川《リョンチョン》駅列車爆発事故を理由に、鉄道省次官だったソ・ナムシクらが処刑されたのは、この頃のことだ。事故が発生したのは、金正日が中国訪問から北朝鮮に戻ってきた当日だったため、重大な意味を持っていた。当時、列車はＴＮＴまたはそのほかの引火性の高い物質を30トン積んでおり、電線のショートで火花が生じ引火して大爆発が起きた可能性が高いものの、爆発の数時間前に駅を通過したとされる金正日を狙った暗殺未遂事件ではないかという噂も絶えなかった。

そうだとしても、龍川の事故から4年も経ってから、なぜ処刑が行われたのだろうか？　金正日に近い取り巻きの誰かに命じられたに違いない拘束と処刑は、国家の監視装置が常に反革命分子や国家の敵をあぶり出そうとしていることを、エリートと大衆の両方に思い出させたと同時に、金正日の長引く不在から人々の関心をそらす意図があったと思われる。

親愛なる指導者が物理的に政務を遂行できなくなった場合に備えて、手順は定まっていた。しかし脳卒中後に彼が回復するか否か、誰も知らず、金正恩はまだ後継者に指名されていなかった。そのためこの時期に権力の管理人として重要な役割を担っていたのが、張成沢だった。しかしいかに強い権力を持っていても、張成沢が金正日のあとを継ぐ可能性はなかった。直系の血縁者でなければ、後継者にはなれないからだ。

発作から3ヶ月間、金正日は公の場に姿を現さなかった。その間、パリから脳卒中の専門家が呼び寄せられ、また伝統的な漢方医の意見も聞かれた。外国に移送する以外のあらゆる治療が試みられた。

3ヶ月後、親愛なる指導者が健康を取り戻したことを示すため、国営メディアがサッカーの試合を観戦する金正日の画像を放映した。しかし、中国訪問中の金正日を撮影した映像を北朝鮮テレビが放映したのは、ようやく2010年5月のことだった。そこに映った金正日は、左足を引きずり、2008年の発作から完全に回復していないことを示していた。

金正日の発作や回復についての報道は一切なかったように、足を引きずっている事実についても、国営メディアは解説しようとしなかった。しかし韓国とアメリカの情報機関は彼の容体について承知していた。彼らは例えば、パリの病院に送付されたCTスキャン画像も入手していたのである。[15] こうした情報や、ほかにも２００７年に心臓外科手術を受け、２００９年には腎臓透析を受けているといった情報から、金正日は長くてもあと3～5年しか生きられないだろうと、彼らは結論づけていた。

両国の情報機関は、北朝鮮の最高指導部、特に最高指導者の健康状態に関する正確な情報を非常に重視していた。ある外交官によると、１９９０年代のパリで、ある非常に高位の北朝鮮人の将軍が末期の病で治療を受けていた時、ＣＩＡの情報機関員がフランス人医師に変装し、実際に将軍と話をしたという。そして機密性の高い情報について質問したが、十分な返答を得られなかった。[16]

脳卒中後の金正日は、時間に追われていた。金正恩への権力継承を確実にするためのメカニズムを急いで作る必要があったからだ。彼自身の若い頃とは状況が違っていた。金正日の場合、まだ30歳代前半だった１９７０年代はじめから、父の金日成のあとを継ぐための教育を受けていた。そして１９９４年7月に偉大なる指導者が死去するまでに、複雑な政治システムについて学び、権力や影響力のある地位に自分の息のかかった人間をつける時間を何十年も持てた。

しかし金正日が選んだ後継者である三男の金正恩の場合、知るべきことを学ぶ時間が3年もあれば幸運としなければならなかった。その上、彼の死後に金正恩が確実に権力を掌握できるか、金正日に確信はなかった。自分自身の経験でも、金日成に風貌がよく似た異母弟の金平一《キムピョンイル》が行く手に立ちはだかることのないように、手を打っていた。東欧諸国の大使として国外に永久追放された金平一は、現在ではチェコ共和国の大使を務めている（訳注：金平一は２０１９年末にチェコ共和国を離任して北朝鮮に帰国している）。

金正日は、正恩を確実に権力の座につけるという張成沢の約束を取りつけたが、息子が自身の権力掌握におそらく最も貢献したこの叔父の処刑を最終的に命じたと聞いても、驚かなかったかもしれない。その後、少し回復した金正日は２０１０年と翌年の５月に中国を訪問した。彼の最後の外国訪問は、ドミートリー・メドベージェフ大統領との会見のためにロシアの極東地方に向かった２０１１年８月のことだった。

しかし残された時間はわずかだと、彼は知っていた。２０１０年９月28日に開催された朝鮮労働党の第３回党代表者会で、金正恩は正式に後継者に指名された。そしてその２日後、北朝鮮の国民は、党機関紙『労働新聞』に掲載された次期指導者の金正恩の写真をはじめて目にした[17]。

北朝鮮の宣伝機関は、指導者の個人崇拝を作り出し、強化するために写真、テレビ番組、映画、ドキュメンタリー、歌、芝居などを利用する。例えば公式伝記によれば、神がかった軍事才能を持つ金正日は、わずか３歳ですでに北朝鮮人の子供を集めた抗日部隊を指揮していたという。また先に述べたように、彼が生ける神として生まれたとする宣伝を強化するために、生誕の地は白頭山であると北朝鮮人は教え込まれる。実際に彼が生まれたのは、ソ連のハバロフスク近郊のウスリースク（一説にはヴャッコエ）付近だった。ロシア人の乳母に育てられた金正日はユーラという名で知られ、ロシア語を流暢に話した。

金正日の健康がさらに悪化する中、彼は正恩の後継者としての地位を固めるための次の手を打った。北朝鮮では、これは中国の承認を得ることを意味していた。朝鮮王朝時代（１３９２～１９１０年）、新たに就任した国王や皇太子は中国皇帝の正式な承認を得なければならなかった。それから80年以上が経過し、そして主体思想を採用しているにもかかわらず、食糧やエネルギーや政治支援だけでなく、息子の承認でさえ中国に求めなければならないのは、金正日にとって、非常にいらだたしいことだった。

厳しい護衛兵の選抜

死を目前にして金正日は、自身の権力掌握と、そのために流されたおびただしい量の血のことを思い出したに違いない。１９８０年に最高指導者として公式に承認される以前から、金正日は１９７３年にはすでに北朝鮮のメディアに「党中央」と言及され、事実上の後継者と認められていた（訳注：後継者として正式に内定したのは１９７４年２月）。

党内の自身の権力基盤を確実なものにするため、金正日は党活動のあらゆる側面を監視する組織指導部を掌握した。組織指導部や、やがて国家保衛部（訳注：１９９３年に国家安全保衛部に改称）やそのほかの党及び情報機関の重要部署を通じて、金正日は確実に権力を掌握していった。金日成に宛てられた報告書は全てあらかじめ金正日の承認を得る必要があった。１９７０年代半ばに設置された、金正日を守る第二護衛部は、年とともに金日成の安全を守る第一護衛部よりもはるかに強力になった。

金正日の護衛は厳しく選抜された。候補者の素性は徹底的に調査され、その11親等の従兄弟まで調べられたほどだった。何十人もいる親族の誰か1人でも犯罪の前科を持っていたり、いわゆる敵対階層に属していたり、韓国や日本に親戚がいたり、そのほか、党にふさわしくないと考えられたら、候補者はふるい落とされた。

護衛部の任務は、金一族の命を守ることだけではなかった。２人の最高指導者の生活のあらゆる側面に気を配らなければならず、その中には彼らに供される食材の点検も含まれていた。食卓に出される米を、20人の女性検査官が1粒ずつ選別し、砕けた、あるいは形が不揃いな米粒は捨てられた[18]。

偉大なる指導者の仕事量を軽減するという口実のもとに、金正日は父親を少しずつ張り子の虎に変えていった。金日成の耳に達するのはよいニュースだけになり、国家の重要事項は全て金正日だけが扱った。

金正日ほど、父親の健康状態を細かく監視していた者はいなかった。彼が孝行息子だったからではない。全く逆で、父親の体調不良を自身の権力拡大に利用するためだった。当然、指導者父子の健康維持だけを目的とした病院が存在した。独裁国家では、政治的エリート層専用の病院は別に珍しくもない。しかし生きたモルモットとして使うために偉大なる指導者の体格に似た人間を探し出してきたのは、北朝鮮だけだろう。医師たちは指導者父子を治療する前に、これらの男たちで薬や食餌療法、そのほかの治療を試したのである。

１９９３年12月に開かれた党中央委員会第６期第12回総会で、長々と発言した金日成は金正日の経済政策を厳しく批判した。その後、珍しく実施された農村部の視察で、偉大なる指導者は、ぼろぼろの軍服姿の痩せ衰えた兵士に気がついた。彼は側近に、なぜ――彼の――兵士があれほどひどい様子をしているのかと尋ねた。誰もが真実を告げるのをためらう中、とうとう１人が勇気を振り絞り、兵士への配給が減らされているのだと告げた。毎年、大豊作の報告を読んでいた金日成は愕然とした。これまで欺かれていたことに気づいた彼は、息子を詰問するために薪小屋に連れていった。金日成の手から権力はこぼれ落ちていたとはいえ、老いた獅子は死んではいなかった。少なくとも、今のところは。

金日成の最後の努力

１９９４年前半には、北朝鮮の最初の核危機が緊迫化し、クリントン政権が軍事攻撃を検討する（韓国の金泳三《キムヨンサム》大統領はこれに反対した）など、北朝鮮とアメリカは危険な度胸比べを続けていた。しかし金日成にとって、この危機は外交を通じて自身の影響力を少しでも回復する絶好の機会となった。意外なことにジミー・カーター元大統領が、危機を打開するために１９９４年８月はじめの北朝鮮訪問を提案してきた。そして金日成は、息子に相談せずにこれを受け入れた。

父に無視されたことに金正日はいらだったが、父とカーターの会見を取りやめることはできなかった。それ以上に重要なのは、１９９４年７月25～27日に最初の南北首脳会談を平壌で開催するという金泳三の提案を金日成が受け入れた時、父が再び国際舞台に登場すれば、自分の威信は大きく傷つくだろうと金正日が確信していたことだ。

予定される韓国の金泳三大統領との歴史的な会談の準備のため、１９９４年７月６日に金日成は主要閣僚や党幹部らを伴って妙香山の別荘に移動した。『朝鮮日報』によると、翌日午前中の会議で、金日成は間近に迫った公式訪問の詳細について側近に確認し、開城から平壌まで線路を延長するにはどれくらいかかるか、鉄道相に尋ねた。鉄道相はそれは不可能だと答え、理由を尋ねられると、労働者に食糧が支給されていないので、働けないのだと説明した。別の参加者が偉大なる指導者に、国家の食糧配給システムは、随分前から機能していないと補足した。

激怒した金日成は足音も荒く会議場を出ていった。午後に会議は再開したが、金日成はその夜、重い心臓発作を起こした。ヘリコプターで搬送されたものの、当日の悪天候による遅延のため、平壌に着陸するまでに偉大なる指導者は死亡していた。

大粛清

28歳の金正恩が父親の死後、権力を確立するまでにどれくらい時間がかかるか。これは、北朝鮮ウォッチャーにとって重要な問題だった。長続きしないだろうという予測に反して、相次ぐ粛清や、より開けっぴろげで大胆な指導力の行使を通じて、金正恩は確実に権力を掌握した。確かに祖父と父も、敵対者を殺害したり強制収容所に送ったりした横暴な独裁者だったが、金正恩のように近親者を殺すことは、どちらもしていない。叔父と異母兄の殺害は、自身の権力を見せつけようという金正恩の決意の表れの一環に過ぎない。

２０１５年9月には、大会議室で開催された軍幹部の会議で、書類ばさみを脇に抱えた金正恩が壇上に上がった。着席後、金正恩は書類ばさみを1冊ずつ見ながら、肩書きを添えて複数の名前を読み上げた。読み上げられた者たちは当初、昇進するものと期待していた。しかし全ての名を読み上げたあと、金正恩は「これらの国家の敵どもは、重要な会議中に居眠りして国家を侮辱した」と非難した。彼らは会議室から連行され、その日のうちに処刑された（皮肉なことに、２０１６年6月の最高人民会議第13期第4回会議では、金正恩自身が5秒ほど居眠りをしたようだ。もちろん誰もそのことを口にしようとしなかった。生ける神は、何をしても許されるからだ）。

権力の座について5年経った２０１６年末までに、金正恩はすでに１５０人の幹部の処刑を命じ、さらに数百人を収容所送りにしていた。権力行使に慣れるにつれて、金正恩は自信を深めていった。新しい君主が先王に忠実な護衛を排除する歴史書の記述そのままに、金正恩の最も巧妙な行為は、２０１３年12月８日に叔父を拘束したことだった。

黒い人民服姿の幹部で満たされた会議場で、張成沢の名前が呼び出された。起立した彼はうなだれたまま、２人の警備員に連れ出された。彼のほうを見ようとする者はおらず、皆が恐怖に震えながら前方を凝視していた。張成沢は「見下げ果てた、犬よりも下劣な人間のクズ、党と指導者から示された深い信頼と非常に温かい親愛を裏切って三重に呪うべき行為を行った……張成沢は指導者の後継問題に関してあからさまに、あるいは内密に、三重に呪われるべき許されざる行為を実施した」と非難された。[19]その最期には、彼は２人の衛兵によって、３人の裁判官の前にひざまずかせられた。６ページにも及ぶ起訴状が読み上げられた。死刑が宣告され、わずかな間の後に、高射砲で撃たれてその体は粉砕された。

　張成沢の助けがなければ権力の座につけなかったかもしれないと、金正恩は理解していた。しかし同時に彼は、張成沢が党、軍そして情報機関内部に自身の権力を確立していたことも知っていたのである。その上、張成沢とその息のかかった者たちは、貴重な外貨収入のかなりの部分を横領していた。張成沢を生かしておけば、彼がその甥を追い落とそうとしない保証はなかった。韓国の国家安全保障政策を担当したある元高官によると、張成沢の政治的影響力の拡大についての金正恩の警戒心や強迫観念は、韓国の心理作戦によっても強化された。韓国の心理作戦で、張成沢の影響力は韓国メディアにより大げさに報道され、人々は張成沢が金正恩と同等の権力を握っていると信じ込んだ。北朝鮮当局は韓国メディアを細かく監視しているため、張成沢の影響力拡大に関する報道が金正恩に報告されたことは間違いない。[20]

『ワシントン・ポスト』紙によると、２０１９年5月にトランプは、張成沢の処刑後に「その頭部をさらし者にした」と金正恩から聞いたと、ある支持者グループに語った。[21]多くの報道によると張成沢は高射砲で処刑されているため、もし金正恩がトランプに伝えた言葉が真実だとすれば、これは金正恩がどこまで冷酷になれるかを示している。

金正恩にとってのもう一つの心配の種は、異母兄の金正男《キムジョンナム》に取って代わられないかという懸念だった。先に述べたように、父の後継者と当初目されていた正男は、２０１１年5月に、ドミニカ共和国の偽造パスポートで旅行しているところを東京で拘束されて、自らその可能性をつぶしていた。数日後には解放されたものの、すでに取り返しのつかないダメージが起きていた。テレビ局や新聞は世界中にこのセンセーショナルなニュースを報道した。

金正日は激怒し、正男は妻と2人の子供たちとともに、マカオと香港に逃げ出した。２０１７年2月に、当時のＮＩＳ院長の李炳浩《イビョンホ》は韓国国会の情報委員会で、「金正男の家族は全員、金ハンソルを含めて、中国当局の保護下に置かれている」と証言している[22]。ＮＩＳによると、金正男の最初の妻であるシン・ミョンヒと息子のクムソルは北京に、2番目の妻のイ・ヘギョンと息子のハンソルと娘のソルヒはマカオに住んでいるそうだ[23]。

亡命中も金正男は断続的に韓国や外国メディアのインタビューに応じているが、このことは平壌をいらだたせたに違いない。あるテレビ・インタビューで彼は、3代目の世襲を支持していないと述べている[24]。

『東京新聞』の五味洋治は、金正男に最も親しい外国の新聞記者だった。五味は２００４年から２０１２年の間に金正男を数回インタビューし、１５０通のメールのやり取りをしている。五味によると、これらのインタビューで金正男は非常に巧妙に振る舞ったものの、北朝鮮の政治や、特に異母弟の支配の詳細について口にすることはなかった。

金正男がなぜ3代目の世襲への反対を公言したのかは分からないが、その発言は、彼が当初父親の後継者と見なされていた事実への屈折した感情を反映しているのかもしれない、と五味は分析した。彼によると金正男は、金正日の取り巻きが、正男の代わりに正恩を後押ししていたのではないかと疑っていたという。時折北朝鮮に戻るたびに、正男は経済改革の必要性について父親に建言し、そのたびに「いつからお前は資本主義を支持しているのだ？」と非難されたという[25]。

金正男が中国にいる限り、彼とその家族は、中国当局の間接的な保護下にあった。さらに北朝鮮は、中国本土や特別行政区のマカオや香港でもし金一族を暗殺すれば、北京が強硬に対応するであろうことを知っていた。

２０１７年2月13日午前9時に、金正男はマカオに向かうためにクアラルンプール国際空港にいた。ハリウッドのスリラー映画そのままに、右肩にバックパックを背負った軽装の姿はＣＣＴＶカメラにとらえられている。彼は立ち止まって上を見上げ、それからまた歩き出す。ターミナルを横切る彼の後ろから白い長袖Ｔシャツ姿の女が近づき、手で彼の顔を覆ってから歩き去る。

動揺した様子の金正男は赤い服の地上係員に近づいて、たった今起きたことを説明する。係員に3人の警察官のところに案内されると、金正男は左手にパスポートを持ち、身ぶりを交えながら早口で説明する。空港の医療センターに連れていかれ、角の椅子に座るが、膝をあけて力なく寄りかかっている。15分後、救急車で病院に搬送される間に、彼は多臓器不全で死亡する。

空港のあちこちに設置されたＣＣＴＶカメラの映像から、北朝鮮工作員の訓練を受けた29歳のベトナム人のドアン・ティ・フォンと25歳のインドネシア人のシティ・アイシャが同定された。２人は金正男の顔に神経ガスのＶＸをこすりつけた容疑で逮捕された。映像はまた、ほかの数人の北朝鮮人工作員がコーヒー店などターミナルのあちこちに分散して待機している様子も示した。

その後の調査で、金正男がおそらく解毒剤としてアトロピンの小瓶を携帯していたことが明らかになった。この事実は、彼が毒殺を警戒していたことを示している[26]。アトロピンは、化学神経剤の解毒に使われ得るが、「それ自体はＶＸの解毒作用を持たない[27]」。殺人罪で起訴され、27ヶ月間懲役刑に服していたドアンは、司法の茶番劇により、２０１９年５月に釈放された。それより早い２０１９年３月には、インドネシア政府の強い働きかけによってシティも釈放されている[28]。

こうして金正恩は北朝鮮国家の頂点にのぼり詰めた。彼は名実ともに最高指導者になったのである。インナーサークルが彼を恐れ、震えるほど、彼の満足感はいや増した。彼は単に血統のおかげで新王になったのではない。今や敬意も集めている。金王朝の新しい王は、冷酷なだけでなく近代的で、メディア対策に長け、戦略的思考を持っていた。若い最高指導者は、国内外を問わず、あらゆる敵を打ち負かしたと確信していた[29]。

第5章

金王朝と平壌の権力エリート層

金日成将軍とは誰だったのか？

１９４５年10月14日、平壌市民は、やがて「偉大なる指導者」として北朝鮮の建国の父となる金日成《キムイルソン》の姿をはじめて見た。ソ連解放軍歓迎平壌市民大会で彼が壇上に登場するまで、観衆はずっと年配で経験豊かな人物を予想していた。実際に登壇した、落ち着かなげな33歳の青年は、あらかじめ用意された原稿を読み上げた。

「36年間、我々を抑圧してきた日本帝国は、赤軍の英雄的な努力のおかげで壊滅しました」と述べた金日成は、「新しい民主主義的な朝鮮を建設するために力を蓄えよう」と、全ての国民に呼びかけた[1]。しかしこの力強い演説とは裏腹に、金日成についての同時代の証言は非常に手厳しい。

「彼らは、年の頃三十ばかりの若者が原稿を手に、マイクに近づくのを見た。身長は１６６、７センチメートル、中肉中背で、窮屈そうな青いスーツを着ていた。顔色は浅黒く、中国人の給仕のような髪型をしていた。前髪の長さは１インチ（訳注：約２・５センチメートル）ほどで、まるで軽量級のボクシング・チャンピオンのようだった。『偽物だ！』競技場に集まった人々の間に、不信、落胆、不満、怒りがたちまち広がっていった」[2]

大勢の人間の前で話すことに慣れていなかった金日成の演説は堅苦しく、「この時点で、金日成将軍に対する人々の敬意や希望は完全に失われてしまった」[3]。さらに悪いことに、金日成の直前に演壇に立ったのは高名な民族主義指導者の曺晩植《チョマンシク》で、火を吐くようなその30分の演説――感極まった彼は眼鏡を落としたほどだった――に熱狂したあとだけに、次に登場した金日成に対する人々の落胆も激しかったのである。しかし不満の声が高まってくると、赤軍は空砲を発射し、ようやく聴衆はおとなしくなった。

この幸先の悪い始まりの３年後、それでも金日成は北朝鮮の指導者となり、さらに２年後の１９５０年６月には、骨肉相争う朝鮮戦争を開始している。１９４９年に韓国から撤兵したアメリカはソウルの守備に駆けつけないだろう――そう予測した金日成の電撃戦は、緒戦でこそ目覚ましい成功を収めたものの、その後一転してダグラス・マッカーサー将軍に追い込まれた。北朝鮮が完全な敗北を免れたのは、ひとえに中国のおかげだった。

１９２２年のソ連成立以来、特定の一族に支配された共産主義国家は存在しなかったが、その例外が北朝鮮とキューバである。キューバでは、フィデル・カストロが健康問題を理由に２００６年７月に職を辞し、弟のラウルがあとを継いでいる（訳注：２００６年にフィデル・カストロは暫定的に国家評議会議長の権限を委譲し、２００８年に辞任した）。２０１１年４月には、フィデルは共産党第一書記も辞任している。彼らの子供たちの中で、後継者教育を受けた者はいない。

フィデルとラウルが、バティスタ政権を打倒した１９５９年のキューバ革命でともに戦ったことを忘れてはならない。本書の執筆時点では、87歳のラウルはキューバ共産党の第一書記の座にあるが、２０１８年４月には国家評議会議長を辞任した。カストロ兄弟は１９５９年以来、キューバの政治を支配しているものの、彼らは金一族が支配する北朝鮮のような醜悪な個人崇拝は推し進めなかった。

１９６５～89年にルーマニアを支配したニコラエ・チャウシェスクは、妻のエレナにも権力を与えた時、王朝樹立の一歩手前まで来ていた。しかし東欧の共産主義陣営の崩壊が始まると、民衆はチャウシェスクに反抗した。彼は妻とともに捕らえられ、軍事法廷で裁かれ、有罪判決が下されて１９８９年12月に銃殺された。しかし現在の北朝鮮では、同じように大衆が金正恩の排除を要求するような事態は想像できない。

北朝鮮の警察国家の種を播き、育てたのはソ連だ。しかし金日成はソ連のハンドラーたちを完全に出しぬいた。彼は世界で最も横暴な独裁国家を設立し、北朝鮮を支配するその王朝は70年も続いたのである。本章では、王朝がどのように始まり、いかに存続したかに注目する。

モスクワの手先を平壌へ

金日成は、金成柱《キムソンジュ》の名で１９１２年に生まれた。母親の康盤石《カンパンソク》はキリスト教長老派教会に所属する、活発な信者だった。一家はその後、経済状況の悪化と日本の抑圧的な統治を逃れて、平壌近郊の故郷から満州に移住した。父の金亨稷《キムヒョンジク》は、平壌市内にあるアメリカ・ミッション・スクールの順和学校と崇実中学で教育を受けた。金日成の両親を引き合わせたのは、アメリカの伝道師ネルソン・ベル——娘婿は有名な福音伝道師のビリー・グラハム——だという。[4] グラハムが１９９２年と１９９４年の２度、北朝鮮を訪問して、金日成に面会できたのも、（金日成も北朝鮮当局も認めていないが）この特別なつながりのおかげかもしれない。[5]

１９４９年に作成された、金日成に関するＣＩＡの報告書によると、彼は高校時代にすでにクラスメイトともう１人の人物を金銭目あてで殺害し、18歳の時に中国共産主義青年団に入団している。[6] １９３０年にまず中国共産党に入党し、その後１９３５年に党傘下の東北抗日聯軍に参加した。[7] ＣＩＡの報告書には、「１９３８年に金日成は、日本軍と戦うための（中国共産党軍の）第二軍の指揮官に任命され、１９４２年にさらに高い地位につけられた。中国人の戦友たちの間でさえ、金日成の粗暴さは知れ渡っており、１９４２年晩秋までに、部下のうち５人を除く全員が彼の下から去った」と記されている[8]。

ロシアに保管されているさらに多くの資料が公表される中、平壌における代理人としてモスクワがどのような経緯で最終的に金日成を選んだのか、歴史家たちは研究を続けている。例えばソウルに拠点を置くアンドレイ・ランコフなどの北朝鮮専門家は、朝鮮半島でのソ連の計画に関するアメリカ情報機関の当初の推測は、誇張されていたとしている[9]。しかし朝鮮半島の共産主義に関する１９４５年のソ連の報告書によれば、モスクワが当初から金日成に目をつけ、親ソ政権を設立するつもりだったことに疑問の余地はない。

１９４５年に赤軍の政治局に送られた電信に、ソ連軍将校たちは次のように記している。

> 「金日成の名は朝鮮では広く知られている。彼は日本の帝国主義と戦った英雄として名高く、多くの伝説を持つ。彼は今や朝鮮人にとって伝説的なヒーローなのである。日本軍はなりふり構わず金日成を捕らえようとして、莫大な懸賞金をかけた」

さらに、「金日成はあらゆる社会階層、特に農民の間で人気がある。彼は将来の朝鮮政府に参画させるのにふさわしい人間である。人民民主戦線が形成された暁には、その指導者として金日成を迎えるべきである」としている。[10]

朝鮮戦争の従軍経験を持ち、朝鮮人民軍の看護部隊の士官だった兪成哲《ユソンチョル》は１９４３年9月に、金日成の所属する第88特別旅団の基地があるハバロフスク近郊ではじめて金日成に会った。「同志、君は朝鮮語を話すかね？」と尋ねられ、兪成哲が話すと答えると、金日成は「それはいい。私のロシア語通訳になってくれ」と命じた。[11]金日成は中国語を流暢に話したものの、ロシア語は上手ではなかったからだ。

ソ連人、中国人、朝鮮人で構成された第88特別旅団で、金日成は約２００人の朝鮮人兵士からなる大隊を率いていた。第88特別旅団の主目的は、日本軍の支配地域に潜入して諜報活動を行うことだった。ソ連はまた、日本の降伏後の中国と朝鮮に共産主義体制を確立するために、旅団を橋頭堡として利用しようと目論んでいた。兪は次のように回想している。

「現在（１９９１年）と違い、金日成は虚弱で、彼が偵察活動を率いる姿を見たことはありません。でも彼は鋭い頭脳と指導力を兼ね備えた人物と考えられていたため、ソ連側の注意を引いたのだと思います[12]」

ソ連の支援こそ、数年後に金日成が（中国共産党と共闘した）延安《えんあん》派と（ソ連で訓練を受けた朝鮮人共産主義者の）ソ連派との権力闘争に勝利し、１９４８年に誕生した北朝鮮国家の支配権を手中にできた理由だった。

しかしこの明らかな史実は、北朝鮮の正史からは完全に姿を消している。北朝鮮人が教え込まれているのは、ちょうどエジプトを脱出するユダヤ人をモーゼが率いたように、金日成が日本帝国の支配から北朝鮮を解放したという物語である。それによれば、朝鮮半島での日本軍の敗北は、金日成の圧倒的な軍事的才能のおかげであり、彼が実は第二次世界大戦の末期にわずか２００人の兵士を率いただけだったことなど、どこにも登場しない。

これまで述べたように、北朝鮮の政治・経済・軍事システムは全て、ソ連によって基盤が据えられた。しかしこれを認めるのは、金一族の伝説にとっては不都合極まりない。実際には抗日闘争でごくわずかな役割しか担わなかったにもかかわらず、伝説によれば、日本軍のくびきから朝鮮の民衆を救うために現れたのは、金日成ただ一人だったのである。

日本の敗北が刻々と近づく１９４５年春、モスクワは朝鮮半島へ注意を向けた。そこは小さいながらも地政学的に重要な場所だった。当時、共産主義者の活動の中心は、平壌よりもむしろソウルであり、そこは半島が日本の支配から解放された１９４５年8月に朝鮮共産党が拠点としていた場所でもあった。[13]

8月15日に日本が無条件降伏すると、戦後日本の統治にソ連を関与させないことがアメリカの最優先課題となった。ソ連は——日本が降伏する1週間前の——8月8日に日本に対して宣戦布告し、直ちに北部朝鮮に侵入していた。赤軍は半島全域を支配下に収めようとするのではないかと、ワシントンは懸念を強めた。

すぐにでも独立したいという民衆の望みをよそに、半島は北緯38度線に沿ってソ連とアメリカの支配地域に分けられた。2人のアメリカ人の大佐——やがて国務長官になったディーン・ラスクと、USFK司令官となったチャールズ・ボーンスティール——が、アメリカの占領地域を決定するように命じられた。

ワシントンの陸軍省の一室で、彼らは朝鮮半島の地図が掲載された『ナショナル・ジオグラフィック』誌を見つけた。「時間もなく強い重圧の下、我々は大変な仕事をこなさなければならなかった。アメリカ軍の占領地域を決めることだ」とラスクは書いている。「ティック（ボーンスティール）も私も、朝鮮の専門家ではなかったが、首都ソウルはアメリカの占領地域に含めるべきだと、我々は考えた[14]」。ラスクとボーンスティールは、上層部が「あまり文句も言わずこれを受け入れ、意外なことにソ連側も同様だった」ことに驚いた[15]。

この決定が長期的な影響力を持つことになろうとは、2人には知るよしもなかった。ラスクはその後、もし彼らが北緯38度線の持つ歴史的な意味を知っていれば、別の分離線を選んでいただろうと述べている。実際、半島をめぐって日露関係が悪化した1896年には、北緯38度線を境に両国の影響圏を分けようと日本が提案し、ロシアに拒否されていた[16]。１９０３年には、北緯39度線を分離線としてロシア側が同様の提案を行ったが、今度は日本側に拒否されている[17]。

東京を拠点とするＧＨＱ（連合国軍最高司令官総司令部）を指揮するダグラス・マッカーサー将軍は、朝鮮南部の占領地区を統治させるためにジョン・Ｒ・ホッジ中将を派遣した。一方北側のソ連占領地区の統治責任者となったのは、かつて金日成の政治の師だったテレンチー・フォーミッチ・シュトィコフ准将だった。アンドレイ・ランコフによると、「（シュトィコフは）事実上の北朝鮮の最高指導者だった」。そして「彼の指導の下、金日成システムが誕生した」のである[18]。

兄弟国のソ連軍が朝鮮半島を解放したという宣伝とは裏腹に、実際には赤軍は略奪と強姦を繰り返しながら平壌まで進軍したのだった。到着後すぐ、ソ連側は半島北部に共産主義体制を確立した。北緯38度線以北の地域の占領を完了すると、スターリンは１９４５年９月に「広範なブルジョワ民主主義体制」の確立を命じた。ソ連軍政当局は北部五道の全てに行政単位を置き、あらゆる抵抗組織や兵士を武装解除し、全ての「抗日組織」にソ連当局に登録するように命じた[19]。

その後ソ連進駐軍は、朝鮮労働党の北部朝鮮分局を設置した。円滑な運営のためという名目だったが、実際にモスクワが望んでいたのは、既存の朝鮮共産党から完全に独立した組織だった。１９４５年12月に北部朝鮮分局は金日成を第一書記に選出し、彼は直ちに反対勢力に対する反撃を開始した。金日成とその後ろ盾であるソ連当局にとって、ソウルに拠点を置く国内生え抜きの共産党に対抗できる新しい政治組織の確立こそ、最優先課題だった。そこで、すでに存在するソウルの党への人々の支持を失わせ、金日成の指揮する新しい共産党をこれから完全に切り離すために、盛んに宣伝キャンペーンが行われた。

「北部朝鮮分局の設立後、10月から12月まで、何も起こらなかった」と金日成は書いている。

「第3回拡大会議が開催された。潜入してきた好ましくない、あるいは嫉妬深い人間が、分局の機能を失わせるための活動を開始しており、また党首脳はソウルの指示を仰いでばかりいるからだ[20]」

このことは、今や北部全域が北部朝鮮分局の、つまり金日成の直接支配下に置かれたことを意味していた。

発足後間もないアメリカのＣＩＡ（中央情報局）は１９４７年11月に、「朝鮮半島におけるソ連の戦略は、同国が半島全域を自国の衛星国家にしようと目論んでいることを示している」と報告し、また「ソ連のいわゆる『朝鮮半島マスタープラン』の詳細は１９４６年半ばには知られるようになっており、その後の出来事は、戦略上の理由で必要とされたわずかな軌道修正を伴いながらも、ソ連が大筋でこの『プラン』に沿って行動していることを示している[21]」とも報告している。

１９４８年３月のＣＩＡの報告は、朝鮮半島がソ連の勢力圏に入れば重大な結果を招きかねないと警告している。例えば「すでに不安定な極東全域、特に中国、日本、フィリピンでは好ましくない政治的・心理的な影響があるだろう。この影響は、ソ連の支配下に入る前の朝鮮半島でアメリカが行った投資に直接比例すると思われる」としている[22]。１９４９年２月にはＣＩＡは、アメリカ軍が南部朝鮮から撤退した場合の結果について、さらに不吉な予測を発表した。

「１９４９年春にアメリカ軍が朝鮮半島から撤退すれば、やがて北部朝鮮人民軍が南部に侵攻するだろう。侵攻は、軍事訓練を受けた満州の共産主義勢力の小部隊の支援を受ける可能性がある。同時に南部では、共産主義者が蜂起するだろう。南部朝鮮の治安組織は、長期的には侵攻に抵抗する力をつけるだろうが、１９４９年春には間に合わないだろう。戦力増強は１９５０年１月まで完了しないと思われる[23]」

しかしこうした警告にもかかわらず、１９４９年末にアメリカ軍は半島南部から軍を引き揚げた。ソ連の軍事訓練を受け、武器を供与された北部朝鮮の軍に対して、南部の勝ち目はなかった。

朝鮮戦争勃発の６ヶ月前の１９５０年１月に、アメリカ国務長官のディーン・アチソンはナショナル・プレスクラブでの講演で、極東におけるアメリカの防衛線に朝鮮半島南部は含まれないと述べた（訳注：アチソンは演説で、防衛線として日本、沖縄、フィリピンを明示したので、結果的に朝鮮半島はそのラインの外に位置すると受け止められた）。南部が攻撃されてもアメリカは介入しないと解釈した金日成は、計画にゴーサインを出した。半島の共産化は極東地方におけるアメリカの権益を損なう恐れがあると、アメリカの情報機関が正しく分析していたにもかかわらず、朝鮮南部に死活的な重要性はないと、１９５０年6月に戦争が勃発するまでトルーマン政権が考えていたことは、皮肉以外の何物でもない。

朝鮮戦争と生ける神の創造

金日成が北朝鮮の指導者になった6ヶ月後の１９４９年3月5日午後8時に、北朝鮮代表団を率いた彼はスターリンと会見した。スターリンは、経済及び技術支援に関する北朝鮮側の要望のほとんどを了承したが、金日成の真の目的は、韓国への軍事侵攻の承認を得ることだった。しかしこの頃、ソ連が緊急に対応すべき課題は山積していた――ベルリンは封鎖中で、米ソ関係は緊迫し、クレムリンは大戦で荒廃した国土の復興という途方もない仕事を前にしていた――ため、彼は金日成に自重するように命じた（訳注：ドイツで通貨改革が行われたことをきっかけに、１９４８年6月にソ連がベルリンを封鎖した。アメリカ側は住民を支援するために航空機を使った大空輸作戦を実施し、最終的に１９４９年5月に封鎖は解除された）。しかしソ連軍の北朝鮮からの撤退が予定されていたにもかかわらず、スターリンは軍事援助を約束し、航空機、自動車そのほかの装備や支援の総額は約2億ルーブル（約４０００万ドル）にのぼった。[24]

しかし１９４９年末までに起きた二つの出来事を受けて、韓国の軍事侵攻を目指す金日成の計画にスターリンはゴーサインを出した。１９４９年8月のソ連のはじめての原爆実験の成功と、同年10月の中華人民共和国の建国である。北朝鮮による韓国侵攻にたとえアメリカが反発したとしても、彼らは今後、共産主義国の連合軍に対峙しなければならなくなる。

金日成は、中華人民共和国の建国以前にすでに中国の支援を求めていた。中国東北部のソ連専門家は１９４９年5月にはすでに、毛沢東と金日成の会見、そして韓国を侵攻しようという北朝鮮の意図についてモスクワ宛てに電信を送っている。そこには「毛沢東同志はそうした支援（兵士と武器）が与えられるだろうと述べた」と記されている。さらに毛沢東は金日成に、「現在も追加訓練を受けている２００人の士官がおり、１ヶ月以内に彼らを北朝鮮に派遣できる」と述べた。[25]

１９５０年はじめまでに、金日成は開戦の準備を終えていた。

朝鮮人民軍が韓国に軍事侵攻する6日前に、ＣＩＡが北朝鮮の軍事力に関する報告書を作成している。それによれば、北朝鮮の体制は堅固だが、その存続はソ連に完全に依存している。[26]北朝鮮はますます頻繁に「韓国に対する宣伝、潜入、妨害、破壊、ゲリラ工作」を行っているが、南部の反共感情の強さを考えると、こうした工作だけで、韓国の体制が崩壊する可能性は低い。[27]半島全域を支配下に収めようとする共産主義者の策動はおそらく、韓国軍の士気の高さと、南部での共産主義の不人気に妨げられるだろう。しかしながら南北の軍は戦闘力、訓練、指導力においてほぼ互角であるものの、北朝鮮側はより優れた装甲車両、重火器、航空機を保有していると、報告は強調している。そのため、生まれたてで支援を受けているとはいえ、朝鮮人民軍は、韓国での短期間の軍事行動で、ソウル陥落も含めた限定的な目標を達成する能力があると分析している[28]。

金日成の電撃戦は緒戦で成功を収めた。韓国軍は迎撃するための機甲部隊、長距離迫撃砲、戦闘機を持たなかったからだ。しかし金日成には二つの誤算があった。アメリカは韓国の防衛に動かないだろうという確信と、北朝鮮の軍事侵攻と同時に、韓国で共産主義者たちが「傀儡政権」に対して武装蜂起するだろうという期待だ。

それでも金日成をめぐる神話では、偉大なる指導者が間違いを犯すなど、あり得ない。そこで戦争の失敗の理由とされたのは、金日成が反革命勢力やアメリカのスパイに欺かれたに違いないということだった。好都合なことに、金日成は誰でも粛清することができた。許哥誼《ホガイ》のような重要人物が、でっち上げの裁判で有罪判決を受けて処刑された。ソ連から北朝鮮に派遣された許哥誼は、党の全ての実務を担当していた。何百人もの軍と党の幹部が、敗戦の責任を取って粛清または処刑された。

戦後の粛清が激化する中で金日成は、１９５６年2月に始まったニキータ・フルシチョフのスターリン批判という、青天の霹靂と言えるソ連での出来事に遭遇した。「スターリンは人々に対して、説得や説明や忍耐強い協力を試みる代わりに、自身の考えを押しつけ、これへの盲従を要求しました」とフルシチョフは報告している[29]。スターリンの生前にはソ連人は誰一人使う勇気がなかったであろう強い言葉で、フルシチョフは批判を行った。

「この態度に反対したり自らの意見を主張したり立場の正しさを証明しようとした者は、集団指導体制から追放され、その後精神的かつ肉体的に破壊されたのです[30]」

金日成にとって、これは到底受け入れられない事態だった。もし世界最強の共産主義国が、金日成を権力の座に据えた当の人物の権威を失墜させられるとしたら、彼の地位は安泰と言えるだろうか？　北朝鮮の彼の敵たちはどう考えるだろう？　金日成を追放しようと、彼らも奮い立つのではないだろうか？

フルシチョフの報告には、次のようなくだりもある。

「一連の事件でスターリンが不寛容さや横暴さを示し、権力を濫用したことは明らかです。

自らが政治的に正しいことを証明して大衆を動員する代わりに、彼はしばしば弾圧と肉体的な抹殺を選びました。それも本物の敵に対してだけでなく、党とソ連政府に対していかなる罪も犯していない個人に対しても、これを行ったのです[31]」

「スターリン」を「金日成」に、「ソ連」を「北朝鮮」に置き換えれば、これらの言葉は、金日成の北朝鮮にそっくりあてはまる。

このような修正主義は、北朝鮮で表面化する前に根絶すべきだと、金日成は直ちに悟った——映画『マイノリティ・リポート』（訳注：2002年に公開された、スティーブン・スピルバーグ監督のアメリカ映画）で、「犯罪予知」に基づいて逮捕が行われるように。また彼は、歴史に足跡を残すには、マルクス・レーニン主義から独立した独自の共産主義を構築し、息子の金正日を後継者とするよりほかないことを理解した。

1964年に金正日が金日成総合大学を卒業——金正日は最高点を獲得し、教授たちは彼から革新的な教えを得たと褒めそやした——した頃には、世界最初の全体主義的監視国家の成立につながる二つの潮流が一つにまとまろうとしていた。まず金日成は、それまで後継者と考えられていた自身の実弟の金英柱《キムヨンジュ》の代わりに、金正日を擁立する準備を整えた。次に1960年代半ばには、北朝鮮を代表する政治思想家で金日成総合大学学長の黄長燁が、社会主義の独自の発展形としての主体思想を編み出した。１９７２年に党の公式政治理論として採用された主体思想は、偉大なる指導者の神格化に利用されていく。

黄長燁はその後韓国に亡命し、主体思想を批判している。「北朝鮮の体制を維持しているものは何か？」と彼は書く。

「主体思想は、北朝鮮人を奴隷化するための道具となった。……金日成と金正日を取り巻く絶対主義の神話は、嘘や誇張を根拠とした、いわゆる革命の歴史とされるものと、２人の偉大なる指導者を崇拝するための思想的正当化に依って立っているのである[32]」

「金正日は、人民を自分の所有物だと考えている。……偉大なる指導者がいかなる罪を犯そうと、それは罪と考えられていない。人権蹂躙という概念は存在しないのだ。なぜなら北朝鮮国民の最も重要な目的は、偉大なる指導者に心身を捧げ、絶対的な忠誠を誓うことだからである[33]」

金日成が（その後、金正日が）訪れた場所は全て、聖地になった。金日成が一度腰をおろした公園のベンチはガラスケースで覆われている。大衆に向けて右腕を伸ばした金日成の巨大な彫像が、平壌市民を睥睨している。かつて偉大なる指導者が腰かけて指導を行ったことを記念するために、その机の上には、新鮮な切り花以外は何も置かれない。生地の万景台は北朝鮮のメッカである。全ての北朝鮮国民、そして外国人には、その地を訪ねて敬意を払うことが求められる。

しかし２０１１年3月に、起きるべからざることが起きた。金日成総合大学の物理学部の24歳の学生が、教授や学生リーダーに定期的に賄賂を要求されることにうんざりした。それに加えて彼は、授業料を払う手立てを見つけなければならなかった。そこで彼は韓国に亡命することにしたが、万景台から何か盗んで持参すれば、金儲けができるという噂を耳にしていた。金日成の生誕地のほぼあらゆるものがレプリカや再現だったものの、ある小さな扉が当時のまま残っていることを知ったこの男は、賄賂を払い、見張りの盲点を突いて、扉を盗むことに成功した。

２週間後、海州《ヘジュ》から中国の大連行きの石炭の運搬船に乗船しようとしていた男は、定期点検の際に捕まり、国家安全保衛部に引き渡された。その後彼は、3世代の家族とともに処刑された[34]。さらにこのとんでもない犯罪を未然に防げなかったことで怒り心頭に発した金正日の命令で、何人もの治安担当者が罷免された。

北朝鮮でいつまで金王朝の神話が存続するか、誰も知らない。神話を信じている者は、もはや誰もいない。しかし北朝鮮人は、少なくとも表面上は信じているふりをしている。その理由の一部は恐怖心だが、さらにそれは、遺伝的にも精神的にも「汚染された」韓国人の「解放」という名の民族浄化を通じて北朝鮮人の民族的純粋性を保つという、歪んだ論理にも由来するのだ。

ビッグ・ブラザーの管理人たち

北朝鮮の最も強烈なイメージといえば、世界最大の軍事パレードで、整然と並んだ兵士たちが一糸乱れず、足をまっすぐ高く上げるグースステップで行進する光景だろう。人民大学習堂に立つ最高指導者の前で、行進する兵士たちは一斉に右上を向いて金正恩に敬意を示す[35]。こうした光景を見れば、党、軍、治安部隊はどれも油がよく差された機械のように円滑に動いているという印象を受けるかもしれない。しかし外見と実態はかけ離れている。確かに、金正恩の命令の実行、最も優秀な人材の採用、大衆の管理といったことには有能さを発揮するかもしれないが、この三者は、根底まで腐りきっているのだ。

特に金正日の時代には、複数ある権力の中枢相互の競争が奨励されていた。その目的の一部は、北朝鮮で文字通り何十万人もの餓死者を出した悲惨な大飢饉からエリート層の注意をそらすことだった。この内紛の重大な副作用の一つが、統治のあらゆるレベルでの政治腐敗の蔓延だ。党や政府の幹部で給料だけで暮らしている者はほとんどいないため、袖の下がはびこるようになった。

チャンマダンとトンジュが影響力を強めるにつれて、党や政府の幹部は競って少しでも多くの賄賂をせしめようとするようになった。例えば将来有望なトンジュを知っているということは、極秘情報と引き換えに違法な収入が手に入ることを意味しており、そのため幹部たちの争いは激しくなる一方だった。

1990年代後半になって、密輸、武器や麻薬の取引、奴隷労働者の海外派遣などによる違法な外貨収入が制裁で減少し始めると、金正日は党と政府の幹部に圧力をかけ、外貨収入を倍増するように命じた。このことは、これら幹部のすぐ下の階層が、上納する外貨の割りあてを増やされたことを意味しており、同じことがさらに下の階層に命じられ、それは末端まで続いた。

腐敗防止キャンペーンが行われたものの、ほとんど効果はなかった。金正日は定期的に、最も強欲な幹部を降格させたり教化所や管理所に送り込んだり、あるいは処刑し、金正恩もこの政策を受け継いでいる。しかし、金正恩が腐敗を止めることはできないだろう。金王朝が北朝鮮の超エリート層と交わした悪魔の取引は、サウジアラビアの支配王朝と、イスラムの最も原理主義的なワッハーブ派の関係に似ている。支配者とエリート層は、複雑に張りめぐらされた褒賞と特権の分配のおかげで共存できている。金正恩には、彼の権力を支える腕を切り落とすことなど、できはしない。

平壌の権力エリート

金正日の時代には、北朝鮮が掲げる最大の政治目標は強盛大国を実現することであり、それが金正日の先軍政治の到達点とされた。１９９８年にこの思想が提唱されると、２０００年代初頭には宣伝機関が、金正日の著作なるものを大量生産した。例えば『先軍政治』（２０００年）、『偉大なる指導者金正日同志の先軍革命に関する独自の思想』（２００２年）、『栄光の先軍時代』（２００５年）などである。もちろん金正日自身が執筆したものなど何一つないが、これらの著作によって、国家のすでに不足がちな資源が軍備につぎ込まれていることを正当化する狙いがあった。この政策を実行する責任を担ったのは、金正日時代の北朝鮮の最高権力機関である国防委員会で、金正日はその委員長だった。

２０１１年に金正日が死去すると、彼は「永遠の国防委員長」と位置づけられ、金正恩が国防委員会第一委員長に就任した[36]。しかし２０１６年６月に金正恩は新たな最高意思決定機関として国務委員会を創設した。これは、父親の統治との差別化を図る狙いがあったと思われる。彼はすでに権力を掌握し、自分に忠実な幹部を党、朝鮮人民軍、治安機関、内閣に配置していた。金が分割統治の戦略を採用したのは、驚くべきことではない。例えば彼は当初、25年間空席だった国家安全保衛部長（訳注：組織名変更のため、解任時の役職名は国家保衛相）に金元弘《キムウォンホン》将軍を抜擢した。しかし２０１７年１月に金元弘は大将から少将に降格され、次官級の幹部が、重大犯罪を理由に多数処刑された[37]。

金正恩の下で北朝鮮の最高意思決定機関として国務委員会が国防委員会に取って代わり、また党の最高機関としては、政治局常務委員会が存在する。それでも彼と政治局員の間に持ちつ持たれつの関係が存在するとは考えにくい。とはいえ、社会の隅々まで浸透している党はほかに代え難い存在であり、組織指導部、宣伝扇動部、幹部部、総務部などの主要部署は、その名から推測されるよりもはるかに強大な影響力を持っているのである。

前章で述べたように、全ての外貨獲得作戦とその管理を担当する39号室は、金正恩のメイン・オフィスである書記局の最も重要な部署である。ここに中国との相違が認められる。確かに習近平は鄧小平以来最も大きな権力を持つ指導者ではあるが、中国の集団指導体制は、弱体化したものの完全に放棄されたわけではない。しかし北朝鮮では、このような集団指導体制は建国期（１９４８〜50年）以外には存在せず、その当時でさえ、金日成が最大の権力を握っていた。「金正恩が行った重要な人事異動は全て、徹底的な忠誠心、主体思想と金日成・金正日主義の保持、そして彼自身の権力の強化維持に基づいて決められている」と、韓国のＮＩＳ傘下のシンクタンクである国家安保戦略研究院の報告書は述べている。[38]

金正日の時代には、先軍主義に基づいて朝鮮人民軍が朝鮮労働党よりも重視されていたが、これに党指導層は不満を募らせていた。当時の最高意思決定機関は国防委員会だったが、先に述べたように、金正恩はこれを廃止して代わりに国務委員会を設置した。国防委員会の権力は、廃止以前にすでに弱体化していた。金正恩が権力を握った最初の年の２０１１〜12年には、国防委員会委員は16人いたが、２０１６年までにその数は11人まで減らされていたのである。[39]

北朝鮮の独裁制は、その長命と、最高指導者への権力の極端な集中という点で、ほかに類例を見ない。だからといって、金正恩は全てを自分で決定しているわけではない。そんなことは不可能だ。それでも彼の同意なしには、いかなる政策や指示も、実施されることはない。金正恩の下で党は優位な立場を回復し、朝鮮人民軍の内部でも、政治委員が党の指示を伝えている。

平壌の最高エリートとは、党、治安機関、朝鮮人民軍、政府、国営貿易会社、そして特定の外貨獲得担当部署の責任者や幹部である（図3、図4、図5参照）。彼らは核心階層の上位5パーセントに相当し、大臣や大臣級の高官、それに金正恩のインナーサークルである国務委員会、朝鮮労働党の中央軍事委員会、主要諜報機関のメンバーがそこに含まれる。

２０１９年4月に金正恩は、権力掌握後で最も大規模な人事異動を実施した。名目的な国家元首である最高人民会議常任委員会委員長として、20年以上務めた金永南《キムヨンナム》に代わって長年の側近で

図３　党組織

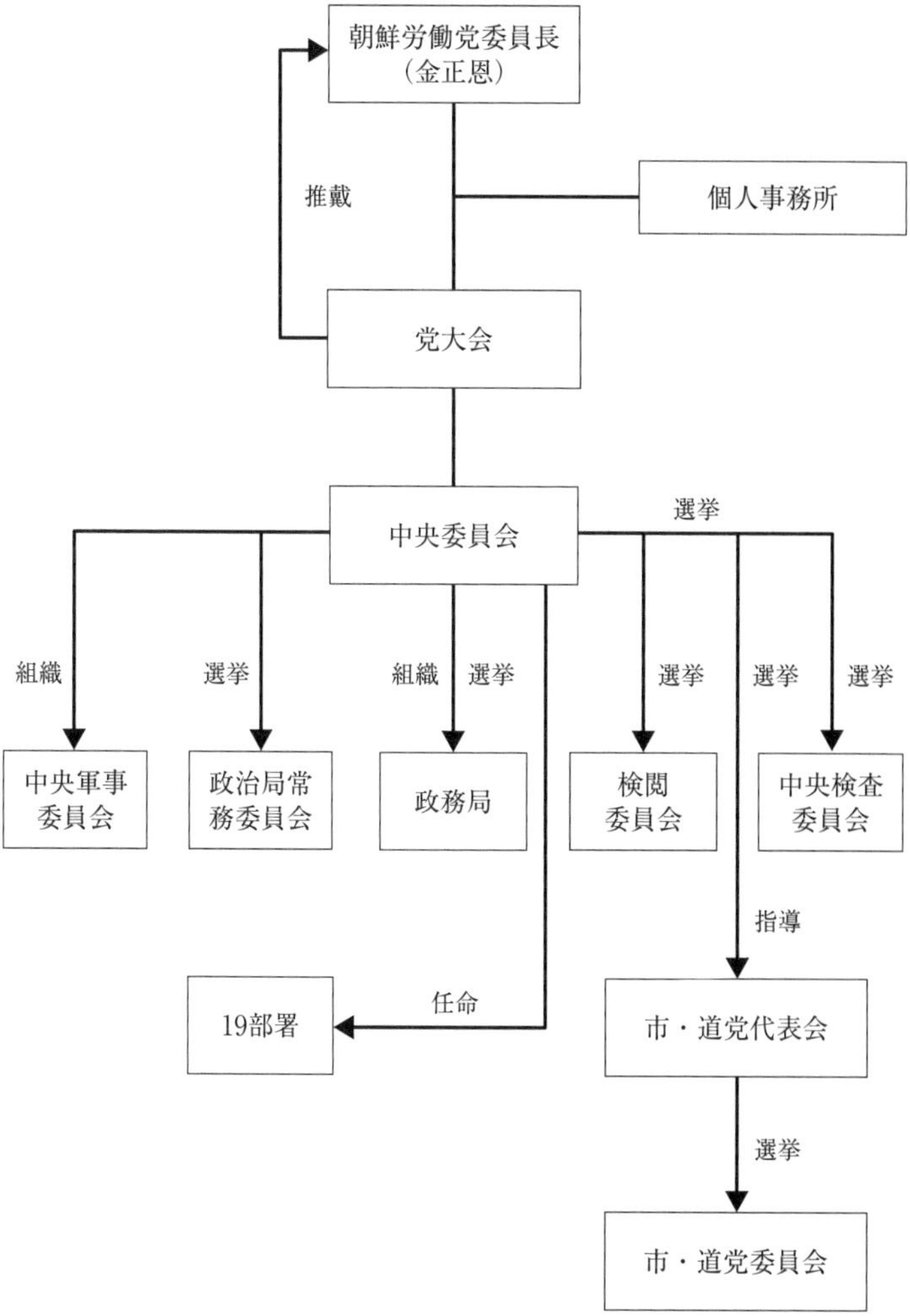

出典：統一部、2018 年

図４　政府組織

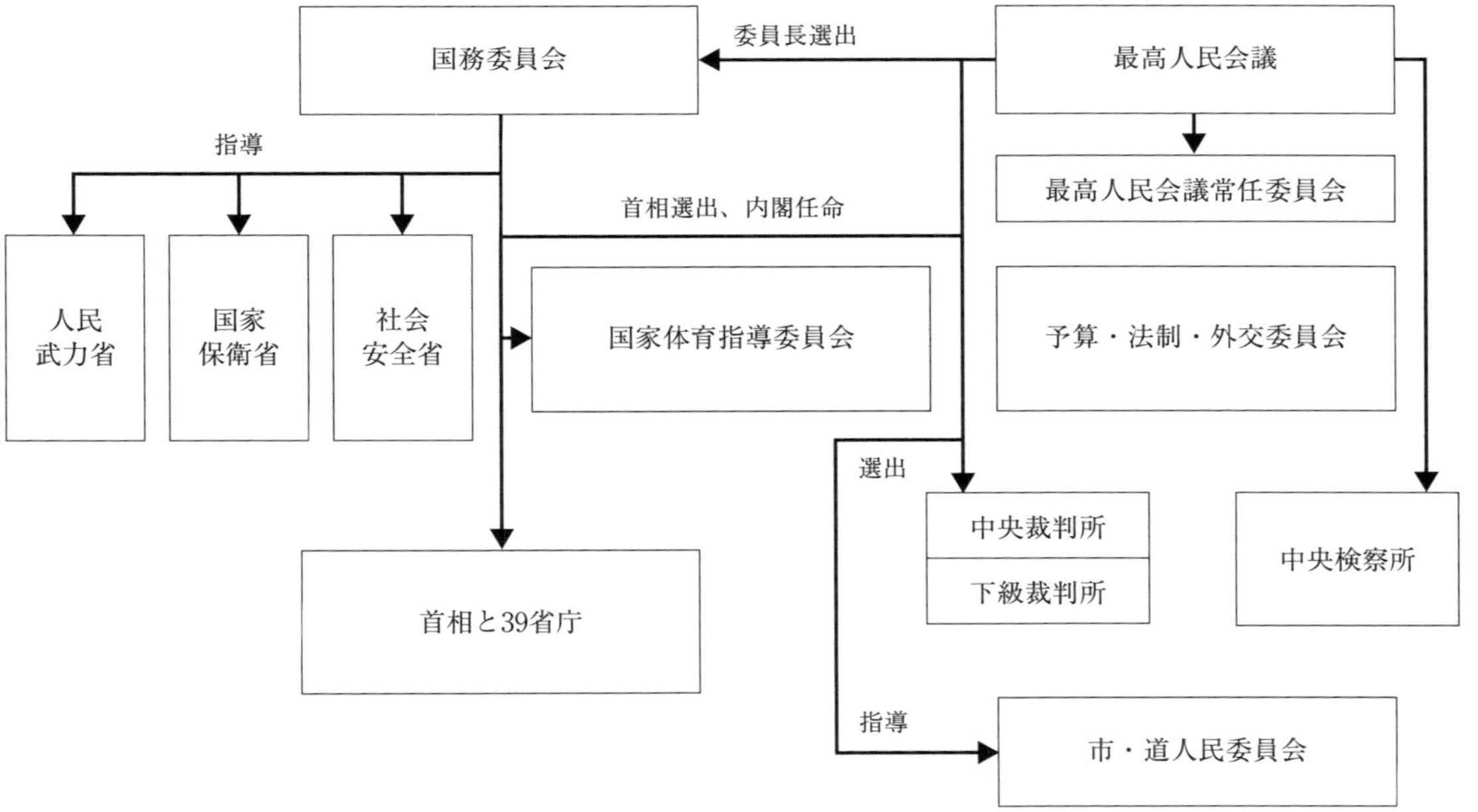

出典：統一部、2018年

図５　治安・情報機関

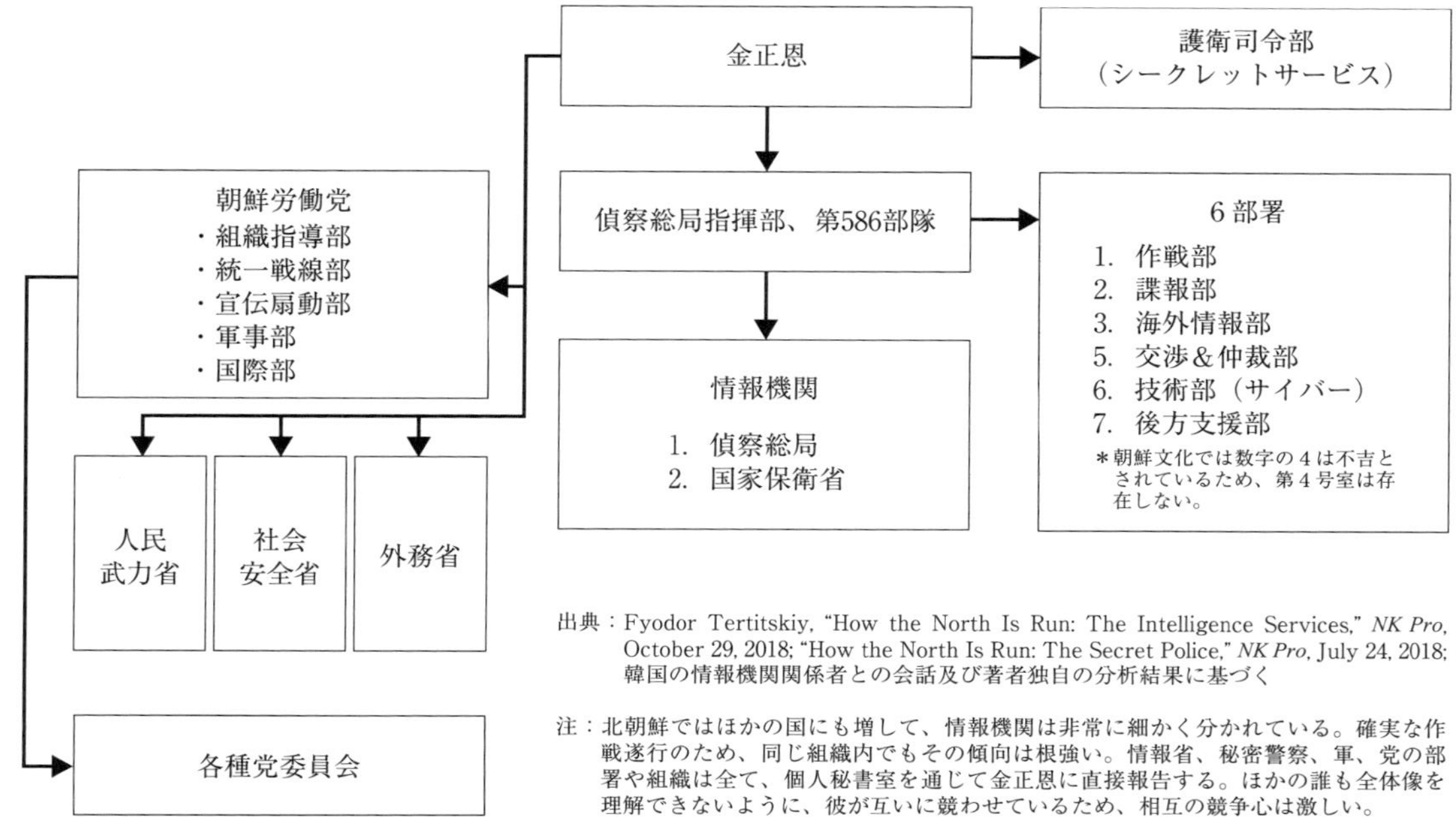

出典：Fyodor Tertitskiy, "How the North Is Run: The Intelligence Services," *NK Pro*, October 29, 2018; "How the North Is Run: The Secret Police," *NK Pro*, July 24, 2018; 韓国の情報機関関係者との会話及び著者独自の分析結果に基づく

注：北朝鮮ではほかの国にも増して、情報機関は非常に細かく分かれている。確実な作戦遂行のため、同じ組織内でもその傾向は根強い。情報省、秘密警察、軍、党の部署や組織は全て、個人秘書室を通じて金正恩に直接報告する。ほかの誰も全体像を理解できないように、彼が互いに競わせているため、相互の競争心は激しい。

出典：統一部、2018年

ある崔龍海《チェリョンヘ》を抜擢した。また新しい内閣総理として、金才龍《キムジェリョン》が就任し、前任者の朴奉珠《パクポンジュ》は経済担当の党中央委員会副委員長に就任した。[40] 朴奉珠は政治局常務委員で国務委員会副委員長でもある。[41] こうした動きからは、今後も朴が経済政策で発言権を持つこと、一方崔は金正恩の立場を強化するために朝鮮人民軍の舵取りを行い、国務委員会副委員長としてそのサポートに徹することを示している。

ほかにも数人が国務委員会委員に抜擢されたことが注目される。外務省第一外務次官の崔善姫《チェソンヒ》、党統一戦線部長（韓国問題担当）の金英哲《キムヨンチョル》、党国際部長の李洙墉《リスヨン》、外相の李容浩《リヨンホ》である。多くの守旧派が解任され、重要な経済政策のエリート官僚が中央委員会入りを果たした。[42]

そして金正恩は北朝鮮の最高代表者、我が党と国家の最高指導者、そして武力最高司令官と呼ばれるようになった。それ以前には彼は単に、朝鮮人民軍最高司令官と呼ばれていた。この呼称の変化は、彼が正規軍だけでなく非正規軍である民兵組織まで含めた全兵力を掌握する統帥権者であることを示している。[43]

国際制裁の圧力を念頭に、金正恩は自律経済の重要性と、「独自の」経済政策を継続する必要性を強調した。特に「自律の旗の下で社会主義の建設を大幅に加速させるための党組織の役割強化」の必要性を重視した。[44] 今や金正恩は党、軍、情報機関を完全に掌握しており、忠実な部下たちを要職につけ始めている。しかしその彼にとって試金石となるのは、大量破壊兵器の開発に資源をつぎ込み続ける一方で、厄介な国際制裁下にある経済を回復させられるかどうかという問題である。

王座の傍らの権力

北朝鮮の権力のフローチャートのどこにも登場しない人物が、金与正《キムヨジョン》である。彼女の正式な肩書きは、党の政治局員候補及び宣伝扇動部副部長である（訳注：２０２１年１月の党大会で、党政治局員候補を解任された）。白頭山血統に連なる与正の立場は、金正恩の妻の李雪主よりもはるかに強い。党の最も重要な部署の一つに彼女を据えることによって、金正恩は、最高人民会議委員長で党副委員長でもある崔龍海のような強大な権力を持つ他人への抑えとしているのである。

金正日の娘である与正は、正恩への権力継承の際には目立たないが重要な役割を果たした。そして本書のほかの章で述べたように、彼女は韓国で開催された２０１８年２月の冬季五輪競技大会の開会式で一躍注目を集め、また２０１８年４、５月の南北首脳会談でも、兄のそばを離れなかった。韓国及び世界のメディアのおかげで、彼女はあっという間に世界の人気者になったのである。

その政治的影響力は兄に次いで大きいと考えられるが、もし彼女が注目を浴びすぎていると判断したら、金正恩はすぐに彼女を後方に引き戻すだろう。2018年に金正恩が韓国の文在寅と会談した時、そしてシンガポールとハノイでトランプと会った時、金与正もその場にいたが、しかし2019年4月に金正恩がウラジオストクでロシア大統領のプーチンと会談した時には、彼女の不在が注目された。韓国メディアはこれを、与正の影響力の低下を示していると推測したが、むしろ大きな注目を集めがちな彼女のメディアへの露出を調節する、金与正自身または金正恩による意図的な動きだったと思われる。

もし金正恩の身に何かが起きた場合、女性で、比較的経験が浅く、軍務経験がないという、常識的に考えた場合の弱点とは裏腹に、金与正が後継者となる可能性は高い。彼女が跡継ぎになれない唯一のシナリオは、軍がクーデターを起こして、最高指導者一族を追放する場合である。権力を握り、これを操る方法を、その特別な立場から彼女はいろいろ学んできた。2008年に父親が発作を起こしたあとの、密やかな、しかし非常に危険な政治的忠誠の変化を観察してきた。さらに権力掌握後に兄が流血の粛清を行う様子も見つめてきた。

先に述べたように、金正日の療養中には、日々の政務は金与正の叔父で金正日の義弟の張成沢が担当していた。張成沢の権力は、彼が金正日の妹で金日成の唯一の娘である金慶喜と結婚しているという事実に由来していた。中国との窓口を務めていた改革派の張は、権力ヒエラルキーにおける自身の立場をわきまえさせるため、何度か教化所に送られている。しかし、ロイヤルファミリー内に自身の命令の実行人を必要とする金正日によって、その都度呼び戻された。

しかしロイヤルファミリーの一員となった張成沢は、自分自身の支持者グループと、外貨収入の獲得システムを築き上げることに成功した。同時に、金正日が部下たちを抑えつけるために彼を利用したこともあり、多くの敵を作った。張成沢の失敗は、ロイヤルファミリーと結婚したことによって、自分自身も聖性を獲得したと錯覚したことだった。

「彼の運命はずっと前に決まっていた」と書くのは、著名な北朝鮮ウォッチャーで、韓国のＮＩＳの海外担当第一次長と国家安保担当大統領補佐官を務めた羅鍾一《ラジョンイル》だ。

> 「（張成沢の）終わりの始まりとなったのが、金正日の死、そして金正恩の台頭だった。あるいはもっと以前、金慶喜が彼にのぼせ上がっていた頃、または彼女と結婚した張成沢が金正日に抜擢され、権力への道をたどり始めた時までさかのぼれるかもしれない[45]」

張成沢の運命は、彼がハンサムで賢く、温厚な、つまり人々を惹きつける資質に恵まれていたこととも関係している。自らの王国を築くそぶりを少しでも見せた途端に破滅するシステムで、張成沢は危険極まりない火遊びをしていた[46]。

三男を後継者に決める過程で、金正日は次のように思いをめぐらせたに違いない。もし張成沢がクーデターを起こして金正恩を殺害したら？　強力な将軍たちに立ち向かう力が金正恩にあるだろうか？　そして守旧派をどうやって粛清するだろうか？

金正恩の権力継承を確実にするために、金正日は張成沢の助けを必要としていたとはいえ、彼は息子に、叔父を信用するなとも伝えたに違いない。時が来たら叔父を殺せとはっきり命じたかどうかは、今となっては分からない。しかし絶対権力と王朝の存続がかかっている場合、叔父の殺害は、偉大なる指導者のすべきことの一つに過ぎなかったのである。

以上のことから、現在いくら権力を持っていようと、そしていくら金正恩が彼女を必要としていようと、金与正は自分と夫の運命について、完全に安心することは決してできない。そのことは、叔母の金慶喜の不幸を見れば十分だ。彼女は金日成の愛娘だったので、彼や金正日が生きている限り、誰も彼女と夫の張成沢に指一本触れようとはしなかった。結婚生活に時に波風が立とうと、そして２人の唯一の子供が自殺しようと、夫が逮捕され、動物のように追い立てられて処刑される日が来ようとは、金慶喜は想像もしなかったに違いない。

これが、金与正が受け継ぎ、そこで生き延びて成功しなければならない世界である。それは家族が殺される世界で、誰一人信頼してはならない世界でもある。いつでも気を引き締めていなければならない世界なのである。

第6章　戦争機械と核兵器

北朝鮮の核兵器開発プログラムが重要な転換点を迎える６ヶ月前の２０１７年２月のある日、金正恩《キムジョンウン》は迷彩塗装された弾道ミサイルの前に立ち、いつものようにノートとペンを構えた部下たちに指示を与えていた。

その場に集まった人々の注目を集めていたのは、彼ではなく、ピカピカに磨かれた金属球、つまり小型化された核弾頭だった。毛皮の襟がついたベージュ色の軍用外套を着てロシア風の毛皮帽を被った金正恩は、とうとう世界の支配者となった。国際制裁と圧力にもかかわらず、目覚ましい技術的成果を達成したと、彼は世界に向けて発表したのだ。

軍事政権下にあるもう一つの貧困国パキスタンと同じく、現在の北朝鮮は重要な核保有国である。パキスタンと北朝鮮が大量破壊兵器をめぐるパートナー関係にあることは、偶然ではない。理論的には今や北朝鮮は、核弾頭を搭載したＩＣＢＭでアメリカを攻撃することもできるのだ。

２０１７年９月３日の正午ちょうど、豊渓里《プンゲリ》核実験場の地面が大きく揺れた。北朝鮮ではじめての水素爆弾の爆発実験が行われたのだ。そのすぐあと、重大放送が行われる際にはいつも登場するアナウンサーのリ・チュニが次のように発表した。

「ＩＣＢＭに搭載する水爆の実験は完全に成功しました！[1]」

ＫＣＮＡ（朝鮮中央通信）は、白く塗られたピーナッツ型の水爆の弾頭を視察する最高指導者の様子を放映した。この時に金正恩と周囲の人々が着ていたのは、黒い人民服だった。

外国のオブザーバーたちは、リの言葉を鵜呑みにしたわけではなかった。

「あの規模のものを見た場合、軍高官として私は、あれは水素爆弾だと判断します」と、アメリカ戦略軍司令官のジョン・Ｅ・ハイテン空軍大将は言った。


「私は実験の様子を観察しました。また実験が示していることも見て取りました[2]」


核兵器の専門家によると、２０１７年９月の実験に使用された核兵器の放射エネルギーは１００キロトンを超えているという。もしソウルに投下された場合、２００万人以上を殺傷する威力だ。これと比較すると、広島と長崎に投下された原爆は、「現代の水素爆弾に比べると、０・１パーセント以下の威力しかない[3]」。

アメリカのジェームズ・マティス国防長官は、「アメリカ本国とその海外領土、グアムそして同盟国へのいかなる脅威に対しても、重大な軍事的対応が取られるだろう」と北朝鮮に警告した[4]。

しかし現実には、北朝鮮が核実験を６回実施したあとでは、アメリカが取ることのできる現実的な選択肢は限られていた。２０１７年９月の水爆実験後、北朝鮮に対する先制軍事攻撃の可能性がしきりに取りざたされたが、北朝鮮の核・弾道ミサイル施設に対してアメリカが大規模軍事攻撃を行った場合、北朝鮮は半島内のアメリカ軍または韓国軍に確実に反撃するだろうと、誰もが知っていた。

別の問題は、北朝鮮の核兵器の現状に関するリアルタイムの情報をどうやって得るかということだ。北朝鮮、特にその軍事に関する正確な情報の入手は決して容易ではないが、大規模軍事攻撃を効果的に行うには、ほぼ完璧な情報収集を行う必要がある。さらにアメリカと韓国は、先制攻撃を実施した場合には全面戦争も辞さない覚悟を固めなければならないが、いかなる韓国政府も、これに同意することは決してないだろう。

北朝鮮に関するトランプのよく知られたジェットコースター的な政策転換――「炎と怒り」から「私は金正恩を愛している」へ――は、核実験のあとで存分に発揮された。「ならず者国家である北朝鮮は、中国に対する大きな脅威であり、彼らの頭痛の種でもある。中国は彼らを助けようとしたものの、ほとんど成功しなかった」とトランプは言った。

「韓国も、私が彼らに言い続けてきたように、北朝鮮との宥和政策がうまくいかないことに気づき始めている。奴らは一つのことしか理解しないのだ！」[5]

北朝鮮が水爆実験を行った２ヶ月後、余震に伴う地殻変動が観察された。「大規模な核実験が実施されると、その地域で地殻変動が起きます」とアメリカの地質研究所の研究員が説明している。

「完全に終息するまで、しばらく時間がかかります。６度目の［北朝鮮の］核実験以来、数回観測されています[6]」

ある地震学者は、「マグニチュード６・３の核実験後のこうした余震の発生は、驚くようなことではありません。……地震の原因が核爆発であっても、予測されるエネルギーの流れが変わることはないのです[7]」と言う。

地球を文字通り震撼させる核兵器を爆発させたことは、自国民をほとんど養うことができない国家にとっては大きな成果だ。北朝鮮が最初の核実験を実施したのは、金正日時代の２００６年10月のことだった。それから10年あまり経ち、息子の金正恩は水爆実験を成功させた。北朝鮮は、誰もが不可能と考えていたこと、つまり核兵器を自力で開発し、実験し、製造することに成功したのである。

平壌が最初の核実験を実施する２００６年まで、北朝鮮に好意的な主要政治家、例えば元統一相の丁世鉉《チョンセヒョン》などは、北朝鮮は決して核兵器を開発しないだろうと、強く主張していた。たとえ核兵器を開発したとしても、それは韓国ではなくアメリカをターゲットとするものだろう、と彼は述べたのである。２００６年の核実験後、丁世鉉や彼に考えの近い人々は、北朝鮮の核兵器は、敵対的なアメリカに対抗するための「純粋に防御的な」性格のものだと言い出した。彼らによれば、もしワシントンが安全を保障し、制裁を解除し、国交正常化に踏み切りさえすれば、北朝鮮は核兵器を放棄するはずなのである。

丁世鉉は「北朝鮮は、米朝関係の正常化を目指している」、さらに「体制の維持を保証すれば関係正常化は可能であり、平和条約に署名することで軍事的脅威は緩和できる」[8]と主張する。ある意味では北朝鮮と同じくらいウルトラ民族主義的な韓国の左派は、北朝鮮には、韓国を核の傘で守り続けているアメリカから身を守る権利があると主張している。しかし彼らは、韓国が独自の核武装を進めるというシナリオには断固反対する。なぜならそのような動きは南北間の軍事的均衡を損なうだけでなく、北朝鮮に脅威と受け取られることは間違いないからだ。

韓国ではこのようなお人好し思考が根強い。しかしアメリカや中国のような外部勢力には、体制を保証することなどできない。確かに中国は、北朝鮮の存続に欠かせない経済・エネルギー支援を続けるだろう。また韓国で左派政権が続く限り、青瓦台は北へのさらなる関与、援助、投資を進めるだろう。

しかし冷酷な指導者とはしぶといものだ。シリアの例を見ても、２０００年に父親のあとを継いだバッシャール・アル＝アサドは、アラブの春で内戦が勃発した２０１１年から血なまぐさい大量殺戮を始めた。シリア人が50万人以上死亡したが、アサドはまだ権力の座にいる。ロシアとイランはアサド支援のために軍を派遣した。西側（特にアメリカ）の場あたり的なシリア政策を見れば、彼がこの先も当分その座に留まっている可能性は高い。

北朝鮮に対する中国とロシアの支援が続く限り、金正恩は生き延び、もしかしたら繁栄さえするかもしれない。しかし長期的には、国内の矛盾が徐々に表面化するのを妨げることはできない。より多くの情報が社会に流れ込めば、それだけ弾圧も厳しくなるだろう。２５００万人のアバターを、ロボットのようにコントロールし続けることなど不可能だ。

北朝鮮における金一族の支配力はすでに弱まっている。やがて、小さな反対勢力がそこここに出現するだろう。もちろん、彼らもたちまち摘発される。当局は、公開処刑、そして家族や大衆にその見物を強制することへの気後れなどは持ち合わせていない。恐怖が支配の道具として利用されているが、すでに金銭の力がその恐怖を薄れさせ始めている。

祖父が最初に持ち、父が追求した核の夢はほぼ実現したと、金正恩は考えている。若い独裁者は世界と国民に対して、そして何よりも将軍たちや周辺国に対して、自分が無視することの許されない軍事上の重要人物であると、見せつけたのだ。世界が北朝鮮を侮り続けようと、金正恩の笑いは止まらない。なぜなら彼は、軍事境界線の両側の住民が喜ぶべきだと考えているからだ――朝鮮民族はようやく核を保有するようになったのだから。

戦争機械の建設

金日成は、アメリカの介入さえなければ数ヶ月で勝利を得られると信じて朝鮮戦争を始めたが、その結果、彼の軍に壊滅的な打撃を与えたアメリカの強力な空軍力こそが国家の存続を脅かすという教訓を得た。3年続いた戦争が引き分けに終わると、金日成は朝鮮人民軍を立て直したが、いつかアメリカの心臓部を攻撃することを心に決めていた。

偉大なる指導者が核兵器開発を心に期していると聞いたら、その将軍たちでさえ本気にしなかったに違いない。1960年代には、北朝鮮には核兵器開発プログラムを本格化させるための技術的な専門知識など存在しなかった。しかし金日成は、アメリカの戦意をくじき、その上必要とあれば韓国を破壊できる核兵器を手に入れる決意を固めていた。差しあたって彼は北朝鮮を、朝鮮人民軍を中核にした大規模な軍事機構に作り変えることに専念した。

国家と同じように朝鮮人民軍も、ソ連の支援によって建設されたものだった。しかしここでも北朝鮮は、ソ連の果たした重要な役割を少しずつ矮小化していった。北朝鮮建国の７ヶ月前の１９４８年２月８日に、朝鮮人民軍の最初の軍事パレードが平壌で開催された。『労働新聞』には、金日成の大きな肖像画と「国家指導者、金日成将軍万歳！」と書かれた旗の下で、北朝鮮の指導層がパレードを観覧している写真が掲載された。

しかし北朝鮮の宣伝機関は、朝鮮人民軍が１９４８年に創建されたという事実に満足していなかった。そこで１９７８年２月に党機関紙は、軍の創建は実は金日成が朝鮮人民軍を組織した１９３２年にさかのぼると主張した。[9] しかしフョードル・テルティツキーが次のように述べているように、これは全くの虚構だ。

「問題はもちろん、『朝鮮人民革命軍』なるものが完全な作り話だということだ。金日成は、満州国で活動していた、中国人の指導する抗日パルチザン部隊の中級幹部だった。部隊は鎮圧されて金日成はソ連に逃亡した。このことは北朝鮮では教えられていない。平壌は、『朝鮮人民革命軍』が実在するだけでなく、それが日本帝国を破った勢力だと主張しているのである」[10]

朝鮮人民革命軍は朝鮮人民軍の前身と位置づけられているため、北朝鮮では１９３２年と１９

４８年の両方を建軍の年として記念している。金王朝の神話にとっては、金日成が日本帝国と戦った（事実ではあるが、その役割は決して大きくなかった）だけでなく、革命軍を創建したことが重要なのだ。そしてたとえごくわずかな役割しか演じていなかったとしても、実際に戦場で戦ったのは、金王朝の中で金日成しかいない。金正日と金正恩は、ほかの全ての健康な北朝鮮人男女と違って兵役についていないからだ。

１９５８年2月には、朝鮮人民軍の建軍10周年を記念して、金日成は次のように宣言している。

「マルクス・レーニン主義の軍隊である朝鮮人民軍は、朝鮮労働党の軍隊である」

行間を読むことに慣れていなければ無害に聞こえるこの言葉は、党と軍隊における大規模な粛清の始まりを告げていた[11]。ソ連派と延安派——それぞれソ連と中国の共産党と密接なつながりを持つ朝鮮の共産主義者——は粛清され、金日成の満州派に取って代わられた。

「ほかのあらゆる人民組織と同じく、軍隊も党の指揮下でなければ存続はできず、党の上に置かれてはならない」と、１９６０年9月に金日成は述べている[12]。それ以降、朝鮮人民軍は、二つの鉄の掟に縛られるようになった。つまり党に奉仕すること、そしてその延長線として金日成とやがて息子の金正日にも奉仕することである。朝鮮人民軍にとっての至上命令は、国家を守ることではない。金王朝に忠誠を誓ってこれに奉仕することなのである。

戦後の軍隊再建のあと、１９６０年代から朝鮮人民軍の近代化が強力に推し進められ、金日成は次のような４大軍事路線を発表した。①全人民の武装化、②全国土の要塞化、③不測の事態に対処するための全軍の幹部化、そして④全軍の現代化である。朝鮮人民軍の規模はこの時期に40万人から70万人へと急激に拡張され、近代化が推進され、そして特殊作戦を統括する特殊第８軍団が創設された[13]（訳注：特殊第８軍団はその後第11軍団と改称された。暴風軍団としても知られる）。

１９７０年代はじめになると後継者としての金正日の台頭に伴い、朝鮮人民軍の拡大と近代化の第２段階が開始された。

「１９７９年までに朝鮮人民軍の兵力は韓国軍を追い越し、機械化によってその機動力も急速に向上した。……１９７６年に軍の発展は、人民経済の４本の支柱のうちの１本に位置づけられた[14]」

先軍政治が称揚されていた金正日の時代には、北朝鮮の最も強力な政策決定機関は国防委員会だったが、第５章で述べたように、金正恩はこれを廃止して国務委員会を設置した。父の時代に朝鮮人民軍の発言力が強くなりすぎたため、金正恩は軍幹部の粛清や、重要部署に信頼する部下を配置するなどの手段を通じて、軍部への支配力を固めていったのである。

朝鮮人民軍及び北朝鮮の全ての軍と民兵組織の最高司令官である金正恩は、兵力をほぼ完全に掌握している。軍幹部は軍事事項に関して直接彼に報告する（図6参照）。同じく護衛司令部、社会安全省、国家保衛省、偵察総局も、金正恩の指示だけにしたがっている。

Ｃ４ＩＳＲ（指揮、統制、通信、コンピューター、情報、監視、偵察）面での北朝鮮の強みは、兵力の迅速な動員と集結を可能にする厳しい階級制度に基づいている。朝鮮人民軍の特徴と言えるのが、機動力、火力、そして士気の高さである。しかしその弱点もまた、まさにその構造の中に潜んでいるのである。重大な戦闘や危機においては、刻々と変化する状況に応じて適切に行動するために、柔軟性、革新性、敏捷さ、順応性といった目に見えない要素が重要になる。しかし朝鮮人民軍の様々なレベルにおける政治、情報、監視面の見落とし及び厳しい情報統制を考えると、重大なボトルネックが生じる可能性があり、その結果は破滅的なものになるだろう。

（金正恩が同じく委員長を務める）党中央軍事委員会を通じて全ての軍部隊に対する党の影響力を微調整すると同時に、北朝鮮の軍事システムの枠内で軍の独立を最大限保証するというのは、決定的に重要な点である。韓国軍や、アメリカ軍からさえ朝鮮人民軍が一線を画しているのは、それが電撃戦を戦うことを目的に組織され、訓練され、装備されているからであり、その目的は、軍事作戦を成功に導くためのあらゆる要素——例えば軍事力、経済力、政治的安定性、技術力、

図6　朝鮮人民軍の指揮系統

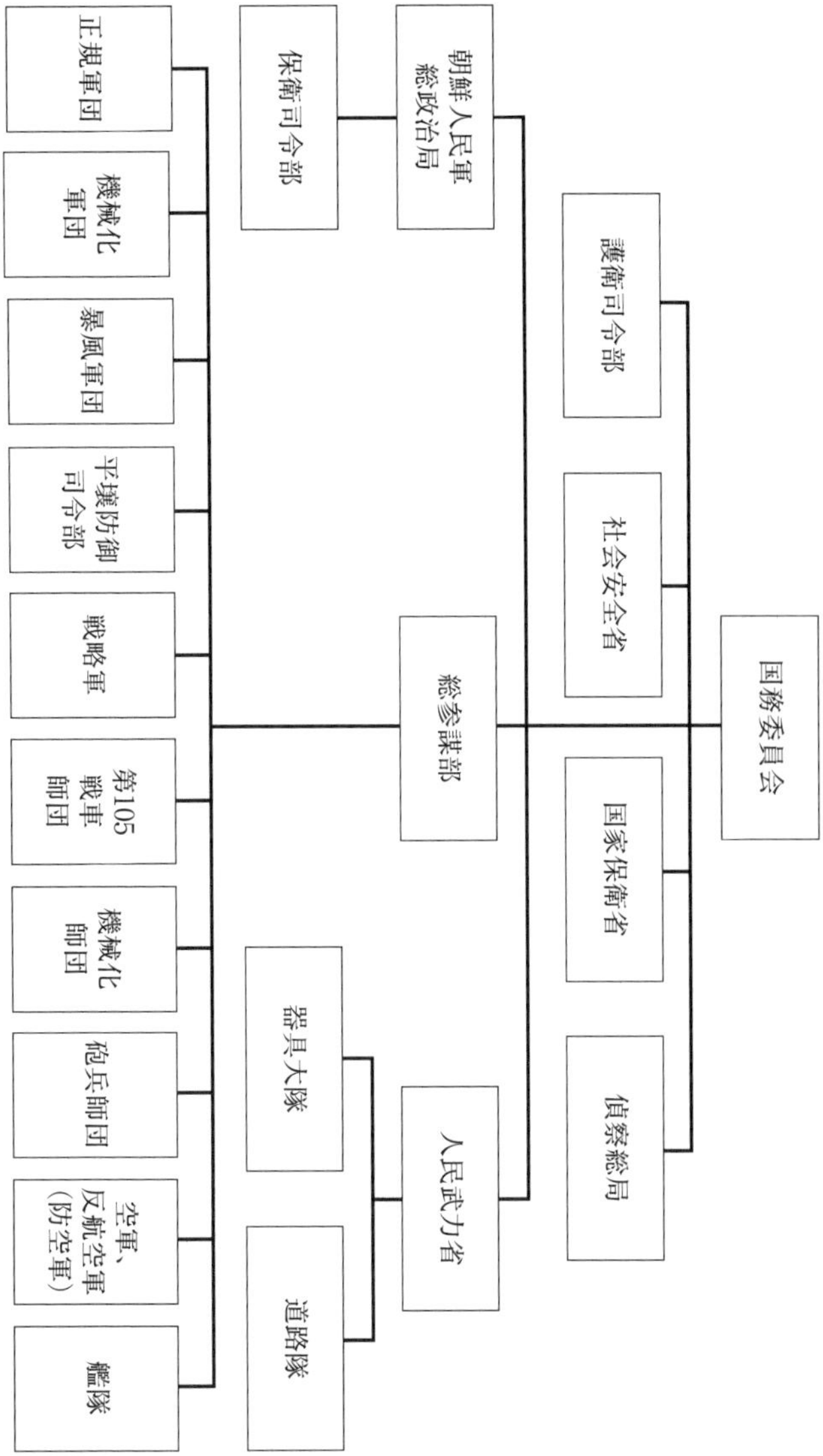

出典：James Hackett and Mark Fitzpatrick(eds.), "The Conventional Military Balance on the Korean Peninsula," International Institute for Strategic Studies, 2018, p.14

軍事戦略など――を包括する、ソ連で「軍事的バランス」と言われたものを戦闘の初期段階から維持することなのである。

「その結果、その訓練システムは、他国の軍と比べてより多くの装備とより少ない食糧で、さらに遠く、さらに迅速に移動できる、精強な軍を作り上げることを目的としている。兵士たちは肉体的にも精神的にも強靱で規律が取れ、ほかの軍なら団結を乱しかねない過酷な欠乏に耐えることができる。これに加えて長時間の政治・思想教育が施された結果、兵士たちは、思想教育と精神的優位性のおかげで、技術的にも数の上でも優勢な敵を破ることができると信じるようになる。戦闘訓練では、個別の戦闘技術、山岳戦、夜戦、潜入、特殊作戦、そして損害を顧みず使命を果たすことに重点が置かれる[15]」

朝鮮人民軍は食糧が乏しく兵舎も粗末であり、韓国軍と比べると旧式の武器が多い。しかし生まれてからずっと受け続けてきた思想教育、それに命令にしたがって韓国を攻撃し、打ち負かすという堅固な信念こそが、その存在の根本的意義である。そのほかのことは彼らにとってどうでもいいのだ。もし朝鮮戦争が再び勃発したら、韓国軍とアメリカ軍は最終的には勝利するだろうが、彼らのこうむる損害は甚大なものになるに違いない。朝鮮人民軍はよく訓練を受けた戦争機械であり、朝鮮半島での次の大きな戦いでは、最終的に敗れるにしても、通過した場所のあらゆるものを破壊するに違いないのである。

偽りの平和と南北の軍事バランス

毎年開催される朝鮮人民軍の建軍記念日パレードのため、何万人もの兵士と市民が数ヶ月間、練習を重ねる。ただし２０１８年にはパレードは2度開催された。２度目は北朝鮮建国70周年を記念するものだった。

足をまっすぐ高く上げて行進する兵士たちは、金正恩の前で一斉に頭を右に向け、最高指導者への敬意を示す。また北朝鮮はしばしばこの場で、ＩＣＢＭを含む最新式の弾道ミサイルを誇らかに披露する。２０１８年2月と9月のパレードでは、ＩＣＢＭは登場しなかったが、これはその頃金正恩が、文在寅の助けを借りてトランプの歓心を買おうとしていたからだ。それに、すでに保有していることは世界に知られていたので、これ以上見せびらかす必要もなかった。

ＩＣＢＭの不在は自分のおかげだと自賛したトランプは、すぐに次のようにツイートした。

「ありがとう、金正恩委員長。皆が間違っていたと、一緒に証明しよう。互いのことが好きな2人の人間の会話ほどよいものはない！　私の就任前よりずっと状況はよくなっている[16]」

しかし金正恩がＩＣＢＭを見せびらかさなかったからといって、彼がこれを放棄しようとしていることを意味しない。ジェフリー・ルイスも次のように書いている。

「ＩＣＢＭが登場しなかったことについて、一つの可能性として考えられるのは、中国が［習近平の名代として］政治局員の栗戦書《りつせんしょ》を派遣することと交換条件にしたのかもしれない。……北京は北朝鮮に、パレードを挑発的なものにしないように申し入れたのかもしれない。……北朝鮮が核抑止力を得た今なら、両立は可能だと、金正恩は考えたのかもしれない。非核化といっても、金正恩に核兵器を放棄するつもりはない。彼の考えているのは、核兵器の存在を目立たなくすることなのだ。核実験や一部のミサイル発射実験をやめてもよいと、彼は考えている。軍事パレードで核ミサイルを披露しなくてもよいとも考えている。その代わり、アメリカとアジアの同盟国には、文句を言うのをやめてもらいたがっているのだ。要するに、彼は爆弾を見せびらかすのをやめ、我々は問題が解決したふりをする。彼はアメリカに、イスラエルと同じ条件で北朝鮮の核保有を認めて欲しいと願っているのだ[17]」

数字で比較すると、１２０万人の朝鮮人民軍の通常兵力は、67万人の韓国軍を上回っている。ソウルは軍事境界線からわずか50キロメートルしか離れていないので、通常兵器しか使用しない大規模紛争でも、大きな被害が出るだろう。全面戦争となれば朝鮮人民軍はきっと生物化学兵器を使用すると思われ、そうすればソウルやそのほかの大都市は壊滅するだろう。

さらに重要なのは、北朝鮮の地理的利点、そしていかにすばやく韓国に対して大規模攻勢がかけられるかという点である。広範な信頼醸成措置を含む平壌宣言を２０１８年9月に発表したあとで、南北両国は、軍事境界線からそれぞれ11の監視所を撤去することに合意した。これらの監視所は、北緯38度線の両側に広がる無人地帯に設置されており、その数は北のほうが南より２・５倍多い。軍事境界線には、世界で最も数多くの地雷、重火器、戦車が集中しており、もともと１９５３年の休戦協定では、ここに監視所を設置することは許されていなかった。しかし非常事態に即応するためとして、次々に建設されたのである。

韓国国防省は２０１８年11月に、「南北軍事協定で撤去が合意された11の監視所の武器、兵士、設備は全て先月10日にリストアップされ、11日より撤去作業が開始された」と発表した[18]。こうした措置は、北朝鮮の軍事的脅威を根本から変えるだろうと、文在寅政権は強調している。北朝鮮がさらなる緊張緩和措置に踏み込むことを期待して、米韓合同演習は短縮あるいは延期された。

しかし韓国に対する北朝鮮の軍事態勢や戦略は変化していない。

北朝鮮による様々な脅威の重大さや規模を分析し、南北両国の軍事バランスを測定するのは、科学よりも技術に属する問題だ。北朝鮮陸軍部隊の大半は、ソウルまでの近さを見越して、北緯38度線のすぐ近くに駐屯している。しかし、「数多くの火器や多連装ロケット弾発射システムを含む非常に多様な通常兵器を装備しているとはいえ、韓国及びアメリカの軍隊と比べると、朝鮮人民軍の通常兵力は弱体化している」と、専門家たちは考えている。[19] これこそ、北朝鮮が強力な非対称兵器の能力（訳注：核兵器など）を求めてきた最大の理由である。

韓国軍ははるかに優れた装備を持ち、食事と生活環境もずっと良好である。徴兵期間は北朝鮮男性の10年に対して19ヶ月でしかない。朝鮮人民軍は、兵士の福祉や、除隊後の市民生活に向けた準備など考慮しない。しかし全体として韓国軍と比べると、厳しい環境に耐え、命令へ服従する能力は彼らのほうがはるかに高い。

アメリカ国防総省が議会に提出した、北朝鮮の軍事開発に関する２０１７年の報告書には、「必要とあれば武力を用いて韓国と再統一することは、北朝鮮の国家アイデンティティの重要な構成要素であり、その政策や戦略、そして国民に強いている犠牲を正当化するものだ。しかし韓国がより強力な軍事力を持ち、アメリカと同盟関係にある限り、北朝鮮の主導で武力による再統一を果たすことは不可能だと、北朝鮮の指導層はおそらく理解しているだろう」と記されている。[20]

より大きな問題は、南北間の軍事的緊張の緩和が進んでいるので、韓国の防衛力を下げてもよいと、文在寅政権が考えていることである。兵役適格者の減少と、より進化し、かつスリム化された軍構造への移行に伴い、２０２２年までに韓国の陸軍兵力を11万８０００人削減することが予定されている。その一方、北朝鮮の安定化作戦——全ての核兵器及び大量破壊兵器関連施設の破棄及び管理、緊急人道支援、国民の安全を確保するための実現可能なメカニズムの策定、政治的安定性の維持など——を実施する場合、韓国軍は少なくとも26万～40万の兵力を必要とする[21]。

　確かに韓国はこれまで、防衛力強化に向けた手を次々に打ってきた。韓国はアジアの経済強国の一つであり、韓国軍は近代化され、その防衛力と抑止力には目を見張るものがある。また韓国の空軍パイロットの年間飛行時間は１３０時間にのぼるのに対して、朝鮮人民軍の場合は30～40時間でしかない。さらに重要なのは、抑止力としての駐韓アメリカ軍の存在であり、必要に応じて日本、グアム、（インド太平洋軍司令部の所在する）ハワイのアメリカ軍基地やアメリカ本土からも戦略部隊の派遣が可能である。

　２０１８年７月に韓国の文在寅は、火器の近代化に極端なまでに重点を置いた「国防改革２・０」の報告を受けた。しかし現実には、兵力削減の結果、各師団が防衛の責任を負う管轄地域は、５年以内に20平方キロメートルから40平方キロメートルに倍増することが予想される。

「どういう手でこの空白を埋めるのか。『よもや戦争は起きまい』という考えで立てる国防政策は、政治的ポピュリズムである。……（北朝鮮と全面戦争になったら平壌を早期に占領するという）攻撃的新作戦遂行概念もなくなったと言われる」[22]

韓国の攻撃能力を下げるという文在寅の決断の根底にあるものははっきりしている。そうしなければ北朝鮮を挑発し、南北間の緊張緩和の妨げになるという懸念だ。しかし軍の最優先課題は、あらゆる軍事手段を用いて敵を打ち負かすことのはずだ。おとなしく優しい軍隊では、次の朝鮮戦争には勝利できないだろう。

１９７９年の分岐点

１９７９年に朴正熙《パクチョンヒ》大統領が暗殺されると、韓国政界は大混乱に陥ったが、それは半島の軍事バランスにとっても大きな分岐点となった。朴正熙が最も重視していた国家目標は経済の急速な近代化であり、彼の指導の下、韓国は目覚ましい経済発展を遂げた。また強権的な指導者であった彼は、１９７２年以降、さらに独裁色を強めた（訳注：１９６１年に軍事クーデターで政権を握った朴は、１９７２年に非常戒厳令を敷いた上で大統領権限を大幅に強める憲法改正を強行した)。１９７９年10月に彼は信頼する側近で当時、韓国の中央情報部部長だった金載圭《キムジェギュ》に暗殺された。

先に述べたように、１９７９年までに北朝鮮は軍事面のあらゆる分野で韓国を追い抜き、特に弾道ミサイルやそのほかの非対称兵器の開発を進めていた。１９７９年12月に、強力な権限を持つ軍保安司令部——軍の情報部隊——を率いていた全斗煥《チョンドファン》少将がクーデターを起こして軍の実権を握った。それは事実上、朴の暗殺後に大統領に就任した崔《チェ》圭《ギュ》夏《ハ》に対するクーデターだった。朴の下で総理大臣を務めた崔は、実権を握ったことはなく、また大統領としての野心もなかった。

名目的にはまだ文民統治が続いていたものの、韓国の実権を握っていたのは軍幹部だった。民衆のデモを軍隊が弾圧し、数百人の市民が死亡した１９８０年５月の悲惨な光州事件のあとで、この傾向はさらに強まった。全斗煥は助言機関として、軍人で構成された国家保衛非常対策委員会を設置したが、実際には彼はその委員長として韓国を支配したのである。

この軍事クーデターは韓国の国防政策にも重大な影響を及ぼした。もともと朴正煕は、韓国がアメリカに大きく依存している現状を憂慮して、自主国防路線を進めようとしていた。さらに(アジア太平洋地域のアメリカの同盟国が国防力を強化することを要求する)いわゆるニクソン・ドクトリンの一環として１９７１年にアメリカの第７歩兵師団が撤退したこと、そして１９７５年の南ベトナムの陥落で、韓国は今後必ずしもアメリカを頼りにできないと、朴正煕は痛感していた。

したがって弾道ミサイルを含む、自主防衛能力の強化が緊急の課題だと、彼は考えたのである。
全斗煥が大統領として権力を掌握した１９８０年8月には、アメリカは大統領選挙の真っ只中にあったため、カーター政権はあまり影響力を行使できなかった。翌年1月に発足したレーガン政権は、朝鮮半島の安定の維持を最優先にして、全斗煥の大統領就任をしぶしぶ認めた。しかしそれと同時にワシントンは、弾道ミサイル開発プログラムを放棄するようにソウルに強い圧力をかけ、その行動を縛る二国間ミサイル協定に署名させたのである。

政治的正統性を持たない全斗煥には、レーガン政権に抵抗するすべはなかった。その結果、１９９０年代はじめまでに北朝鮮はすでに核兵器開発に邁進していたが、同じ頃、北朝鮮に対する自国の防衛力を強化しようという韓国の努力は、その最大の同盟国によって阻まれていたのである。

朴正熙の暗殺後に国家に対する危険が増大したため、１９７９年12月に軍事クーデターを起こしたのだと、全斗煥は常に主張していたが、北朝鮮の攻撃が差し迫っている、あるいは韓国政府が崩壊の危機に瀕しているような兆候は全くなかった。

１９７９年7月から１９８２年6月までＵＳＦＫ司令官だったジョン・ウィッカム大将は、朴正熙の暗殺と全斗煥の台頭前後の混乱した日々について回想している。１９７９年12月に全斗煥が韓国軍の掌握に動き始めた直後、ある韓国軍のベテラン中将が不意に訪ねてきたと、ウィッカムは書いている。副官や通訳は同席せず、中将はウィッカムに、全斗煥とその一味に対する反クーデターをアメリカは支持するかと尋ねた。

「返答する前に、この問題についてじっくり考えた。彼らは、少なくともこの計画への密かなゴーサインを求めており、アメリカが現在全斗煥に浴びせかけているような激しい批判を控えると約束して欲しいのだろう。……もちろん私は駐韓アメリカ大使の（ウィリアム・）グレイスティーンに代わって答えるわけにはいかない。しかし我々は、（全斗煥の勢力が陸軍参謀総長を逮捕した）12月12日の夜には内戦の瀬戸際にあった。中将の言葉は、内戦の勃発とそれに伴うあらゆる危険に我々を再びさらすものだった。その中には、アメリカが対立する複数の派閥の板挟みになる危険や、北朝鮮がこの状況に乗じてくるという危険も含まれていた[23]」

「アメリカがクーデターを支持することはなく、（中将の）派閥やそのほかの派閥による反撃を支持することは全くあり得ない」と、ウィッカムは返答した[24]。しかしあとで彼は、（グレイスティーン大使も同意した）このきっぱりした否定が、全斗煥への密かな支持と解釈されたかもしれないことに気づいた。

「当時のアメリカ政府の方針は、（全斗煥を）支持せず、むしろ彼とは距離を置いて、正統な政権だけを交渉相手とすることだった。しかし中将に代表される派閥はおそらく私の返事を、全斗煥への支持表明と受け止めたことだろう[25]」

北朝鮮は、アメリカの優れた火器能力と近代化の進む韓国軍を止められるのは核兵器と弾道ミサイルだけであることを理解した。全斗煥政権の始めに韓国の自前のミサイル開発プログラムが停止されるのを尻目に、北朝鮮は核兵器を開発する決意を固めたのである。

第二次朝鮮戦争はどんなものになるか

朝鮮半島の軍事状況に関する最大の矛盾と言えるのが、「非武装地帯」という言葉である。これは北緯38度線で半島を南北に分断する、長さ２５０キロメートル、幅４キロメートルの土地のことだ。

なぜか？　その両側には世界で最も多くの兵力と火器が集中しているからだ。80万人以上の北朝鮮陸軍と54万人の韓国軍の兵士が付近に駐留し、数千の長距離砲や多数の戦車、地雷、対戦車障害物が配備され、大規模な近接航空支援体制が整っている。

戦争というものはそもそもその時々の状況に応じて大きく変化するため、シナリオのごくわずかな変更でも、全く異なる結果をもたらしかねない。米韓両軍が策定し、訓練を重ねてきた数多くのシナリオの中には、重大な危機が発生して事態が急激に悪化する様々なケース、例えば北朝鮮による新たな水爆実験またはＩＣＢＭ発射実験の実施、北朝鮮が発射したミサイルによる民間機の撃墜、韓国軍の支援の有無にかかわらずアメリカが北朝鮮を攻撃しようとしているという誤認に基づいた北朝鮮からの先制攻撃の兆候などが数えられる。両軍はこれまでに、朝鮮人民軍または第三国による軍事攻勢に対処するための数多くのＯＰＬＡＮ（作戦計画）を立案してきた。国防専門雑誌『ブレーキング・ディフェンス』誌によると、北朝鮮の侵入を迎え撃ち、これを撃破するための作戦計画は、ＯＰＬＡＮ５０２７（作戦計画５０２７）と呼ばれている。[26]

ＯＰＬＡＮ５０２７やそのほかの作戦計画の正確な内容はまだ機密扱いとされているが、米韓両軍は、北朝鮮の大量破壊兵器関連施設を破壊する訓練も行ってきた。おそらく２０１６年に見直されたＯＰＬＡＮ５０２７の改訂版では、大量破壊兵器の補強を受けた北朝鮮の強力な通常戦力に対する反撃力を高めることが目標とされた。GlobalSecurity.orgによると、ＯＰＬＡＮ５０２７の最新版には「北朝鮮の核関連施設及び兵器に対する先制攻撃計画」が含まれている。[27] ＯＰ

ＬＡＮ５０１５は「斬首作戦」と呼ばれ、その目的は「北朝鮮の軍民両方の指導層を迅速に制圧し、同時に同国が保有する核及び化学兵器を含む大量破壊兵器と弾道ミサイルの脅威を取り除く」こととされている。[28]

米韓共同軍事演習「キー・リゾルブ」は毎年実施されているが、２０１６年３月の演習は史上最大規模で、韓国軍兵士30万人とアメリカ軍兵士１万７０００人が参加した。報道によると、この演習では、ＯＰＬＡＮ５０１５の訓練がはじめて実施された。[29]

第二次朝鮮戦争が勃発した場合、最終的には米韓軍が勝利するだろうが、その損害も甚大なものになるだろうと、多くの専門家は推測している。戦争初期にはソウルで数万人が死亡し、韓国全域でも最大１００万人の死傷者が出るだろう。[30]北朝鮮が生物化学兵器を使用すれば、ソウルだけで数十万人が死亡するだろう。核攻撃の暁には、ソウルやそのほかの人口密集地で数十万人が死亡するに違いない。

死傷者の数を推測するには、大量のデータ入力と多様な変数を必要とする。アメリカ統幕事務局は次のような見解を示している。

「いかなる通常兵器あるいは核兵器を用いた攻撃に関しても、たとえ大まかであろうと、『最大あるいは最小の死傷者数』を予測するのは非常に困難である。……ソウルの脆弱性を考慮すると、朝鮮人民軍による攻撃の種類、激しさ、継続時間によってその数は大きく変化する。さらに問題を複雑にしているのが、米韓同盟軍がこれまで訓練を重ねてきたような、砲撃への反撃、空爆などの作戦をどこまで効果的に遂行できるかという点である[31]」

だからと言って、米韓軍が何もせずにいるわけではない。北朝鮮の攻撃が差し迫っているという疑問の余地のない情報が入れば、直ちに大規模な反撃が開始されるだろう。

朝鮮半島の軍事情勢は、ルービック・キューブに例えられるかもしれない。キューブの1、2面を見るだけでは、カール・フォン・クラウゼヴィッツが「戦場の霧」（訳注：戦闘における、地形、気候、自軍や敵軍の状況などの様々な不確実要素のこと）と呼んだものについて、2次元の絵を通して見るような限られた理解しか得られない。3次元の立方体として総合的にとらえることを通じてのみ、世界で最も激しいものとなるであろう戦闘の発端と経過を推測できるのである。

朝鮮人民軍は次の四つの点で有利である。数量的な優位性と迅速な動員力、ソウルとその周辺地域を攻撃できる長距離砲、生物化学兵器、そして韓国の重要な民間または軍事施設に潜入できる特殊部隊の存在である。

ルービック・キューブの第一面で起きるのは、日本のアメリカ軍基地からの援軍の到来を阻止するための、ソウル、仁川、釜山《プサン》に対する世界で最も激しい集中砲撃と弾道ミサイル攻撃である。

およそ８６００門の重砲と５５００門の多連装ロケット砲から発射された無数の砲弾が韓国の防衛網を突破し、できるだけ多数の民間人を殺傷するだろう。そして20万人の特殊部隊員が、ソウルやそのほかの重要な地域に潜入するだろう。

戦車と装甲車約６７００台の隊列が韓国の防衛線を突破して、ソウルを人質にするだろう。核攻撃の脅しを受ければ、民間人の死傷者数が数十万人、あるいは少なくとも数万人に達することが予想されるため、韓国は和平を乞い願うはずだと、平壌は計算している。

つまり朝鮮人民軍の戦争計画は次のようなものだ。ソウルやそのほかの大都市への激しい攻撃を実施し、しかる後に北朝鮮の提示する和平条件を呑ませること。

しかしアメリカの大規模な援軍が韓国に到着したら最後、もう打つ手はないことを北朝鮮は知っている。したがって彼らの到着より前に、ソウルの大半と韓国の指導層を破壊することが肝要なのだ。

ルービック・キューブの第二面は、より訓練され、装備も充実した韓国軍とＵＳＦＫが協力して行う反撃で、これに援軍が加われば、陸・海・空軍の合計で約70万の兵力になるだろう。[32] 朝鮮半島の危機が深刻化する中、北朝鮮の挑発を抑え込むために必要なアメリカ軍の援軍の規模ははじめ、柔軟抑止選択肢（訳注：危機発生時に、部隊の展開を通じて相手方に当方の意図と決意を示して事態の抑止を図ること）に基づいて決定されるだろう。これらの努力に失敗した場合、あらかじめ策定されたＴＰＦＤＤ（時系列化軍展開データ）に基づいて米韓合同作戦が開始される[33]。

韓国空軍はＵＳＦＫの第７空軍と共同で、侵攻する朝鮮人民軍に激しい空爆を浴びせ、敵の長距離砲を破壊して敵軍の奥深くまで大損害を与えるだろう。従来の軍事ドクトリンでは、攻撃の第一波を吸収したあとの反撃開始を推奨してきたが、北朝鮮が大量破壊兵器を使用する可能性が高いことを考えると、朝鮮人民軍の侵攻とほぼ同時に反撃を開始する必要がある。その目的は北朝鮮の中心部に向けて深く、迅速に、容赦なく攻撃を進めることである。

北朝鮮空軍は８１０機の戦闘機を保有するが、その大半はＭｉＧ－15、ＭｉＧ－17、ＭｉＧ－19、ＭｉＧ－21で、最新型機は１９８０年代半ばに就役したＭｉＧ－29である。国際戦略研究所（訳注：イギリスに本拠を置く民間の戦略研究機関）によると、「設備の老朽化に直面した平壌はここ15年間、状況を改善するために一定の努力を重ねてきた。その中には、全国を何重にもカバーする自動化された近代的なＣ３Ｉ（指揮・統制・通信・情報活動）防空システムの導入と、新しい地対空ミサイルのポンゲ（稲妻）５システムとレーダーが含まれる[34]」。

一方韓国の防衛戦略は、２０１７年に革新派政権が誕生するまで、３本の柱から成り立っていた。先制攻撃も含めて北朝鮮のミサイル攻撃に直ちに反撃する「キルチェーン」「韓国型ミサイル防衛」そして「大量反撃報復」戦略である。

韓国の『２０１６年版国防白書』には、「キルチェーンとは複数の段階からなる攻撃システムであり、その中には敵のミサイル発射の兆候の発見、標的地点の同定から、最も効果的な反撃方法の選定と実際の反撃ミサイル発射が含まれる」と記されている。[35] 文在寅政権下で発表された『２０１８年版国防白書』では、北朝鮮の軍事的脅威が大幅にトーンダウンしている。国防省は、脅威を中心に据えた北朝鮮戦略から「全方位の非対称脅威に対応する報復的抑止と拒否的抑止」を考慮した「戦略標的システム」に焦点を移している。[36]

『２０１８年版国防白書』には、北朝鮮そのものが韓国に対する脅威であるとは記されておらず、韓国は北朝鮮の様々な非対称脅威に直面しているとだけ記されている。２０１９年1月の『中央日報』の社説で述べられているように、「今回の国防白書は我が軍の主敵観を曖昧にぼかした」、そして「北朝鮮の非核化と南北関係改善は大きな課題だが、北朝鮮の大規模な軍事力と核などの大量破壊兵器は、今存在する厳然たる核心的脅威である[37]」。

脅威観とそれに付随する軍事的反撃といった問題が韓国で政治化され、また北朝鮮の総合的な脅威に対してトランプ政権が場あたり的な対応を繰り返している現状は、今後も長期的な影響を及ぼしかねない。例えば韓国の防衛体制の脆弱化、そして北朝鮮が限定的な軍事的挑発を行ったり、より大規模な紛争が勃発したりした場合に断固反撃する能力の弱体化である。

２０１９年5月に北朝鮮が、２０１７年以来はじめての短距離ミサイル発射実験を実施した時、トランプは「誰も喜んでいないが、我々は状況を注視している。……これからも関係を続けるが、次に何が起きるか、注意していく。彼らが交渉したがっているのは分かっている。彼らは交渉すると話しているが、実際に交渉する用意はできていないと思う」と述べている。[38] 韓国の文在寅政権は当初、発射実験について北朝鮮を非難しようとしなかった。また統一省は、ミサイル実験にかかわらず、今後も人道支援を継続すると発表した。[39]

韓国軍の優位がはっきりしているのが、韓国に駐留するアメリカ第7空軍の強力な支援を受けた空軍である。その中核となるのがF－15とF－16で、２０２０年代はじめには40機のF－35が就役予定である。朝鮮半島で大規模な紛争が勃発した場合には、第7空軍に加えて、日本に駐留する第5空軍と、グアムに駐留するアメリカ軍の戦略爆撃機が直ちに駆けつけるだろう。

ルービック・キューブの最大の問題が、その第三面だ。つまり、窮地に陥った、あるいは韓国を先制攻撃すれば自らの条件下で半島を統一できると考えた北朝鮮が、果たして核兵器を使用するかという問題だ。

アメリカの元国防次官（政策担当）のミシェル・フロノイは、新たな朝鮮戦争は「イラクとは全く異なるものになるだろう。……朝鮮人民軍が特に優れているからではない。北朝鮮は核兵器やそのほかの大量破壊兵器を保有しており、現状ではそれを使用しかねないインセンティブを持っているからだ」と述べている。[40] これが、第二次朝鮮戦争が勃発した場合に韓国とアメリカが直面する最大の戦略的課題である。

冷戦時代を支配していたのは、米ソ関係を規定した相互確証破壊という概念だったが、現在の北朝鮮が実際に核兵器を使用する危険ははるかに高い。紛争が勃発するまで、北朝鮮が本当に核のボタンを押すかどうかは分からない。しかし実際に発射可能な核兵器を保有しているという事実の持つ戦略的配当は莫大だ。北朝鮮が新たな朝鮮戦争を開始するのをためらっているのはひとえに、アメリカ軍の参戦が確実で、激しい反撃が予想されるからだ。しかし韓国とアメリカによる今後のあらゆる軍事行動は、北朝鮮による核攻撃の恐怖を考慮する必要がある。

これだけでも深刻だが、北朝鮮が手に入れたのは、数量的優位性に加えて大量破壊兵器を使用できるという事実だ。朝鮮人民軍と比較した場合の韓国軍とアメリカ軍の軍事技術上の優位にもかかわらず、「戦争が勃発した場合、激戦の結末は、『衝撃と畏怖』作戦（訳注：２００３年に開始されたアメリカ軍によるイラク侵攻の作戦名）の時のように、アメリカの勝利、焼け野原となった平壌、罰せられた北朝鮮という具合にはいかないことを理解すべきである」と、『ザ・ディプロマット』誌は述べている[41]。

韓国とアメリカは、最終的には北朝鮮との新たな大規模紛争の勝者となるだろう。しかし技術的優位は、必ずしも勝利を保証しない。アメリカの最長の戦争であるアフガニスタン紛争と、現在も進行中のイラク問題は、技術的に優位な軍隊を、固い決意を持った敵がいかに消耗させるかを示している[42]。

核兵器への渇望

北朝鮮が核兵器の開発を決意した１９７０年代後半は、短命に終わった韓国の核開発プログラムがアメリカの強い圧力で断念に追い込まれたのとちょうど同時期のことだった。

１９７１年のアメリカ第7歩兵師団の撤退、１９７５年の南ベトナム陥落、そしてジミー・カーター大統領が当初、韓国からアメリカ陸軍を撤退させると公約していたことなど、立て続けに起きた一連の出来事で、韓国ではアメリカに見捨てられるのではないかという不安が高まった。朴正熙大統領は、韓国の自立防衛のためには独自の核武装以外に方法はないと考えていたが、１９７８年はじめに内政不安が広がった結果、核兵器開発という夢を断念するよりほかなくなった。１９７９年10月に彼が暗殺され、韓国の核武装計画は最終的に放棄されたが、その生前でさえ、計画は構想段階を超えるものではなかった。

１９７０年代後半から１９８０年代前半にかけて、世界は北朝鮮よりもむしろ、韓国と台湾が核抑止力を求めているのではないかと懸念していた。１９８２年7月9日にＣＩＡは、寧辺の核施設の新しい実験用原子炉に関する報告書を発表している。長さ１ページの評価は大幅に編集されているが、「完成までに数年かかることが予想される原子炉は、核兵器開発に必要な量のプルトニウムを生産する設計にはなっていない」と記されている。[43]

同じ月にＣＩＡは「１９８７年の核拡散傾向」と題した国家情報評価４－82を発表している。その中でインドとパキスタンの対立を取り上げ、「平和的核爆発」（訳注：核爆発を軍事目的でなく、土木工事や地下資源の採掘など、平和的に利用すること）を名目とした１９７４年のインドの実験後にパキスタンが核兵器を獲得すれば、安全保障はどう影響を受けるか分析している。同様にＣＩＡの懸念材料とされたのが、韓国と台湾の姿勢だった。

「米韓関係及び米台関係は、懸案である核燃料再処理施設の建設を求める国内の圧力に両国政府が耳を傾けているため、今後も緊張が続くだろう。両国ともエネルギー安全保障へのアメリカの協力を求め、ゆくゆくはアメリカがこうした施設の建設に同意することを願うだろう」[44]

報告には、次のように記されている。

「韓国と台湾の両国はアメリカに対して、核兵器開発を行わないと約束した。この約束は、核兵器開発に特化したプログラムが存在する証拠をアメリカが発見した１９７０年代半ばにさかのぼる。今後５年間のアメリカの支援が強力なものであり続ければ、核開発を求めるソウルと台北のロビー活動に突き上げられた両国政府がアメリカとの約束を破る可能性は低い。しかしながら両国政府は、アメリカが押しつけようとしている核燃料再処理施設に関する制限が、彼らの将来のエネルギー安全保障を危険にさらすのではないかと懸念している」[45]

１９８０年代後半になると、アメリカの情報機関は北朝鮮の核開発に、はるかに大きな関心を寄せていた。１９７０年代にソ連製の短距離ミサイルをリバース・エンジニアリングした結果、１９８０年代には、北朝鮮のミサイル開発プログラムは長足の進歩を遂げていた。１９９８年８月に北朝鮮は中距離ミサイルのテポドン１号（推定射程距離２０００～２５００キロメートル）を試験発射して、世界を驚かせた。アメリカがレッドライン――核弾頭を搭載してアメリカに到達するミサイル――と見なす線に、平壌は少しずつ近づいていた。

核兵器開発を最優先させるという北朝鮮の決断の引き金となったものは、いったい何だったのか？　北朝鮮は何よりも、韓国、日本、グアムの基地だけでなく、アメリカを直接脅かす力を手に入れるために、核兵器を開発した。アメリカ軍の最新技術を目のあたりにした金日成は、同等の力を手に入れることを決意した。韓国の経済力が北朝鮮を追い抜き、それにつれてその防衛能力も伸びると、不可逆的で非対称の優位性を得ることが最優先されたのである。

１９９１年のソ連崩壊とワルシャワ条約機構の解消は、もはやロシアに頼ることはできないことを北朝鮮に気づかせた。中国が最も重要な同盟国であることに変わりはなかったが、１９７８年に同国が前代未聞の経済改革を開始すると、その政治方針も変化した（訳注：中国では１９７８年に文化大革命の終結が宣言され、経済を立て直すために同年、鄧小平を中心として改革開放政策が開始された）。主権国家として核兵器を開発する権利があると主張する北朝鮮の姿勢はある意味、その後ろ盾に対する抵抗でもあったのである。

２０１１年12月に権力の座についた金正恩が最優先したのは、北朝鮮の核兵器開発プログラムを加速させることだった。それは、父親との約束を守るためでもあったが、彼の軍事的才能を軍幹部に示すという意味もあったのである。

２０１７年11月28日（訳注：日本時間29日午前3時18分）に北朝鮮は車両型の輸送起立発射機を用いて、射程距離８５００～1万３０００キロメートルのＩＣＢＭ、火星15の発射実験を成功させた[46]。２０１８年度版『ミリタリー・バランス』（訳注：イギリスの国際戦略研究所が発行している、世界各国の軍事力に関する報告）によると、北朝鮮は現在、少なくとも6基のＩＣＢＭ（火星13、火星14――開発中、火星15――開発中）、数は不明ながら中距離弾道ミサイル（火星12――開発中）、約10基の準中距離弾道ミサイル（ノドン、スカッドＥＲ、火星10）、そして約30基の短距離弾道ミサイル（火星５）を保有しているという[47]（訳注：２０１７年に火星12、火星14、火星15の発射実験を行った）。
北朝鮮の核開発プログラムについて驚くべきなのは、あらゆる対抗措置が、この国が核開発の一線を越えるのを思い留まらせるのに失敗したということだ。核開発や核実験を放棄する利点を提示しようとした、韓国の金大中と盧武鉉の両大統領の「太陽政策」は惨めな失敗に終わった。北朝鮮に対する制裁や政治的圧力も、この国の核能力を後退させるには至らなかった。

注目すべきなのは、北朝鮮の核兵器や弾道ミサイルの能力に関する情報機関の分析が実情より遅れていたことである。韓国の革新政権は北朝鮮の核能力を軽視し続けた。そしてアメリカも、非常に優秀な情報機関を持つにもかかわらず、北朝鮮の核兵器や弾道ミサイルの急速な能力向上を見落としていたのである。『ニューヨーク・タイムズ』誌のデービッド・サンガーによると、２０１７年１月に発足したトランプ政権は、「（北朝鮮が）アメリカの都市に核弾頭を送り込めるミサイルの開発を遅らせる、あるいは止める時間はまだ十分、おそらく４年以上あると信じていた」[48]。

北朝鮮がＮＰＴからの脱退を示唆した１９９３年３月から、最初の水素爆弾の実験を行った２０１７年９月までのわずか四半世紀で、この国はＩＣＢＭに小型弾頭を搭載する能力を手に入れた（図７参照）。だからこそ金正恩は、「（２０１８年）４月21日以降、北朝鮮は核実験とＩＣＢＭの発射実験を停止する」と発表することができたのである。この発表を受けた文とトランプは、彼の「勇気ある」決断を称賛した[49]。実験をこれ以上実施しても周辺技術が改良されるだけで、その一方で厄介な国際制裁が科されることを知っていた金正恩は、核カードを非常に巧みに切ったと言える。

これまで25年間、アメリカと韓国、それに中国と日本は、一つの大問題に頭を悩ませてきた。つまり、北朝鮮が核兵器を獲得するのを阻止するために戦争を始めようという国はあるか？　その答えは簡単に言えば、昔も今も否だ。１９９０年代はじめ以来、アメリカと韓国はあまりに何度もレッドラインを設定したため、今やそれは赤いカーペットと化してしまった。

このことは要するに、「あらゆる選択肢を考慮している」――つまり軍事オプションも検討しているという意味――という強硬な表現とは裏腹に、韓国はもちろんアメリカも、選択肢が核を保有する北朝鮮との共存か新たな朝鮮戦争しかない限り、後者のリスクを避けようとしてきたことを意味する。１９９０年代はじめ以来北朝鮮との間で交わされてきた共同宣言、発表、合意、協定のどれ一つとして、核兵器を手に入れようという北朝鮮の野心を阻止したり後退させたりしたものはなかった。核を持つ北朝鮮との共存は、北朝鮮初の核実験が行われた２００６年10月以来、戦略的な現実なのである。

北朝鮮は何年もの間、共和党と民主党を問わず複数のアメリカ大統領を相手にうまく立ち回ってきた。彼らの技術進歩は非常に危険そうに見えるが、韓国と日本で何百万人もの死者を出しか

図7　北朝鮮の核開発プログラム

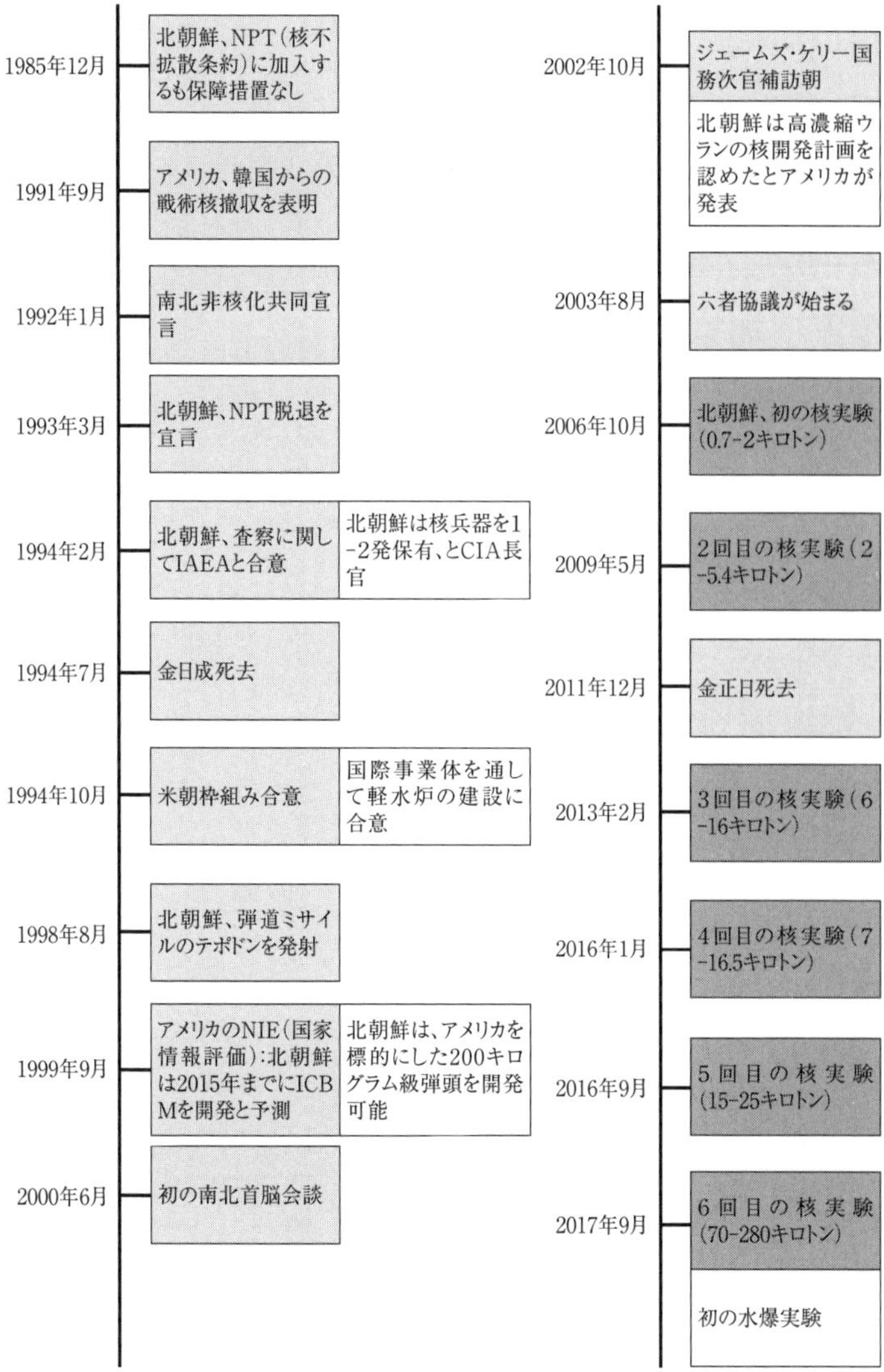

ねない戦争のリスクを取るほどではない、と判断させたのだ。北朝鮮の沖合を警戒する軍の増強、サイバー攻撃、輸入部品の破壊、そして爆撃航程のシミュレーションなどは、同国の核開発のスピードを遅らせたかもしれないが、停止させるまでには至らなかった。

北朝鮮による最近の目覚ましい核技術の発展を予測することに失敗したという事実は、不吉なことに、どれほど多くのことが予想通りに運ばない可能性があるかを示していると、国防総省の複数の担当者は考えている。例えばアメリカによる先制攻撃を成功させるには、製造施設、核関連施設、貯蔵施設の正確な位置、それにサイバー攻撃と電子攻撃によって確実に金正恩の反撃能力が奪われるという確信が必要になる。[50]

核軍備管理の世界では、アメリカ、中国、ロシア、イギリス、フランスの5ヶ国だけが、「核保有国」と認められている。しかし、いずれも国連安全保障理事会の常任理事国であるこの5ヶ国の、北朝鮮の核保有に対する立場は大きく異なる。中国とロシアは北朝鮮の最大の支援国であり、朝鮮半島の非核化を求める公の立場とは裏腹に、どちらも北朝鮮の核兵器を通じてアメリカ、韓国、日本に圧力をかけ、大きな利益を得てきたのである。

北朝鮮が核を持っていることを、アメリカやそのほかの国が認めようが認めまいが、それは所詮、言葉遊びでしかない。なぜならインド、パキスタン、イスラエルと同じように北朝鮮も、事実上のれっきとした核保有国だからだ。それに北朝鮮には、核備蓄を放棄する意志など、昔から

北朝鮮の大量破壊兵器

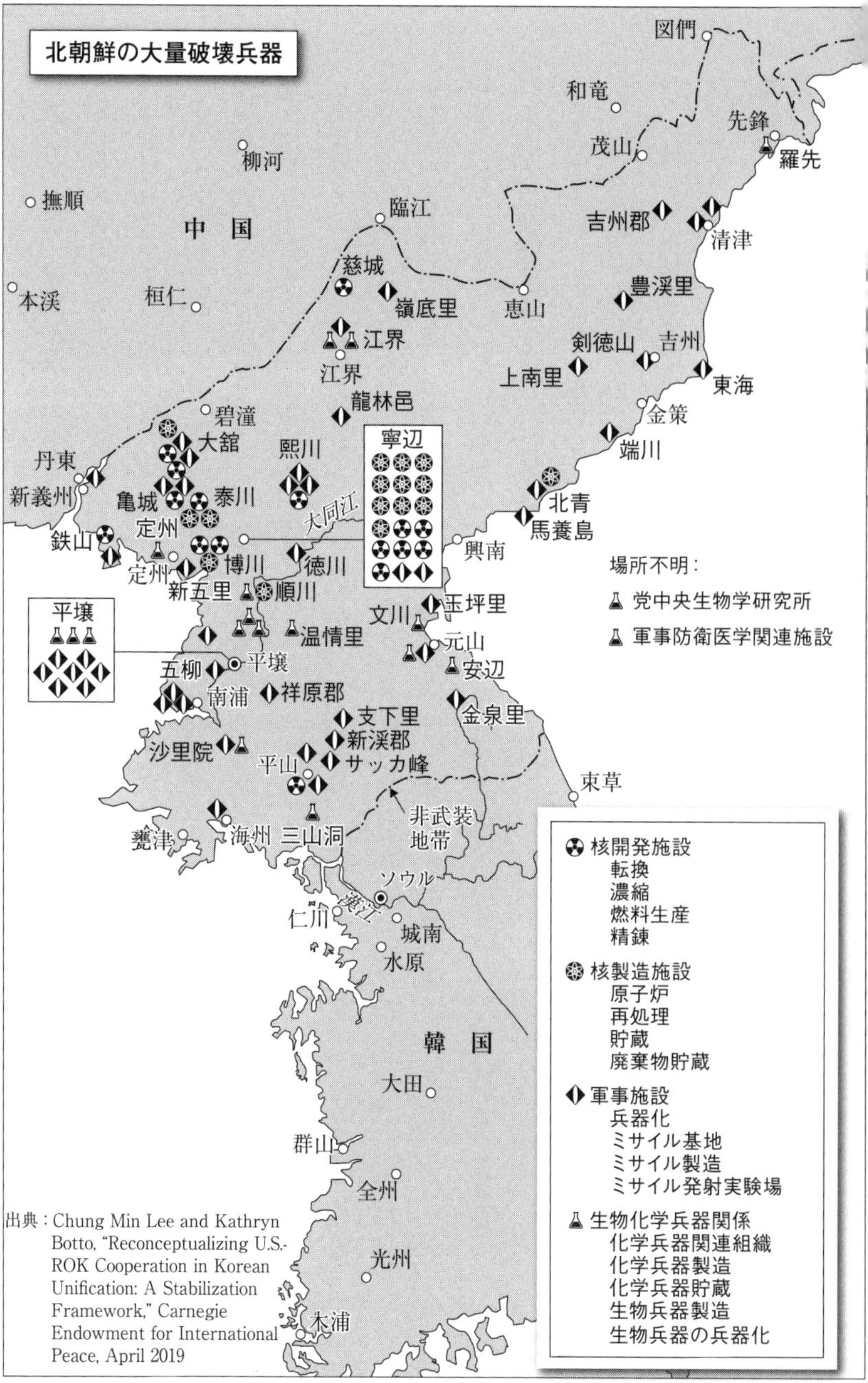

出典：Chung Min Lee and Kathryn Botto, "Reconceptualizing U.S.-ROK Cooperation in Korean Unification: A Stabilization Framework," Carnegie Endowment for International Peace, April 2019

毛頭なかった。韓国左派の主張とは裏腹に、金正恩には核保有を交渉材料にする気などない。体制保証や米朝関係の正常化、海外からの大規模支援などのインセンティブと引き換えに北朝鮮が核兵器を放棄するというのは、昔も今も、実現不可能な夢に過ぎないのである。

２０１８年12月16日に北朝鮮外務省のアメリカ研究所から発表された声明は、「シンガポールで開催された米朝首脳会談後の６ヶ月間、国務長官をはじめアメリカ政府高官は毎日のように我々に対して悪意ある中傷を行い、国務省と財務省は制裁措置を発動した」と強調している。[51]

アメリカとの核をめぐる話し合いの当初から、北朝鮮は「北朝鮮の非核化」ではなく、「朝鮮半島の非核化」にこだわってきた。２０１８年12月20日にＫＣＮＡがチョン・ヒョンというペンネームで発表した論評に、北朝鮮にとって非核化が何を意味するかが説明されている。「我々が朝鮮半島と言う時、これは北朝鮮とともに、核兵器をはじめとするアメリカの侵略兵器が展開されている南朝鮮地域を含む」と強調されているのである。[52]

この立場は、１９９１年に発表された「朝鮮半島の非核化に関する南北共同宣言」にさかのぼる。そこには、「南と北は、核兵器の実験、製造、生産、搬入、保有、貯蔵、配備、使用をしない」「核エネルギーを平和的目的にだけ利用する」「核再処理施設とウラン濃縮施設を保有しない」（訳注：以上、共同宣言の第１～第３項）と宣言されているのである。[53] 重要なのは、これが核兵器の開発、配備、使用をしないと両国がはっきり約束した唯一の文書だということで、それ以降発表された全ての文書では、「朝鮮半島の非核化」という言葉が、どんな場合にも登場するのである。ＫＣＮＡの論評はさらに次のように続く。

「アメリカは今からでも朝鮮半島非核化という用語の意味を正確に認識すべきであり、特に地理をしっかり学ぶべきである。……朝鮮半島というのは、我が国の領域とともに、核兵器をはじめとするアメリカの侵略兵器が展開されている南朝鮮地域を含む。朝鮮半島の非核化というのは、北と南の領域内だけでなく、朝鮮半島を狙っている周辺からの全ての核の脅威の要因を除去することを意味する[54]」

「朝鮮半島の非核化」という曖昧な表現は、非核化の解釈が異なることを取り繕うために利用されてきた。ＣＶＩＤ（完全かつ検証可能で不可逆的な非核化）は、アメリカと日本、そしてある程度まで韓国の最大の目的であるにもかかわらず、北朝鮮がこれに同意したことは一度もない。種々の政治的理由のため、文在寅政権にとっては朝鮮半島での不可逆的な平和体制の構築のほうがＣＶＩＤの達成よりもずっと重要なのだが、それでも彼らは北朝鮮の核プログラムの破壊を目指すというリップサービスを続けている。ＣＶＩＤはトランプの下で、ＦＦＶＤ（最終的かつ完全に検証された非核化）と改名された。

文在寅政権が一方的に平和構築を目指していることは危険である。なぜなら彼らは、非核化するという北朝鮮の約束とCVIDに向けた検証可能な進展を同一視しているからだ。2018年9月に文在寅は、次のように述べている。

「南北は、朝鮮半島全域で互いに対する敵対行為を全面中断することに合意しました。これは戦争の危険を相当程度に解消した、実質的な終戦措置です。今後、非武装地帯と共同警備地区を非武装化し、これを平和の象徴として造成していきます。戦争のない朝鮮半島の実現に大きく近づくものです[55]」

緊張緩和に向けた様々な取り組みに言及して、北朝鮮の行動に韓国とアメリカが前向きな反応を示したと文在寅は述べた。

「韓米両国は、戦略兵器が動員される大規模な合同軍事訓練を中断しました。米朝首脳が再び顔を合わせるなら、非核化の実現に向けて大きな進展があると確信しています[56]」

しかしトランプ政権が現実的な北朝鮮政策を持たないこと、それに加えて注目を浴びるのが好きなトランプによるスタンドプレーの結果、２０１８年６月のシンガポールの首脳会談の合意に関する米朝両国の理解は、ひどくかけ離れたものとなった。この事実は翌年２月に明らかになった。トランプは金正恩に、話し合いを進める前提として北朝鮮が放棄すべき核施設のリストを見せたが、両者とも大きな譲歩をしたがらなかったため、この２度目の首脳会談は突然中止されたのだ。

トランプは金正恩との画期的な合意に達することを願い続けているが、非核化に関して米朝間にいまだ存在する深い溝について、理解する必要がある。文在寅の、あるいはトランプの願いがどうあれ、北朝鮮が核兵器やそのほかの大量破壊兵器を放棄することはない。この新しい戦術的な現実をしっかり理解することが肝要であり、それはたとえトランプと金正恩が、政治的な都合からやがて曖昧な核合意に達することがあろうと、変わることはない。

第7章

地域の大国と朝鮮半島

天子の国への回帰

最高指導者としてようやくはじめての海外公式訪問となった２０１８年3月25〜28日に、金《キム》正恩《ジョンウン》は北京を訪問した。頻繁に中国詣でを繰り返した父親や祖父と異なり、中国の習近平《しゅうきんぺい》国家主席からの招待を、金正恩は長い間待たなければならなかった。その最大の理由は、金正恩体制下で実施された4度にわたる核実験だった。中国は激怒し、習は２０１４年に先に韓国を訪問することで、その不快感を示したのである。

とはいえ、貧しく危険で破壊的な北朝鮮に時にいらだちながらも、中国は自国の安全保障上の理由から、この国を支援し続けてきた。中国の指導層は、北朝鮮が核兵器及びＩＣＢＭの実験を実施したことに不満を表明してきたものの、江沢民《こうたくみん》以来の歴代の指導者は、中朝関係から得られる戦略的利益はマイナス面をはるかに上回ると判断したのである。この点では、習近平も例外ではない。

中国にとっての、韓国、ひいてはアメリカと日本に対する緩衝地帯としての北朝鮮の価値は、近年低下している。その理由としては、中朝間の国力の差があまりにも拡大したこと、そして1

990年代はじめ以降、中国が韓国との関係を深めてきたことが挙げられる。核を保有する北朝鮮に対する韓国、アメリカ、日本の反応、例えばミサイル防衛網の構築やより強力な防衛力近代化計画の実現に向けて、これらの国が努力を強めていることは、明らかに中国にとって好ましくないのだ。

それでも、中国の全ての敵対国に北朝鮮が核兵器やICBMで脅威を与えられるという事実からは、得るもののほうが失うものより多いと、中国は計算している。さらに金正恩体制を支援することが中国の国益にかなうのは、中国は韓国主導の朝鮮半島統一も、半島の極端な不安定化も望んでいないからである。中国の政府高官や政府に近い研究者は、非公式の場では北朝鮮の批判を繰り返すが、こうした見解は、北京のレアルポリティークの姿勢を反映したものではない。敵対的な国を寄せつけずにいてくれる北朝鮮は、中国にとって、非常に利用価値の高い代理人のようなものなのだ。

文在寅と金正恩の第1回南北首脳会談が2018年4月に開催される直前の3月に、ようやく習近平は金正恩を北京に招待した。平壌は核実験と弾道ミサイルの発射実験を停止する用意があると表明しており、文在寅政権は南北関係の進展を最優先課題としていたため、北京としては、北朝鮮に対する中国の影響力を再確認したいと考えていた。

『人民日報』の系列紙で、中国で大きな影響力を持つ『グローバル・タイムズ』（訳注：『環球時報』の英字国際版）は2018年5月に、次のような意見を載せている。

「中国は半島の発展に寄与する重要な推進力である。中国の国力と地政学的な立地は誰の目にも明らかである。他方、北朝鮮は完全な独立国家である」

しかし最も重要なメッセージは、次の文である。

「中国は半島情勢に対して決定的な影響力を持たない。しかし中国抜きでは、地域に関する長期的に重要な決定を下し、実現させるのは不可能である[1]」

中国の言いたいこと、それは、過去1000年間そうであったように、北朝鮮——ついでに言えば韓国も——は、中国の帝国圏から離れられないということだ。

2018年3月の初訪問では、習近平は人民大会堂内の式典で金正恩を歓迎した。緩やかに湾曲する大きな壁に囲まれて立つ金正恩と習近平の前で、中国の儀仗隊の隊長が、壇に向かって6歩半、足を高く上げて進んだ。そして2人の指導者のほうに頭を向けて儀式用の剣を鞘から抜き放ち、やや左後方に退いた。金正恩が人民解放軍の儀仗隊を閲兵する間、周は左腕を差し伸べていた。

最初の公式会談の終了後、習近平は金正恩のために晩餐会を開催した。一同が着席すると、中国と北朝鮮の「固い絆」を強調する動画が映し出された。毛沢東と鄧小平《とうしょうへい》を抱擁する金日成、江沢民と胡錦濤《こきんとう》の両元書記をベアハグする金正日が登場した。訪問を記念して制作された北朝鮮の公式動画では、父親と習が会う場面を見て金正恩が笑顔を浮かべている様子が見られる。

朝鮮問題の専門家であるフェイ・スは、この公式訪問の結果、北朝鮮に対する中国の影響力が低下しているという見解は大袈裟だったことが明らかになったと強調している。

「会談は（北朝鮮の）唯一の同盟国をなだめ、北朝鮮に対する中国の影響力を確認し、そして両者の冷ややかな関係を改善するのに役立った[2]」

さらにフェイ・スは、北朝鮮の安全保障上の選択肢が限られているという事実から生じるチャンスを、中国は最大限に利用すべきだと述べている。

「北朝鮮はこれらの交渉の場で発言権を強めるために、中国の支持を必要としている。そして北朝鮮が他国と結ぶ二国間合意でも自国の利益を確保するためにも、中国は支持を与えることにやぶさかではない。こうした思惑は２０１８年３月の金正恩の最初の中国訪問でもはっきりしていた。習近平と金正恩はどちらも中朝間の友好関係の進展を『戦略的な選択』と位置づけ、両国間の絆は今後も変化しないと、ともに宣言したのである[3]」

この絆は、北朝鮮が中国と中朝友好協力相互援助条約を締結した１９６１年７月11日までさかのぼる。この直前にソ連と北朝鮮の間で調印された同様の条約は、ソ連崩壊後に失効したが、相互防衛条項を含む中朝間の条約は20年ごとに更新されてきた。最後に更新されたのは２００１年で、２０２１年に再び更新されることは間違いない。

先に見たように、崩壊の危機に瀕した金日成の軍が退却していた１９５０年10月に中国が軍事介入していなければ、北朝鮮は、少なくとも現在の姿では存在していなかっただろう。１９５３年11月には、経済文化協力協定を締結するために北京を訪問した北朝鮮使節団に向かって、毛沢東は、北朝鮮人の勇敢さや忍耐強さを称えている。

「朝鮮の人々は勇敢であります。彼らは苦しみを耐えることができ、（彼らは）勇敢で、（彼らは）規律正しく、（彼らは）困難を恐れません」と毛は言い、「我々（中国人）はこの点で彼らに勝つことはできません。我々は（彼らの例から）学ぶ必要があります」と続けている[4]。

朝鮮戦争では、中国側の記録によれば中国人民志願軍の兵士18万人が死亡したとされるが、実際の戦死者数はおそらくさらに多かっただろう。[5] 朝鮮戦争で戦った中国軍兵士３００万人の中には、国共内戦で中国共産党と戦って中国本土で捕らえられた、あるいは１９４９年に台湾に逃れなかった、元国民党あるいは民族主義勢力が含まれていた。毛沢東の息子も朝鮮戦争で戦死している。しかしこの演説で毛沢東は、北朝鮮は中国を救出する手助けをしたと主張している。

「帝国主義の侵略勢力との戦いで——中国を侵略する帝国主義勢力との戦いで——朝鮮人民は我々を助けてくれました。朝鮮人民の英雄的な努力がなければ、中国は危険にさらされていたでしょう。敵が鴨緑江から追い払われていなければ、中国の発展も危険にさらされていたでしょう。中国の人民解放軍と朝鮮人民軍、そして朝鮮の人民はともに戦い、ともに勝利しました。（我々は）互いに協力し合ったのです。（朝鮮戦争における勝利は）ソ連、中国、全ての民主主義陣営、さらに世界中の平和を愛する人々を勇気づけました。このことを国民に教えなければなりません[6]」

その後の中朝関係は、影響力の拡大を狙った平壌がモスクワと北京を両天秤にかけるのに応じて上下した。１９５６年2月にニキータ・フルシチョフがスターリンを批判したことは、金日成の不意を突いた。それは彼自身への個人崇拝が新たな局面に入った時期でもあり、同じような脱神話化の動きは彼の権力を脅かしかねないことに、金日成は気づいていた。そこで北朝鮮はモスクワの修正主義を非難して北京にすり寄った。ソ連との関係が冷え込んだ１９６０年代から１９７０年代にかけて、北朝鮮は両国に軸足を置いていたのである。

しかしソ連の崩壊後、北朝鮮には中国しか残されていなかった。１９９０年代にソ連からの援助が急減し、さらに北朝鮮で大飢饉が発生すると、北朝鮮は中国からの援助と中朝貿易への依存を強めていく。２０１６年には、北朝鮮の総貿易量に中国が占める割合は、驚くなかれ92・７パーセントに達している[7]。国際制裁によって２０１７年の北朝鮮の総貿易量は、２０１６年から15パーセント減少し、55億ドル（輸出17億ドル、輸入38億ドル）となっている[8]。２０１４年から２０１８年にかけての中朝間の貿易は、北朝鮮からの輸出額が28億ドルから２億２１００万ドルへ、輸入額が40億ドルから25億ドルへ、それぞれ減少している[9]。

北朝鮮の総貿易量に占める中国の割合は桁外れに高いため、上位10国に含まれるほかの貿易相手国と比較してもほとんど意味はない。中国に次いで額が大きいのはロシア（７７００万ドル）、インド（５５００万ドル）、フィリピン（１９００万ドル）である[10]。

中国はまた、北朝鮮が国連の経済制裁を迂回する手助けもしている。２０１７年9月に発表された、北朝鮮制裁に関する国連の報告書には、「朝鮮民主主義人民共和国は、部門ごとの制裁に違反して、決議で禁じられたほぼ全ての物品の輸出を続けており、報告期間中だけで少なくとも

2億7000万ドルの収益を得ている」と記されている。[11] また複数の国連加盟国が北朝鮮のペーパー会社や銀行に「故意に、あるいは無自覚に」援助を与えていると記されている。そして香港を含む中国各地で、会社を設立し、また口座を開設して商業活動を行うなど、北朝鮮の金融取引に便宜を図っている中国の銀行や会社の例がいくつも記載されている。

ただし中国当局は全て否定しており、「朝鮮民主主義人民共和国で銀行を開設し、運営する営業許可及び資格を持つ」中国企業など存在しないと主張している。[12] 国連の報告は次のように述べている。

「さらに外国企業は、制裁に違反して子会社あるいはジョイントベンチャーとして設立された（北朝鮮の）金融機関とつながりを維持している。朝鮮民主主義人民共和国の外交官は経済活動に手を染め、また大使館の土地を貸与してまとまった額の収入を得ており、さらにいくつもの欺瞞的な経済活動がこれに加わっている。アジアの複数の国を含む各地で、制裁が効果を発揮するような適切な国内法や規制の枠組みが存在しないという事実につけ込んで、こうした違法な経済活動から利益を得ているのである」[13]

北朝鮮の貿易が、合法的なものも違法なものも含めてほぼ全て中国を経由している事実があるにもかかわらず、公式的には北京は、北朝鮮に対する影響力をほとんど持たないと主張している。とはいえ、アメリカ国務省の北朝鮮作業部会の副部長を務めたウィリアム・ニューカムは次のように述べている。

「中国は非常に優秀な治安機関を持っている。誰が北朝鮮人か、彼らの意図は何か、そして誰が彼らとつながっているのかなどについて、彼らが知らないということは全く信じられない。しかし追跡調査を行っている気配は見えない[14]」

中国の影響圏に朝鮮半島を引き寄せる

北朝鮮の唯一の同盟国で、政治経済面での支援国でもある中国は、金正恩に対して特別な影響力を持っている。習近平の目標は、さらに韓国も自国の影響圏に誘い込むことだ。近隣諸国の中で、韓国はアメリカとの強固な軍事同盟関係にあり、アメリカ陸軍が駐留するアジア本土で唯一の国なのである。

中国が韓国との国交を正常化させた１９９２年以来、良好な両国関係が続いてきた。今では韓国からの輸出の24パーセントと輸入の22パーセントが中国を対象としており、その影響力の拡大に貢献している。国交樹立後には人的交流も急増し、挑発的な核実験を繰り返す平壌に当惑させられてきた北京は、ソウル重視に舵を切ったと、多くのソウルっ子が信じ始めている。確かに北京はソウルに対して友好的だが、たとえ中韓間に固い経済的な絆が結ばれたとしても、それは決して中国が北朝鮮の支援をやめることを意味するものではない。

実際、韓国に対する中国の高圧的な態度は、２０１６年に北朝鮮が実施した5度目の核実験を受けてソウルがＴＨＡＡＤ（終末高高度防衛ミサイル）の配備を決定した時に北京が猛反発したことからも明らかだ。ＴＨＡＡＤは中国の反撃能力を低下させ、したがって中国の抑止力を弱めているという主張を、中国は繰り返している。中国の反対にはいくつかの理由があるが、その中には、日米の事実上の弾道ミサイル防衛網に韓国が参加することを阻止したいという思惑が含まれる。アメリカのある中国学者は次のように記している。

「中国人の多くは、ＴＨＡＡＤ配備の決定が、韓国によるある種の裏切りでもあり、中国を抑え、あるいは封じ込めようとするワシントンの総合的な努力を利するものだと考えている。韓国に裏切られた（『背後からの一突き』と表現する者もいる）という気持ちの中心にあるのは、友好的なはずのソウルはＴＨＡＡＤ配備への同意を通じて、日米同盟を中心とする、アジアで力を増す一方のアメリカ主導の対中包囲網に参加したのだという、中国で支配的な意見である。近年、両国関係は浮き沈みを繰り返しつつも、北京はソウルを、ある種の新しいパートナーと見なしてきた。確かにアメリカの同盟国ではあるが、日本よりも距離を置き、日本の防衛力近代化に対して同じような警戒心を持つパートナーなのである[15]」

ソウルと北京は、２０１７年10月にいわゆる「三つのノー」に韓国が合意することによって、ＴＨＡＡＤ問題を解決した。「三つのノー」とは、①韓国内にＴＨＡＡＤを追加配備しない、②韓国は地域のミサイル防衛網に加わらない、③日米韓の軍事同盟を構築しないというものである。ソウルの中国人外交官を含む複数の中国政府高官が、韓国がＴＨＡＡＤ配備を継続した場合について、あからさまな恫喝を行った。例えば２０１７年2月には『人民日報』国際版が、「韓国にＴＨＡＡＤが実際に配備されれば、中韓両国の外交関係が断絶する可能性がある」と述べている[16]。中国の政治・経済的な圧力、さらに北京による韓国政治への露骨な介入の結果、文在寅政権はとうとう中国の要求に屈服した。

「ＴＨＡＡＤ配備の決定に対して、システムのレーダーを使ってアメリカが中国をスパイする可能性があると主張する北京は、韓国への非公式の制裁で応じた。ソウルはこうした制裁の解除と引き換えに軍事的な制限を受け入れることに同意したが、このことは、地域内の北京の敵対国にとって不安な前例となるだろう[17]」

ソウルの屈服によってはっきりしたのは、より長距離の弾道ミサイルや次世代潜水艦を開発するなど、抑止力や国防力の向上を目指す韓国の努力は、今後とも中国によって、自国または北朝鮮の安全を脅かしかねないという口実で反対されるだろうということである。これまで中国は定期的に北朝鮮の核実験を非難してきたが、こうした実験が韓国を直接危険にさらすと明言したことはない。むしろ、韓国とアメリカは北朝鮮の核実験に過剰反応すべきではないと言い続けてきたのである。

朝鮮半島の南北両国への影響力を拡大しようとする中国の思惑は、何ら驚くべきものではない。なぜなら中国は半島を常に「近い外国」と見なしてきたからである。さらに習は、突然北朝鮮と関係改善を目指すなど、混乱を極めたトランプの外交政策を、中国にとって絶好のチャンスととらえ、朝鮮半島でのアメリカの戦略的立場の、ひいては東アジアにおけるアメリカ主導の同盟システムの弱体化を目論んでいるのである。

トランプが２０１６年の大統領選挙中に衝動的に発表した、駐留アメリカ軍を日本と韓国から撤退させるべきだという主張や、これら2国は安全保障へ「ただ乗り」しているというその後の主張――事実ではないが、トランプがそんなことを気にしたためしはない――は、中国と北朝鮮にとって非常に都合のよいものだった。

１９７７年に大統領に就任したジミー・カーターも、ＵＳＦＫの撤退を検討したが、朝鮮人民軍の規模がそれまでの推測よりもはるかに大きいことがアメリカの情報機関の報告で明らかになると、見解を変えている。しかしカーターと違ってトランプは全てのものを自分に都合よく解釈し、ゼロ・サム交渉を仕かけようとする。中国と北朝鮮が現在相手にしているアメリカ大統領は、歴史の知識もそこから学ぼうという気もなく、同盟などは、よく言っても一方的な政治的、軍事的、経済的な負担で、根本的に変える必要があると主張しているのである。

２０１８年6月まで中国の公式メディアは、「より明るい」中朝関係の重要性について強調していた。２０１８年6月19日の『環球時報』は次のような社説を掲げている。

> 「金正恩国防委員長は3ヶ月間に中国を3回訪問した。これは中朝関係が発展している証で、客観的な事実である。これについて難しく考える必要などないことを確信し、この動きを支持すべきである。この事実について深く考え、さまざまな意味を与えようとするのは、全く無意味である。……中朝関係は強固に発展しており、未来は明るい。中朝関係の未来は、北東アジアの未来と軌を一にして発展しているのである。この二つの未来が相容れないような

事態を、少なくとも北朝鮮も中国も願ってはいない。中朝関係は、冷戦後の構造の中から現れたものであり、この時代の寛容さや対外協力の姿勢を体現している。世界各国もまた、この中朝関係に温かい支援を寄せることを願う[18]」

２０１８年６月の米朝首脳会談の前に２度、その直後に１度、習近平が金正恩と会ったことには、中国が北朝鮮に対する影響力を維持していることを世界に示すとともに、金正恩の戦略的な行動の自由には限界があることを北朝鮮に警告する狙いがあった。

さらに北京は、中国が金正恩の政策決定に重要な役割を果たしていると強調した。『グローバル・タイムズ』によると、「この点に関して中国メディアの報道ははっきりしていた。アメリカの軍事演習の停止と引き換えに北朝鮮の核実験を凍結するという、中国の『二重凍結』提案は基本的にシンガポールの首脳会談で採用されたと強調したのである。中国メディアによると、このことは、中国が『責任ある大国』であり、北朝鮮の核問題の進展が『中国の努力と不可分』であることを示しているという[19]」。さらに中国は、地域大国である象徴として北朝鮮との固い絆を誇示すると同時に、朝鮮半島及び周辺地域でのアメリカ軍のプレゼンスの弱体化が加速していることを示せたのである。

「中国は、半島におけるアメリカ軍のプレゼンスの低下に向けた流れを固定したがっている。アメリカ軍が合同軍事演習を中止したことは、その第一段階に過ぎない。おそらく北京は、駐韓アメリカ軍の合法性を否定することにつながりかねない、平和条約交渉を進めるようにと主張し始めるだろう。それどころか中国は、次回の交渉の席で韓国へのＴＨＡＡＤシステム配備の問題を取り上げるように金正恩に指示し、アメリカの立場を困難なものにするかもしれない[20]」

朝鮮半島における中国の「ニュールック政策」を最もよく説明するキーワードは、「帝国の回帰」かもしれない。過去何千年もの間、特に朝鮮王朝時代には、朝鮮は中国の属国であり、指導層は中国を模倣することに最大の価値を置いていた。中国と国境を接しているという地政学的条件のせいで、中国本土の支配者と深い関係を結ばざるを得ず、また中国以外にこれほど深い影響を受けた国はなかった。

１９１１年に中国の清王朝が崩壊——朝鮮王朝の崩壊のわずか1年後——すると、中国と朝鮮半島は20世紀半ばまで、植民地化、内戦、列強の競争や介入の舞台となった。日本の植民統治時代を通じて、弱体化した中国は植民地となった朝鮮の様々な勢力とつながりを保ち続けた。１９１９年には上海で大韓民国臨時政府が設立されている。

1948年に北朝鮮と韓国が、また1949年に中華人民共和国が建国されたが、韓国と中国の間には、1992年まで国交が結ばれなかった。中国との正式なつながりの不在は、両国の長い歴史的関係からの信じられないような逸脱だった。習近平の中国は世界的な大国としての地位を回復しただけでなく、その帝国主義的な志向を再びあらわに示し始めた。ソウルと平壌を両方とも中国の勢力圏内に引き寄せる必要があると、北京は考えたのである。

再統一された朝鮮は、中国の核心的な国益を侵害しない限り、存在を許容される。習近平にとって、南北両国を中国に引き寄せることは、長い伝統の継承でしかない。中国はこの両国に対して、長期的に彼らには中国の覇権と支配を受け入れる以外の選択肢はないことを示したのである——そう、古きよき王朝時代のように。

モスクワの「大ユーラシア」圏の拡大

朝鮮半島をめぐる2018年のシャトル外交の中では、ロシアはまるで部外者のように見えた。半島におけるロシアの影響力は、ソ連の最盛期以降、急激に低下した。朝鮮半島に限らず東アジア全域で、現在のロシアの戦略に最も大きな影を落とす変化は、かつては想像することすらできなかった、強大な力をつけた中国の脅威である。

確かにプーチンはロシアの軍事力を強化し、クリミア半島併合、ウクライナへの軍事侵攻、バルト諸国への圧力強化など、着々と領土回復政策を進めている。『ＵＳニュース&ワールド・レポート』誌の２０１７年の軍事力ランキングでは、ロシアはアメリカに次ぐ2位で、中国はそのすぐ後ろについていた[21]。その最大の理由は地政学的なもので、ユーラシア大陸に広がるロシアは、他国に対して圧倒的な優位に立っているのである。

それにもかかわらず、ロシアと中国の間のハードパワーの格差は逆転不可能だ。２０１８年の中国の名目的ＧＤＰは12兆ドルだったのに対して、ロシアはわずか1兆５０００億ドル、つまり韓国とほぼ同額だった。１人あたりのＧＤＰでは、状況は少し好転し、中国の８５００ドルに対してロシアは1万１０００ドルである。

ロシアの２０１７年の国防費は４５０億ドルだった。中国は１５００億ドルである（ただし中国の実際の支出額はこれよりはるかに多かったと、アメリカは推測している）。ロシアはソ連時代以来の先進的な軍産複合体を保有するが、中国も急速に追い上げている。

「国防及び軍民共用の科学、技術、産業能力の構築は、習が最優先とする二つの政策課題、つまり中国の国防力の強化と、イノベーションを中国の長期的発展の主要推進力にすることの両方に関係している[22]」

中国軍が技術的にアメリカに追いつき、やがて追い越すという目標を実現するためにも、ＣＭＣ－ＳＴＣ（中央軍事委員会科学技術委員会）の創設は大きな一歩だった。アメリカの国防技術や破壊技術のイノベーションの最先端に位置づけられるＤＡＲＰＡ（国防高等研究計画局）と異なり、「二つ星中将が統括するＣＭＣ－ＳＴＣは人民解放軍のヒエラルキーにしっかり組み込まれている。一方ＤＡＲＰＡは制服組の指揮系統の外側に位置することによって、大きな自由を保障されている[23]」。

たとえ２０２０年代に中国の経済成長が鈍化――それも大幅に――するとしても、ロシアの経済力が中国に追いつくことは決してないだろう。この厳しい現実に直面したプーチンは、両国の戦略的な利害関係の一致から生じたチャンスを最大限に利用しようとしている。プーチンが「大ユーラシア・パートナーシップ」と呼ぶ構想で目指しているのは、ロシアのＥＥＵ（ユーラシア経済連合）と中国のＢＲＩ（一帯一路）を統合することである。ロシアを代表するシンクタンクであるＩＭＥＭＯ（世界経済国際関係研究所）によると、「プーチン大統領が発表した、ＥＥＵとＢＲＩを統合しようとする大構想は、ロシアの戦略における東方とユーラシアの間の強い相互依存を明示し、これを強化するものである[24]」。

ロシアが経済力で中国に追いつくことはないにしても、中国がロシアを無視することは、その安全保障上許されないという事実に、プーチンは賭けている。たとえ両国関係が悪化し、中ソ紛争を想起させるような刺々しいものになっても、ロシアはまだ、中国が軍の主力を国境沿いに貼りつけざるを得なくなるだけの力を持っている。２０２０年末までに海上でアメリカと互角になることを目指して南シナ海で積極的な動きに出ている中国にとって、最も好ましくないのは、ロシアが反撃に出るのではないかと、絶えず背後を気にしなければならないことなのだ。

朝鮮半島に開いたクレムリンの窓

モスクワはこのような広範な戦略的文脈の中で、朝鮮半島における自国の限定的な影響力をとらえている。半島がほかのいずれかの強国の勢力圏内に入ることによって、国益が脅かされる事態を恐れたロシアは、歴史的にこの地におけるパワーバランスの維持を求めてきた。

この教訓は、ソ連時代にも受け継がれた。１９４３年のカイロ会談では日本降伏後の朝鮮半島の扱いについて話し合われた（「最終的には朝鮮が自由と独立を回復する」こととされた）が、これに向けて作成されたソ連外交官の覚書には、朝鮮は今後長い間、主要国の共同統治下に置かれるだろうと記されている。
この覚書では、２番目に重要な点として、日本が「今後永久に朝鮮から排除されることである。なぜなら日本統治下の朝鮮は、ソ連邦の極東地域に対する恒久的な脅威であり続けるからである」と述べられている。[25] ロシアが最も重視したのは、解放後に現れた国がロシアの脅威とならないことだった。

「朝鮮の独立は、同国がソ連に対する将来のあらゆる敵対行為の震源地となることを阻止する効果を持たなければならない。その行為者は日本だけでなく、東方からソ連に圧力をかけようとするあらゆる勢力を含む。朝鮮独立とソ連の東方地域の安全保障の双方を最も確実に約束するのは、ソ連と朝鮮の間の友好的で緊密な関係である。将来、朝鮮の政府を設立する際には、この事実が考慮されるべきである[26]」

覚書が書かれて70年以上経った現在でも、朝鮮半島におけるロシアの利害関係は驚くほど変わっていない。ただし、モスクワが平壌に大きな影響力を持っていた冷戦時代に比べると、南北両国に対するロシアの力は非常に低下している。ロシア極東地域の開発に両国を巻き込むことによって、プーチンは北東アジアにおけるロシアのプレゼンスを高めることを狙っている。人口の少ない極東地域を開発するというロシアの長年の野心を実現する上で、朝鮮半島は非常に高い利用価値があるのである。

モスクワは朝鮮半島に主に四つの利害関係を持っている。

まず、北東アジアにおける存在感を高めるには、北朝鮮との関係を深める必要があると、モスクワは考えている（その結果、ロシアは大量破壊兵器の製造技術や部品を北朝鮮に移転させた疑惑が持たれている）。

次に、極東地域の開発に専念することによって西側諸国による制裁を一部迂回できると期待しており、それには日本と韓国の参加が不可欠だと考えている。

3番目に、ロシアと中国の利害関係は世界レベルでは——特にアメリカへの対抗上——一致するものの、地域レベルではこれは必ずしもあてはまらない。中国の経済力に大きく水をあけられたロシアにとって望ましいのは、東アジアで指数関数的に増大する中国の影響力を何らかの方法で相殺することなのである。

最後にロシアは、アメリカ、韓国、日本の緊密な同盟に対抗して中国及び北朝鮮と固い安全保障関係を結ぶ必要があると考えている[27]。

金正日の最後の外遊先は、２０１１年8月21日に訪問したシベリアだった。そこでドミートリー・メドベージェフ大統領と会談したが、当時ロシアの実権を握っていたのは、前大統領でその頃首相だったプーチンだった。会談で最初に協議されたのは、ロシア極東地域から北朝鮮を経て韓国にガスを送るパイプラインの敷設事業に北朝鮮が参加する可能性についてで、２０１２年6月にロシアが北朝鮮に対する債権の90パーセント、つまり１１０億ドル近くを帳消しにしたことで、その可能性が高まった。[28] しかし金正日がロシアとの大型経済プロジェクトを発表するのではないかという一部の推測とは裏腹に、訪問の具体的な成果は何もなかった。[29]

ロシアが北朝鮮に大きな影響力を及ぼしていた日々は遠い過去のことで、二度と戻ることはないが、それでもロシアは三つのチャンネルを通じてその力を最大限に行使することができる。まず、国連安全保障理事会の常任理事国として、ロシアは中国とともに、朝鮮半島における重大な政治的変化に関する票決を左右して北朝鮮の利益を守ることができる。ロシアは中国のように、極東地域における軍事力などのハードパワーを持たないが、それでも韓国とアメリカ（及び日本）が北朝鮮の国益に反した行動を取ることをためらわせる力は持っている。

次に、北朝鮮は中国への全面的な依存の度合いを減らしたがっているので、ロシアとの政治的・経済的な関係を強化すれば、平壌の行動の自由は広がるだろう。金正恩が北朝鮮の発展を本気で願っているなら、ロシアのエネルギー資源は欠かせない。

第3に、モスクワとの関係を強化すれば、北朝鮮の地政学的な重要性が高まる。アメリカの外交シンクタンクである外交問題評議会のエリザベス・エコノミーは、次のように述べている。

「ロシアは舞台裏の交渉者、妨害者、そしていかがわしい同盟相手だ。舞台の前面にも中央にも出てこないものの、中心的な役割を果たしている[30]」

　２０１８年11月にロシアのタス通信は、駐朝ロシア大使のアレクサンドル・マツェゴラが北朝鮮の外務省第一外務次官の崔《チェ》善《ソン》姫《ヒ》と会談し、現在の課題が「段階的かつ並列的に」解決されなければならないとする点で双方が合意に達したと報じた。これはつまり、非核化やそのほかの課題に関する北朝鮮と中国の立場をロシアが支持することを意味している[31]。非核化問題の協議を進展させる前に、北朝鮮に対する制裁を緩和すべきであると、ロシアは主張した。

「安全保障を細部まで決定する重要性が増している」と、ロシアの国際原子力機関（ＩＡＥＡ）担当大使であるミハイル・ウリヤノフは述べている。さらに「包括的共同行動計画（イラン核合意）をめぐって発生したような状況がこの地域でも起きるのを防ぐためにも、信頼できる国際的な安全メカニズムが必要である[32]」。交渉前に平壌を武装解除させようというワシントンの望みは到底実現不可能であると、ロシアは主張している。

　ロシアのエネルギー安全保障研究センター所長のアントン・クロプコフは、「ワシントンと韓国は、平壌が一方的に譲歩する可能性は皆無であることを理解すべきだ」と述べている。さらに「韓国の多くの専門家が提案した、北朝鮮が核の野心を放棄する一方で韓国がアメリカの核の傘に留まるというシナリオは、全くあり得ない」という[33]。

「モスクワの最大の強みは、この国が北朝鮮と韓国の双方と、比較的良好な関係にあるという事実である。アメリカ、日本、中国の各国が、非武装地帯の片側か反対側のどちらかの国とより緊密な関係を持っているのに対して、ロシアは非武装地帯の両側の国と、安定した経済・政治的関係を維持している。……最終的には北朝鮮をめぐるロシアの最も重要な、それでいて軽視されがちな立場は、どちらも化学兵器の使用をためらわない国だという点にあるかもしれない。アメリカや世界のほかの国々は北朝鮮の核の脅威に注目し、対処しようとしてきたが、北朝鮮の備蓄する化学兵器、及び同国が化学兵器禁止条約に未加盟であるという事実も、世界の安全に対する重大な脅威となっている[34]」

中国との国力の差を考えれば、モスクワは、いつか朝鮮半島で中国に取って代わるなどという幻想を抱いてはいない。しかし彼らは特別な立場から南北両国に関与できることに気づいている。例えばプーチンは、北朝鮮に対する国際制裁を公式に批判してきた（もちろんロシア自体も、西側諸国の制裁下にある）。「あらゆる種類の制裁は今や無意味であり、効果を持たない」と、北朝鮮が実施した最大規模の核実験に対する国際社会の反発に関して、2017年9月にプーチンは述べている。そして彼は、北朝鮮人が「安全を確信できるまでは、彼らは［核兵器］プログラムを放棄するくらいなら、むしろ草を食べて生き延びるだろう」と強調している。[35]

さらに、ロシアの人権侵害に関する西側諸国の非難にもかかわらず、プーチンは北朝鮮人の労働者をロシアに受け入れ続けている。これは金正恩にとって、重要な外貨獲得手段だ。ロシアはまた、脱北者の強制送還を求める北朝鮮の政策も支援してきた。２０１８年11月には、ロシアが元朝鮮人民軍兵士である29歳のチョン・キョンチョルを逮捕し、起訴し、強制送還したことが報道された。彼は北朝鮮で、罰として強制収容所に収監されたことだろう。[36]

ロシアは２０１８年夏より前に、金正恩に公式訪問を要請していた。「北朝鮮の金正恩指導者に、改めてロシアへご招待したいとお伝えください」とプーチンは、当時の最高人民会議常任委員会委員長で名目的な国家元首でもあった金永南《キムヨンナム》との会談で述べた。[37]

２０１９年４月25日に、ウラジオストクでプーチンと金正恩のはじめての首脳会談が開催された。おそらく唯一の興味深いエピソードは、遅刻魔ぶりが知られるプーチンが、金正恩の到着まで30分も待たされたことかもしれない。ロシアの主要な報道機関のタス通信は、会談は両首脳が互いの腹を探り合う重要な機会だったものの、「公式の成果は、共同声明の形でさえ発表されなかった」というロシア国立研究大学高等経済学院の東洋学部部長アレクセイ・マスロフの言葉を伝えている。[38]

北朝鮮の核問題を解決する六者協議（訳注：中国、北朝鮮、韓国、アメリカ、日本、ロシアが参加。

２００８年を最後に開かれていない）の復活を支持するとプーチンは述べたが、同時に「（北朝鮮の）安全は保障されなければならない。これは事実だ。我々全員がこの問題について考慮する必要がある」と強調している[39]。

しかし全体として、首脳会談は期待外れに終わった。

「国営メディアは、両者が完全なコンセンサスに達したとは述べなかった。このことは北朝鮮とロシアが、協議された全ての議題で完全に合意しなかったことを暗示していると思われる。メディアは、一対一の会談で２人の指導者が、緊急に協力すべき事柄について『満足すべきコンセンサスに達した』と述べている[40]」

エリザベス・エコノミーは次のように書いている。

「北朝鮮に関しては、中国と同じように（ロシアも）、その複雑な利害関係はアメリカと完全に一致してはいない。それでもモスクワを無視することは許されない。北朝鮮をめぐる交渉の当事者の中では比較的目立たないにもかかわらず、彼らが密かに妨害行為を行う可能性を軽視するわけにはいかないのである[41]」

ロシアは北朝鮮に対して、１９５０年代から１９７０年代にかけての頃のような圧倒的な影響力を持つ必要はない。当時と比べて、世界の国々の力関係は変わり、それとともにロシアの持つ戦略的影響力と重要性も変化した。しかし北朝鮮、さらに朝鮮半島全域でロシアの持つ重みはいまだ別格であり、その利害関係や意向を無視することは許されないのである。

ロシアは現在、絶好の立ち位置にある。朝鮮半島での中国の存在感の高まりを許容することによって、自身の政治的・軍事的立場を目立たなくすることに成功している。中国との共同行動の可能性をちらつかせて、朝鮮半島での有事の際のアメリカ（及び韓国）の対応方針の策定を困難にしている。日韓両国からのアメリカの離反を加速させている。そして将来の朝鮮統一国家の枠組みを形成するために、限られたその影響力を最大限に行使しているのである。中国とロシアの目指す方向性が一致している現状では、両国が朝鮮半島で衝突しない限り、中国が主導権を握ることに関して、ロシアに異存はないのである。

朝鮮半島を見つめる東京の複雑な眼差し

北東アジアの主要な利害関係国の中で、深刻化する北朝鮮の脅威について、日本ほど強く懸念を表明してきた国はない。実際、日本に対する北朝鮮の挑発行為はあからさまであり、何発ものミサイルが日本の領海に落下したり、その上空を飛び越えたりしている。北朝鮮の憤怒をアメリカに次いで多く受けてきたのが、日本なのである。

日本と北朝鮮の関係に影を落としているのが、歴史問題や未解決の数々の課題である。その上日本の朝鮮半島政策は、東京にとって非常に重要であると同時に波乱含みのソウルとの関係のせいで、さらに複雑さを増している。実際、何百年もの交流の歴史を持つ、成熟した二つの先進的な民主主義国家の関係が、これほど脆弱で政治的に不安定な例はほかにない。

ブラッド・グロッサーマン（訳注：アメリカの戦略国際問題研究所所属）は次のように書いている。

「国家の存続までも脅かしかねない北朝鮮の脅威に直面してさえ、日韓両国の関係は、一致団結というよりも不協和音という言葉で特徴づけられる。この確執は、北朝鮮に対抗し、これを封じ込めてその行動パターンを変えさせるのに必要な、共同歩調の効果を低下させかねない[42]」

両国の国家アイデンティティはどちらも非常に民族主義的な世界観に基づいて構築されており、韓国社会に強く根づいた被害者意識と相まって、両国関係をさらに悪化させている。

「現在ソウルを支配しているのは革新政権である。伝統的に韓国の左派はアメリカに敵対的で、国内の政争に日本を利用し、そして統一朝鮮の名の下に平壌との結びつきを強化しようとしてきた。これまでに北朝鮮の指導者と会ったのは革新派の大統領だけであり、文在寅がこの先例に倣おうとするのではないか——たとえそれがワシントンと東京との断絶、そして平壌の行動の変化を促す共同歩調の放棄を意味するとしても——と、日本は懸念している[43]」

アメリカにとっては、アジアにおける最大の同盟国である日本と韓国が歴史問題でいがみ合い、北朝鮮の脅威の受け止め方に溝がある現状は、日米韓三国の安全保障面での協力を維持強化する上で大きな障害となっている。

韓国の国内政治は対日政策と密接に結びついている場合が多い。１９１０年から１９４５年まで続いた日本による朝鮮半島の過酷な植民地支配が深い傷跡を残したことは、韓国の立場に立てば理解することができる（北朝鮮の立場でも同様だが、ただし平壌はその反日姿勢を隠そうとしていない）。韓国と日本の緊密な関係は切り離すことなど不可能であるにもかかわらず、両国とも共通の歴史を政治利用しているのである。韓国側は次のように主張している。歴代の日本政府は植民地支配について謝罪したものの、朝鮮人女性を日本軍の慰安婦とし、また戦時中の工場に労働者を強制的に徴用したことの責任を、日本人は完全には認めていないと。

「植民地時代を通じて、日本は朝鮮の人々に過酷で抑圧的な政策を押しつけた。日本が領土を拡大した１９３０～40年代にかけて、強制的な同化政策は頂点に達した。アジア太平洋地方全域で戦争が続く中、日本の政府と軍部は徴兵された日本人の穴を埋めるために（しばしば強制的に）朝鮮人の労働者を徴用し、また帝国全域の慰安所で働かせるために女性を集めた。東京はまた朝鮮人を日本文化に同化させようと、創氏改名、日本語の使用の強制、そして朝鮮の言葉と歴史の教育の禁止などの政策を推し進めた[44]」

日本側は、１９４５年以前のあらゆる出来事は、東京とソウルの関係を正常化した１９６５年の日韓基本条約によって全て解決済みであり、それにもかかわらずソウル側が慰安婦と徴用工問題について条件を変えるのをやめようとしないと主張している。特に安倍の下で日本が保守化の傾向を強め、防衛力強化を目指す中、韓国の外交政策は、時の政府が左派か右派かによって大きく揺れ動いてきた。保守派が主張しているのは、安全保障面で日本との緊密な関係を維持し、日米韓の3国間の安全保障協力を可能な限り強化することである。

しかしこのことは、歴代の保守派政権が歴史問題を軽視してきたことを意味するわけではない。2012年8月に李明博《イミョンバク》元大統領が、韓国大統領としてははじめて独島《トクト》を訪問したのは、非常に象徴的な出来事だった。なぜなら韓国は独島を支配し、その管轄権を持つ一方で、日本もまた、竹島と呼ぶこの島の領有権を主張しているからである。大統領専用ヘリコプターから降り立った李は、「独島は、あらゆる犠牲を払ってでも守るべき貴重な場所である」と述べている[45]。日本の玄葉光一郎外相は李明博の訪問について「全く認められない」と非難し、一時的に駐韓大使を東京に呼び戻した。

独島の領有権に関する日本の主張は誤っている。テンプル大学ジャパンキャンパスの現代アジア研究所所長ロバート・デュジャリックは、「これは明らかに韓国が実効支配する、韓国の島である」と述べている。

「その歴史的、心情的な背景を、日本政府は完全に無視している[46]」

朴槿恵《パククネ》政権時代には大統領は3年近く、安倍首相と個別の首脳会談を持とうとしなかった。ただし２０１５年12月には慰安婦問題に関して、両国間で重要な合意に達している。アメリカの賞賛も得たこの合意で、ソウルと東京は「和解・癒やし財団」を設立し、日本政府が９００万ドルを拠出することが決められた。しかしその後、文在寅政権は韓国政府の資金をこれに充てることを決定した[47]。技術的には合意はまだ効力を持っているものの、実際には文在寅政権によって取り消されたと言って間違いない（訳注：和解・癒やし財団は２０１９年7月に解散が決定された）。

ソウルと東京の分断を深めた別の問題は、戦時中に強制労働をさせられた韓国人労働者（訳注：元徴用工）に対する慰謝料の支払いを日本企業に命じた２０１８年10月と11月の韓国大法院（最高裁）判決である。大法院は10月に新日鐵住金（訳注：現日本製鉄）、11月に三菱重工業にそれぞれ賠償を命じた[48]。これに東京は強く反発し、「日本による朝鮮半島統治時代の損害賠償請求は、１９６５年6月の協定（訳注：日韓請求権協定のこと）で『完全かつ最終的に』解決されている」と主張した[49]。判決後、日本の外相は次のような声明を発表している。

「日本としては、大韓民国に対し、日本の上記の立場を改めて伝達するとともに、大韓民国が直ちに国際法違反の状態を是正することを含め、適切な措置を講ずることを重ねて強く求めます。……また、直ちに適切な措置が講じられない場合には、日本として、日本企業の正当な経済活動の保護の観点からも、引き続き、国際裁判や対抗措置も含めあらゆる選択肢を視野に入れ、毅然とした対応を講ずる考えです[50]」

元徴用工の主張する慰謝料請求権は１９６５年の日韓基本条約の効力範囲には含まれないと韓国大法院が判断を下したのに対して、日韓関係の悪化を懸念する韓国外務省は、関係修復に向けた努力を行ってきた。２０１８年11月７日には韓国首相の李《イ》洛淵《ナギョン》が次のような公式声明を発表している。

「司法判断は外交問題にはならない。司法は法律に照らして判断を下す。そして司法判断への政府の不介入は、民主主義の基本原則である。日本の指導者がこの点を理解していると、確信している[51]」

北朝鮮に対する日本の不安

日本から見ると、冷戦終結後、同国を取り巻く安全保障環境は悪化した。なぜなら日本に対する次の三つの主要な脅威が一つに収束したからである。中国の急速な発展と、東シナ海及び南シナ海での人民解放軍の展開能力の大幅な向上、北朝鮮の核兵器プログラムと日本の安全を危険にさらす弾道ミサイル発射能力の向上、そしてロシアの軍事改革に続く中ロの戦略的な協力関係である。

最近では、トランプが日本に鉄鋼とアルミニウムの輸入関税を課し、また日韓両国の安全保障のただ乗りについて絶えず不満を繰り返していることから、日米関係も悪化している。しかし実際には日本は駐留アメリカ軍の維持費の85パーセント以上を負担しており、特別協定（訳注：日米地位協定24条に基づく「在日米軍駐留経費負担に係る特別協定」）に基づいて、年間17億ドルを駐留経費負担として支払うことを約束しているのである。[52]

さらに日本はアメリカの武器の主要な輸入国でもある。１９５０年から２０１７年の間に、日本は合計６４０億ドル分の武器を購入しているが、そのほぼ全てがアメリカからの購入だった。[53]

２０１７年には日本はアメリカから48億ドル分の武器を購入している（韓国の購入額は45億ドルだった）[54]。

２０１８年12月18日に日本政府は、今後５年間の国防物資調達に約２４３０億ドルを計上するＭＴＤＰ（中期防衛力整備計画）を発表した。

「ＭＴＤＰの中で注目されるのは、ロッキード・マーティン社のライトニングⅡ統合打撃戦闘機Ｆ－35、１０５機の購入が決定されたことで、その中には42機の短距離離陸・垂直着陸型Ｆ－35Ｂが含まれる。ただし、これは意外なことではなかった[55]」

加速する中国の軍事力増強、特に（同じく領有権を主張する中国が釣魚島《ちょうぎょとう》と呼ぶ）尖閣諸島周辺での人民解放軍による攻撃能力の高まりに懸念を募らせる一方で、日本がさらに大きな脅威と見なしているのは、北朝鮮の大量破壊兵器開発プログラムである。２０１６年以来実施されてきた６回の核実験と40回以上の弾道ミサイル発射実験は「（日本の）安全に対する重大かつ差し迫った脅威」であると、日本の防衛省が発表した２０１８年版防衛白書には記されている[56]。さらに、「北朝鮮の核兵器保有が認められないことは当然であるが、同時に、弾道ミサイルの開発・配備の動きや朝鮮半島における軍事的対峙、北朝鮮による大量破壊兵器や弾道ミサイルの拡散の動きなどにも注目する必要がある」と述べられている。[57]

日本の防衛省は、２０１９年度の防衛予算として、４６０億ドルを計上すると発表した。中国の脅威に対する懸念の高まりもあり、「核兵器と弾道ミサイルの開発を急ぐ平壌の姿勢を挙げた安倍は、対抗策として日本も防衛力を高め、第二次世界大戦以降、自衛隊の活動を制限してきた憲法の枷を一部外す必要があると述べた[58]」。その結果、２０１９年度に計上された防衛費は過去最高額になった。

「防衛費は6年連続で増加しており、２０１２年の安倍政権発足以来、その額は急増している。しかしこれは、不戦を誓う日本の平和憲法の修正を目論む首相の姿勢を反映しているというよりも、特に北朝鮮の挑発的行為に由来する東アジアでの軍事的緊張の高まりへの反応と見るべきである[59]」

日本政府がいずも型護衛艦2隻にF－35B戦闘機を搭載させる決定を下したのは、軍事力強化を目指す日本の姿勢を示す、最も象徴的な例と言えるだろう。いずも型護衛艦は、海上自衛隊が保有している中で最大の艦型である。「新たな防衛計画の大綱は、国民を守るため、また未来に向けた基盤として何が真に必要かを日本国民と世界に対して示す上で、非常に大きな意味を持っております」と、菅義偉官房長官は述べている[60]。

２０１８年６月に開催されたトランプと金正恩のシンガポールの首脳会談の直後に『ジャパンタイムズ』紙は、北朝鮮をめぐる緊張緩和から生まれたチャンスを日本は最大限に活用すべきだと主張した。トランプが何と言おうと、北朝鮮が日本の脅威であることに変わりはない[61]。同紙はトランプに反論して次のように書いている。

「トランプの誇張癖、それに細部（しばしば事実も）を無視するその傾向はよく知られている。そのため、北朝鮮指導者の金正恩とのシンガポールの首脳会談後に彼が発表した『もはや北朝鮮の核の脅威はなくなった』という主張は完全に退けられた。人々の懐疑には根拠がある。シンガポールの首脳会談で発表された共同声明は具体的な内容に欠け、核兵器に対する平壌の姿勢にはいかなる変化も見られないからである[62]」

日本の防衛費増額、集団安全保障権、そして進行中の軍事力近代化プログラムを批判する中国などは、日本が北朝鮮の脅威を口実として、軍事化を進めていると強く非難している。一方日本と連携し、共通の利害関係を持つ韓国の、日本の軍事力増強に対する反応は、ずっと抑制的である。それでも日本の首相として在任期間が戦後最長になろうとしている安倍は、10年前には不可能だったような防衛政策の大転換を行っているのである（訳注：２０２０年8月24日に連続在任日数が最長となった後、安倍内閣は9月16日に総辞職した）。

しかし北朝鮮の脅威に対抗するための軍事力増強は、日本の北朝鮮政策の一側面に過ぎない。１９７０年代に相次いで発生した日本人の拉致こそ、両国間のおそらく最も重要な未解決の懸案と言えるだろう。

拉致の目的は、北朝鮮人工作員に日本語と日本文化を教えさせることだった。拉致問題はまた、日本国民の琴線に最も触れる問題でもある。１９７７年11月に日本の中学生横田めぐみが北朝鮮の工作員に拉致された。日本政府は、拉致事件は１９８０年代はじめまで続いたと考えている。１９９７年5月に日本政府は、10人の日本人が北朝鮮に誘拐された「強い可能性がある」と公式に述べている[63]。２００２年9月に小泉純一郎首相が日帰りで平壌に飛んで金正日と会見した時、金正日は「ならず者の工作員」が日本人を拉致したとはじめて認め、その数を13人とした。そして8人は死亡したが5人はまだ生存していると述べた。小泉は5人の解放に成功し、彼らは２００２年10月に日本で家族と再会した[64]。

拉致問題に関して、日本は北朝鮮と協議を繰り返してきたが、最終的な解決には至っていない。２００６年に北朝鮮が最初の核実験を実施すると、両国間の緊張が高まり、国交正常化交渉は暗礁に乗り上げた。平壌は、東京と国交を正常化する上で拉致問題は最大の障害ではないという主張を変えていない。彼らによれば最大の問題は、日本が半島を植民地化した時代の罪を認めなければならないということである。２０１８年11月にソウルで開催された会議で、北朝鮮の数ある偽装組織の一つである朝鮮アジア太平洋平和委員会の副委員長李鐘革《リジョンヒョク》は、「我々全ての朝鮮人は、日本に対して誠実かつ率直な反省、謝罪、そして十分な賠償を強く要求する」と述べ、「人権侵害の罪」を犯したとして日本を強く非難した[65]。

近年、日本は北朝鮮のあからさまな人権侵害について、ひときわ厳しく非難してきた。ＫＣＮＡは、北朝鮮の人権侵害に関して日本などが国連に非難決議を提出したあとの２０１８年10月に、次のように日本を強く罵っている。

「朝鮮の人々やほかのアジア諸国に対して非倫理的な罪を犯しながら謝罪していない日本が『人権』キャンペーンを主導しているのは、正義と人権の愚弄であり、侮辱にほかならない[66]」

諸外国が北朝鮮との対話を試みて政治的資本を浪費するのを横目に、安倍は、今後も日本の影響力を保つために北朝鮮の関与を促そうと努力している。しかしトランプの混乱した北朝鮮政策のせいで、国際社会が強硬な姿勢を維持するのは容易ではない。北朝鮮の党機関紙『労働新聞』は、日本は「物事に関する異常な見解や時代錯誤な思想を持ち、愚かで不適切な行動を取るピグミー（小人）政治家の国として、地域で疎外されている」と痛烈に書いている。[67]

地平を見渡す

朝鮮半島における日本の長期的利害関係を規定するのは、統一朝鮮が日本とどうかかわるか、そしてその国家が日本の国益を損なう恐れはあるかどうかという問題である。東京にとって望ましい統一朝鮮の姿は、民主主義的で市場経済の繁栄を謳歌し、国際社会といくつもの絆を持ち、自由主義的な世界秩序を強く支持する、要するに韓国の延長線上にある国家である。

統一朝鮮がこうした特徴を持つかどうかは、ひとえに次に挙げるような様々な要素にかかっている。すなわち北朝鮮が生き延びるか、統一のプロセスがどのようなものか、中国がどこまで介入するか、アメリカの政策がブレないか、そして韓国の政治的意思と戦略的洞察力がどの程度のものか。しかしそのどれに対しても、日本は決定的な影響力を持たない。せいぜい統一プロセスへのアメリカの関与に間接的に影響を及ぼせるくらいである。

その理由は、ほぼ完全に日本の植民地統治の歴史にある。北朝鮮と韓国が一致している見解があるとすれば、それは統一プロセスに日本の直接関与を許すべきでないという固い決意なのである。例えば北朝鮮が韓国を攻撃し、アメリカ軍の作戦行動における最重要な後方基地として日本がクローズアップされるような場合を除けば、日本に対する怨念はあまりにも深いため、主要プレイヤーの中でその関与を望む者は誰一人いない。

日本は昔から朝鮮半島を、自国の喉元に突きつけられた短剣と見なしてきた。朝鮮そのものではなく、中国の出先として警戒してきたのである。その不安定化を忌避した結果、日本は二つの戦争を通じて半島を自らの影響下に置くことにした。すなわち１８９４～95年の日清戦争と、１９０４～05年の日露戦争である。そのどちらにも勝利した日本は、１９０５年に朝鮮の外交・防衛権を奪って保護国とし、１９１０年に併合へつき進んだのである。

しかし現在の日本が、その存在を脅かしかねない最大の外的脅威と見なしているのは北朝鮮である。「冷戦時代のソ連よりも現在の北朝鮮のほうが、大きな脅威と見なされている」と北海道大学の鈴木一人は書き、四つの理由を挙げている。「金正恩体制の予測の難しさ、日米同盟が『解消』する可能性、難民の大量発生の不安、そして紛争が発生した場合の中国の影響力拡大の可能性」である。[68]

安倍は日本の軍事力増強を目指しているが、それは人民解放軍の戦略強化に対抗するためだけでなく、北朝鮮を震源とする重大な危機が発生した場合に、日本に軍事的オプションという選択肢を確保しておくためでもある。世界第三の経済大国である日本は、北朝鮮の非核化プロセスにおいて重要な役割を担うはずだ。北朝鮮の大量破壊兵器を分解し、北朝鮮を復興させるのに必要とされる金額は、予定表やシナリオによって異なるが、一部の経済アナリストは、10年以上で1兆ドル程度と試算している。その中には核施設の安全確実な解体作業、軽水炉建設、経済支援も含まれる。[69]

「北朝鮮の核施設の大半（ミサイル施設を除外した場合でも）を解体し、清掃するには間違いなく約10年、数十億ドルかかるでしょう」と、２０１０年に寧辺の核施設を訪問したスタンフォード大学の核技術専門家ジークフリート・ヘッカーは話している。[70] 日韓が非核化プロセスの費用の大部分を負担すべきだとするトランプの主張に応じて、日本は貢献を約束した。

日本にとって、朝鮮半島で起こり得る最悪のシナリオは、北の主導による統一朝鮮の出現である。その可能性は低いが、皆無ではない。したがって東京にとって最も望ましいのは、北朝鮮の核・大量破壊兵器の脅威を抑えつつ、現状維持を続けることである。半島での出来事は昔から日本の安全保障に直接かかわっているため、東京が模索しているのは、シナリオの如何にかかわらず日本の国益を守ることを可能にする、しっかりした行動能力に基づいた半島政策なのである。トランプの無能力のせいでワシントンとの二国間関係が過去最低のレベルまで落ち込んでいる現状では、強い不安にかられた日本は当分、自国の軍事力への依存をますます強めていくだろう。

アメリカと韓国――偶然の、しかし重要な同盟相手

韓米統合軍の合言葉、「カッチ・カプシダ」（一緒に進もう）は、現代において最も統合された軍事パートナーシップの持つ特異性を象徴している。朝鮮戦争以来、韓米関係は、アメリカへの韓国のほぼ完全な依存から、はるかに対等な関係へと変化してきた。北朝鮮の手出しを許さなかった強固な同盟関係なしには、かつて最貧国の一つだった韓国の世界第11位の経済大国への躍進は、不可能だっただろう。

しかし何よりも意外なのは、この同盟はあらかじめ設計されたのでも、これほどの成功が予期されたのでもなかったことである。歴史をひもとけば、アメリカがいかに成り行きで朝鮮半島の重要な利害関係者になったかが分かる。

日露戦争の和平交渉の仲介役を務めたアメリカは１９０５年に日本との間で、それ以降日本が大韓帝国の外交と国防を掌握することに合意した（訳注：日本の桂太郎首相とアメリカ大統領特使のタフトの間で7月に結ばれた桂・タフト協定で、日本はアメリカのフィリピン支配を、またアメリカは日本が朝鮮で優先的な支配権を持つことを互いに認めた。11月に調印された第二次日韓協約により朝鮮は外交権

を失った）。その5年後に朝鮮は日本に併合された。ワシントンは事実上、朝鮮半島から手を引いたのである。多くの韓国人はこれをアメリカによる外交上の大失態と見なしているが、要するに当時の極東政策において、アメリカは朝鮮半島を重視していなかったのである。

外交権を失った朝鮮は、最後の努力として、１９０５年11月に調印された条約は強制されたものなので無効だと、アメリカに主張した。１９０５年12月にアメリカのエリフ・ルート国務長官を訪問した、「信任状を持たない」閔泳贊《ミンヨンチャン》特使は、アメリカがソウル駐在の外交団を引き揚げることを、朝鮮の正規の代理公使がすでに正式に承認したと告げられたのである。[71] ルートは閔に次のように述べた。

「この正式な通達（訳注：代理公使からの通達）を考慮すると、受け取った情報に基づいて取らざるを得なかったとあなた自身が認めた行動について、全く異なる解釈に基づいてアメリカ政府がどう行動すべきか判断するのは困難であります。さらに、日本政府から送られてきた正式な通達は、朝鮮政府から送られてきた正式な通達と一致していますが、あなたの情報とは全く異なっています。……これらの事情を考慮すれば、アメリカ政府としては、あなたの情報に基づいて行動することが何らかの役に立つとは考えていないことを、あなたに申し上げないわけにいきません[72]」

首都ワシントンの大韓帝国代表部は１９１０年に5ドルの値段で日本政府に買い上げられ、直ちに売却された。朝鮮半島が日本の支配から解放された１９４５年8月からは、北緯38度線の南側でアメリカの、そして北側でソ連の分割統治が3年間続いた。１９５０年1月12日のディーン・アチソン国務長官の演説は、１９５０年6月の朝鮮戦争勃発につながる運命的なものだったと考えられている。敗北し武装解除された日本を防衛する必要に関して、アチソンは次のように述べたのである。

「日本の防衛を放棄、あるいは弱体化させる意図は全くないこと、そして恒久的か否かを問わず、いかなる措置が取られるとしても、防衛を続ける必要があり、またそうしていくことを申し上げます。……この防衛線はアリューシャン列島から日本を通って琉球諸島に至ります。琉球諸島に我々が保持している重要な防衛拠点は、今後も維持いたします。琉球諸島の住民の希望に基づき、適切な時期にこれらの島を国連の信託統治に委ねる予定です。それでも、彼の地が太平洋防衛の要であり、これを保持する必要があることに変わりはありません。……太平洋のほかの地域の軍事的な安全保障に関して言えば、軍事攻撃に対する安全を保障できる者などいないことは明白です。しかし実際の国家関係に基づけば、そのような保障は意味もなく、また必要でもないことは明らかであります[73]」

第5章で述べたように、金日成は南に侵攻する前にスターリンと毛沢東、特に前者の承認を得ようとしていた。アチソンの演説は、北朝鮮の侵略にゴーサインを出したわけではない。しかしそれは、アメリカが朝鮮半島を重要な戦略的要地と見なしていないと、金日成に、そして後にスターリンに確信させた出来事の一つだった。１９４９年にはアメリカの統合参謀本部は、少数の軍事顧問団を除いて全てのアメリカ軍を韓国から撤退させることを勧告している。また同年の終わりにはアメリカ下院が、韓国にとって重要な経済援助を減額させる決議を行った。これに対して韓国政府はトルーマン政権に、翻意するように懇願している。

軍事面では、誕生したばかりの韓国軍はアメリカから装備を提供され、訓練を受けていたが、彼らに祖国を北朝鮮の攻撃から防衛する能力はなかったし、抑止力については言うまでもない。アメリカから韓国への軍事支援を管理していたＵＳＦＫ顧問団は１９５０年1月に、韓国への軍事援助費を９８０万ドルに抑えざるを得ないと報告している[74]。

それよりはるかに重要なのは、北が脅威を感じるほど韓国の軍事力を強力にしてはならないと、関係者の間でコンセンサスが広まっていたことだった。「このプログラムの目的は、数量的な増強の可能性を与えずに、すでに存在する治安部隊を強化することである」と、ＵＳＦＫ顧問団長のＷ・Ｌ・ロバーツ准将は書いている。「韓国の所有する武器の種類と総量と、北朝鮮が所有することが知られているものとの釣り合いを取る」ために装備が供給されたのだ[75]。

ただしロバーツは、韓国に戦闘機を供給することは非常に重要であると強調している。なぜなら戦闘機は「韓国の防衛には欠かせない」からだ[76]。しかし１９５０年６月に朝鮮戦争が勃発した時、韓国は戦闘機をただの１機も所有していなかった。こうしたことの全てから金日成は、アメリカが韓国のために直ちに大規模な軍事介入を行う心配はないと結論づけたのである。

歴史家のキャサリン・ウェザースビーは次のように書いている。

「スターリンの朝鮮政策は、１９５０年春に急転換した。４月にモスクワで金日成と会談したスターリンは、武力で南北を再統一するという金日成の計画を承認し、作戦に必要な装備や備品の供給に同意したのである。韓国侵略計画はスターリンではなく、金日成の発案だった。ソ連の指導者は、繰り返し金日成の要請を受けて、ようやく支援に同意したのである。さらにスターリンの目的はアメリカの決意を試すことではなかった。むしろ、アメリカが介入しないと確信を持った後に、ようやく同意を与えている[77]」

トルーマン政権は、アジアで再び大きな戦争に引きずり込まれるのを望まなかった。これはアチソンも同様だった。しかし金日成が韓国を侵略すると、トルーマンは軍事介入せざるを得ないと感じたのである。なぜならこのような攻撃は、西ヨーロッパで誕生したばかりのＮＡＴＯに対する、同じくらい重大な攻撃の前触れかもしれないと広く考えられたからである。

ワシントン、そして朝鮮問題の登場

北朝鮮の核問題に緊急に取り組む必要性について、アメリカは１９９０年代はじめから理解してきた。しかし現在起きていることは、それと同じくらい、あるいはさらに重大である。１９９０年代はじめや１９４０年代後半と同じように、朝鮮半島の歴史の流れを大きく変え、その中でアメリカの関与を決定づけた、強力な政治勢力がここに来て一つに収束しているからである。

２００９年６月16日にバラク・オバマと李明博の両大統領は共同声明を発表し、その中で望ましい朝鮮統一国家の姿について述べた。そうしたビジョンを両国の指導者が公表したのははじめてのことだった。

「我々は同盟を通じて、朝鮮半島の全ての住民のためによりよい未来を建設することを目指します。半島における長期的な平和を構築し、自由民主主義と市場経済の原則に則った平和的な再統一を目指します[78]」

統一国家が自由民主主義国家でなければならないとはっきり述べられていることについて、韓国の革新派は批判した。それが北朝鮮の崩壊またはその吸収による統一を暗示しているとして、彼らは激怒したのである。

しかし、いかに北朝鮮の核問題が重大であるとしても、アメリカが朝鮮半島に持つ利害関係は、それよりはるかに幅広い。アジア本土でアメリカ軍が駐留している国は韓国だけであり、中国、ロシアそして北朝鮮は、その撤退を長らく要求してきた。韓国をアメリカから離反させることもまた、彼らの共通目標である。一方、半島におけるアメリカの最大の戦略目標は、第二次朝鮮戦争を回避することに変わりはなく、そのために同国は長期的な軍事的駐留を続けるだろう。

アメリカが直面する最も頭の痛い問題は、ある程度の均衡が存在する現状から朝鮮半島の統一への移行にどう対応するかということである。核問題に関しては、非核化を確実に実現し、核兵器と長距離弾道ミサイルを韓国が受け継ぐのを許さないことで、ワシントン、北京、モスクワの利害は一致している。

はるかに異論が多いのが、比較的ゆっくりした統一プロセスを引き起こす様々な原動力に、主要各国がどう反応するかという問題であり、あるいは北朝鮮で体制崩壊が起きた場合のような、政治的な大混乱や不安定化にどう対応するかということである。後者の場合、最終的にどういう結果がもたらされるかは、複数の要因によって決定されるだろう。例えば主要国の軍事介入の度合い、韓国が迅速な対応を取る準備と意思をどれほど持っているか、そしてもちろん、北朝鮮が内部崩壊したあとの影響である。例えば、北で体制崩壊が起きた場合でも、必ずしも数百万人の北朝鮮人が大挙して韓国に押し寄せるとは限らないことを忘れてはならない。

　中国とロシアにとって、朝鮮半島の統一に関する最悪のシナリオは、ドイツ・モデルによる統一だろう。つまり韓国による北朝鮮の吸収である。反対にアメリカにとっては、韓国が支配する朝鮮半島は好ましいが、そうなる可能性は必ずしも高くない。北朝鮮で大きな危機が起きれば、中国の介入はほぼ避けられない。さらに、北朝鮮を支援するため、あるいは韓国とアメリカに対抗して、中国とロシアが共同作戦を実施する可能性さえ除外できないのである。２０１８年９月11〜17日に、ロシアは軍事演習ボストーク（東方）２０１８を実施した。ロシア軍兵士29万７０００人、軍用車両３万６０００台、戦闘機１０００機以上――ロシアの全ての戦闘機の72パーセント――が演習に参加している。特筆に値するのが、人民解放軍兵士３２００人と、数は不明ながらモンゴル軍兵士も参加したことである。[79] アメリカの政治専門紙『ザ・ヒル』によると、ロシアの複数の軍管区で展開したこの演習は、ワルシャワ条約機構によるポーランド侵攻作戦の演習を行ったソ連時代のザーパド（西方）１９８１以来最大規模の軍事演習だという。

「中国軍の参加により、数十年間戦闘経験のないロシアは、現場でその戦闘準備態勢を検証し、また近代的な戦闘手段を研究して、結論を引き出すことができた。同じことが北京にも言える。両軍が互いに相手から学び、さらに軍事・技術的な協力を行える分野はいくらでもあるからである。またボストークで『実戦に使用された』ロシアの戦闘機器を誇示することによって、北京と更なる防衛協定を締結する可能性を高めた[80]」

ロシアと中国の間に存在する歴史的な相互不信や強大化する人民解放軍のことを考えると、実際に危機が勃発した時に、これら2国が必ず共同で軍事作戦を実施するとは言い切れない。それでも、南北関係の急速な悪化で軍事衝突が起き、あるいは体制が崩壊して北朝鮮が不安定化した場合、中国かロシア、あるいはその両方が武力介入しないことを、もはやアメリカとしては確信できないのである。

朝鮮半島の統一に至る主要なシナリオの中に、簡単なものは一つもない。平和的な統合が最も望ましいが、同時にその可能性は最も低い。北朝鮮が崩壊した場合、それは１９８９年から１９９０年にかけての東欧諸国の共産党政権の崩壊とは似ても似つかないものになるだろう。そしてもし北朝鮮が新たな侵略を試みた場合、それはアメリカと韓国の大規模な反撃に遭い、その結果自暴自棄になった平壌は核兵器の使用に訴えかねない。この場合の危機管理のシナリオでも、アメリカは中国、場合によってはロシアの軍事介入、そして比較的程度は低いが日本の関与について考慮しなければならなくなる。

不都合な波及を避けるためにも、鍵となるのは、朝鮮半島での不測の事態に対処する中国とアメリカの緊密な協力関係だろう。中国にとって、アメリカと強固な軍事同盟を結んだ統一朝鮮は受け入れ難い。アメリカにとって同じことが、北朝鮮の主導下で統一された朝鮮半島について言える。なるべく最小限の摩擦でこの隙間を埋めていくことこそ、アメリカの外交と危機管理にとって、１９５０年の朝鮮戦争勃発以来の最大の挑戦となるだろう。

重要な政治駆け引きと共通認識

韓国とアメリカの双方にとって望ましい結果を得られるかどうかは、両国が適切な政治的協力関係を維持できるかに左右されるだろう。しかし、いざという時に両国関係がそのような良好な状態にある保証は全くないのである。朝鮮戦争の終結後、アメリカは朝鮮半島にかかわる数多くの危機に直面してきた。例えば１９６８年の北朝鮮によるアメリカのプエブロ号拿捕事件、１９

76年に北朝鮮人兵士によって2人のアメリカ人兵士が板門店で殺害された事件、1979年の朴正熙大統領の暗殺とそれに続く同国の政治的混乱、北朝鮮の工作員がミャンマーのラングーンで17人の韓国政府高官を殺害した1983年のラングーン事件、そして同じく1983年にソ連によって大韓航空機が撃墜された事件である。

大規模な紛争の勃発を回避することこそ、朝鮮半島における20世紀半ば以降のアメリカの基本政策となってきた。しかし北朝鮮による2006年の第一回核実験、何よりも2017年9月の水爆実験以降、抑止政策は困難を増している。北朝鮮の核問題は、ポスト冷戦時代で最も長く続く危機の一つである。北朝鮮が崩壊すれば政治的に不安定化するという懸念とは、要するに核の危険に加えてあらゆる危機が指数関数的に増大するということを意味しているのである。

朝鮮半島危機への対処方法を探る上で、アメリカには考慮すべき点が三つある。

第1に、いくらドイツ・モデルに倣った統一方法が好ましくとも、これは朝鮮半島には応用できないということである。東西ドイツが統一したのは、ソ連崩壊の直前で、アメリカの最盛期にあたる時代だった。一方朝鮮半島では、たとえ統一が実現するとしても、それは中国の国力の最盛期に重なることになる。この地政学的な事実一つだけでも、朝鮮半島では形勢を一変させる可能性がある。

第2に、たとえアメリカの軍事力が圧倒的であるとしても、北朝鮮がおとなしく屈服するとは考えられないということである。北朝鮮が新たな戦争を始めるとしても、彼らが敗北することは間違いない。しかし韓国とアメリカの被る損害も甚大なものになるだろう。確かに朝鮮人民軍が保有する大量破壊兵器及び兵力の数量的な優位のせいで、我々は彼らを過大評価しがちである。しかしそれと同じくらい危険なのが、アメリカの優秀な軍事技術による優位を過大評価することなのである。そのことは、イラクやアフガニスタンのアルカイダ、タリバン、ＩＳなどを相手とするテロ対策や暴動対策に莫大な支出を強いられている現状からも明らかだろう。

第3に、朝鮮半島の危機に中国かロシアが介入してくる可能性を考慮すると、地政学的なリスクはドイツ統一の場合と比べてはるかに大きい。朝鮮戦争以来、アメリカ軍が人民解放軍と交戦したことはない。その上現在の人民解放軍は、１９５０年代はじめとは比較にならないほど強力である。

アメリカは、朝鮮半島で三次元のチェス・ゲームをプレイして、同時に四つの目的を達成しなければならないのである。それは、紛争や危機の全期間を通じてアメリカ軍と韓国軍ができるだけ一致協力して作戦を遂行すること、北朝鮮に核兵器を使用させないこと、できるだけ中国（及び可能性は低いがロシア）との武力衝突を回避するが、避けられない場合はアメリカが勝利すること、そして可能な限り政治的な決着を図り、その際にアメリカと韓国の利益を追求すると同時に中国の核心的な安全保障を脅かさないことである。

今後数年以内に北朝鮮で深刻な危機が発生した場合、アメリカは全政府を挙げて対応にあたる必要がある。重要になるのは、政権首脳部の政治的明敏さと柔軟性、中核機関によるその重要性の認識、同盟関係の維持の重視、そして何よりも、自由と民主主義を重んじる統一朝鮮を作り上げるという固い決意だろう。アメリカと韓国に、失敗は許されないのである。

終章　三つの選択肢

金正恩は絶好調――なぜそう言い切れないのか

2018年の大晦日、金正恩《キムジョンウン》は2人の指導者に書簡を送った。アメリカ大統領のトランプと、韓国大統領の文在寅《ムンジェイン》である。どちらも、金正恩がうまく言いくるめて合意締結に持ち込みたいと考えている相手だ。書簡の内容は公表されなかったが、メッセージを推測するのは困難ではない。「『完全な非核化』を実現するという私の申し出はいまだ有効である。しかし私の要求を呑まない限り、これが実現することはないだろう」といったところだろう。

権力を掌握して以来、金正恩がこれほど有利な立ち位置にいたことはない。中国とロシアは彼を支持している。トランプの安全保障チームは、一貫した北朝鮮政策を持たずに右往左往している。そして文在寅は、国際制裁をかいくぐって、後戻りすることのできない南北の平和体制を構築するために喜んで協力の手を差し伸べている。

金正恩は、金日成《キムイルソン》と金正日《キムジョンイル》の2枚の巨大な肖像画の前で、ソファに腰かけて2019年の新年の挨拶を述べた。普段愛用している仕立てのよい人民服の代わりに黒いスーツを着用し、グレーのネクタイを締めた。それは、炉辺談話（訳注：アメリカのルーズベルト大統領がラジオで国民に向けて語りかけた番組）の平壌版と言えるものだった。

「いつでもアメリカ大統領と再び会見する用意があり、国際社会が歓迎する合意を確実に達成するための努力を惜しまない」と、金正恩は、トランプとの再度の会談に前向きであることを強調してみせた。しかし同時に、次のように釘を刺すことも忘れなかった。

「もしアメリカが世界の眼前で行った約束を守らず、我が民族の忍耐力を見誤り、一方的に我々に何かを押しつけようとしたり、我が共和国に対して制裁や圧力をかけるのをやめなかったりした場合、我々は国家の主権と国益を守り、そして朝鮮半島の平和と安定を手に入れるために新たな方法を模索せざるを得なくなるかもしれない」[1]

17年間北朝鮮に注目してきたベテランの韓国人ジャーナリスト、申錫《シンソク》昊《ホ》によれば、金正恩がトランプに伝えようとしていたのは、「非核化に向けた父親の望み」――核放棄の決意の固さを強調するために北朝鮮が常に使うレトリック――を実現したいと考えているものの、そのためにはアメリカが北朝鮮の条件を呑む必要があるということだ。

言い換えれば、金正恩には核兵器を放棄する意志など毛頭ないが、彼は非核化という、ビル・クリントン以来の全てのアメリカ大統領に対してちらつかせてきた餌でトランプを釣り上げようとしているのだ。

金正恩がトランプの自負心や個人的栄光（たとえそれが思い込みや自己欺瞞であっても）への渇望

を利用してこのお芝居を続けられる限り、時は彼の味方であることを彼は知っている。平壌が非核化に応じなければ北朝鮮を石器時代に戻してみせるという脅しとは裏腹に、トランプでさえ、将軍たちの完全な同意なしに第二次朝鮮戦争を始めることはできない。北朝鮮への先制攻撃に同意する現役の韓国大統領など誰一人いないというのも、同じく重要な事実である。

韓国とアメリカに対する金正恩の心理作戦は、２０１６年11月の大統領選でのトランプの予想外の勝利と、２０１７年5月の文在寅の大統領就任なしには実行できなかっただろう。韓国と日本に駐留するアメリカ軍の価値を認めず、米韓合同軍事演習は北朝鮮にとっての脅威だと主張し、日本のような最も緊密な同盟国を軽視してばかりいるアメリカ大統領ほど、金正恩にとって都合のよい存在はない。

２０１７年には相次ぐ水素爆弾やＩＣＢＭの実験でトランプを挑発し続けた金正恩は、アメリカの軍事行為を誘発するリスクを冒していた。しかし限界に挑もうという彼の政策からは、得たものも多かった。なぜならこうして彼は、２０１８年の新年の挨拶から始まった次のような作戦を実施することができたからだ。つまり文在寅を自分の側に引き寄せ、習近平《しゅうきんぺい》（及びプーチン）を安心させてその支持を確実にし、世紀のディールでトランプを釣り、そして日本を無視する。

２０１８年6月の最初の首脳会談でトランプが金正恩の欲しがるものを全て与えなかった唯一の理由は、ジェームズ・マティス国防長官、Ｈ・Ｒ・マクマスター国家安全保障担当大統領補佐官、ＣＩＡ長官ジーナ・ハスペルらトランプの単純さを危惧した高官たちが一致協調して彼に圧力をかけたからに過ぎない（訳注：国家安全保障担当大統領補佐官は首脳会談前の２０１８年４月に、マクマスターからジョン・ボルトンに交代している）。

２０１９年新年に、トランプは次のようにツイートしている。

「北朝鮮が核兵器の製造や実験を行ったり他者にこれを与えたりすることはないと金正恩は言っている。……北朝鮮の経済的な素晴らしいポテンシャルをこれほどよく理解している金委員長に、私も会うのを楽しみにしている！[2]」

２０１９年１月２日の新年最初の閣議の席で、トランプは金正恩からの手紙を見せびらかした。「（手紙を見せられた人々は）こんな手紙を読んだことはないと言った。これは素晴らしい手紙で、我々の関係は非常に進展した」とトランプは言い、彼と同じように金正恩も新たな首脳会談を望んでいるので、会うのが楽しみだと強調した。[3] さらに、この政権でなければ、朝鮮半島では破滅的な戦争が勃発していたはずだと主張した。

「この政権、つまりマイク（・ポンペオ）と私自身とこのテーブルを囲むほかのメンバーのいる私の政権でない、別の政権だったら、今頃戦争が起きていただろう。アジアで大戦争が起きて、ひどいことになっていたに違いない。そうなる代わりに、私たちは良好な関係を築いている。私は別に急いでいない。分かっていることは、ミサイルも実験もないということだ……。私はＰＢＳ（訳注：アメリカの公共テレビ放送ネットワーク）を見ていたが、彼らは本当に正確に放送していた。……金委員長の演説について、彼は本当に私と会いたがっており、非核化を進めたがっており、様々なよいことが起きていると、彼らは本当にそれをうまく報道していた[4]」

『東亜日報』の報道にあるように、北朝鮮が求めているのは、トランプがひとまとめにして与えようとしていたものにほかならない。つまり、①全ての米韓合同軍事演習の停止、②アメリカから韓国への戦略資産と武器類の移転の完全停止、③現在の休戦協定に代わる条約の締結に向けた多国間協議の開始、④開城工業団地と金剛山観光ツアーの再開、⑤南北関係のあらゆる側面からのアメリカの影響力の排除、⑥豊渓里核実験場の閉鎖のような、北朝鮮が自発的に行った措置を認め、同等の対応策、例えばあらゆる軍事的圧力の停止のような措置をアメリカが取ること、⑦互いに相手への敬意と公平の精神に則った今後の交渉の遂行、である[5]。

「北と南が平和と繁栄を求めて協力し合うと約束を交わしたことを考慮すれば、朝鮮半島の状況を悪化させかねない外国勢力との合同軍事演習はもはや許容されるべきではない。同様に戦略的資産を含む武器類の外部からの受け入れは完全に停止されるべきである。……民族の和解、調和、再統一を邪魔し、南北関係を自らの志向や利益に沿って誘導しようと目論む外部勢力の干渉を許すわけにはいかない」[6]

これまで折に触れて表明された意見から判断すれば、上記のうち少なくともいくつかの点で金正恩に譲歩することに、トランプは異存ないように思われた。訓練の一環として、あるいは韓国防衛への決意を示すためにアメリカ軍がグアムから韓国へステルス爆撃機Ｂ２を飛行させていることに、トランプは何度も不満を表明してきた。また米韓合同軍事演習の必要性を認めず、経費がかかりすぎるとして韓国と日本の駐留アメリカ軍の撤退を主張し、そして北朝鮮の核の脅威は、自分の外交的手腕のおかげで過去のものとなったと豪語した。その上韓国でも、金正恩を怒らせたくない文在寅は、米韓合同軍事演習の延期を歓迎しただけでなく、韓国軍の単独演習の規模縮小まで受け入れたのである。

こうした成り行きを平壌から注視する金正恩は、ワシントンとソウルが自分の要求に唯々諾々としたがおうとしていることに満足しているに違いない。今のところ駐留アメリカ軍の撤退を実施したりソウルをアメリカの核の傘から外したり（その場合は、東京も核の傘から外れるだろう）はしていないものの、トランプは過去のいかなるアメリカ大統領にも増して、米韓同盟を政治的に傷つけてきた。文在寅が金正恩と手を取り合って共同戦線を形成したことも、米韓同盟の前途に暗雲を投げかけている。トランプが最終的に制裁解除に応じるだろうと金正恩は確信しているが、そうなれば、北朝鮮に最大限の圧力をかけるという戦略は放棄されるだろう。

さらに韓国経済が低迷を続けていることから、文在寅が自らの最優先課題として南北間の和解を追求するに違いないと、金正恩は予想している。韓国を代表する経済シンクタンクであるＫＤＩ（韓国開発研究院）によれば、国内需要の冷え込みと輸出の横ばいのせいで、２０１９年の韓国経済の成長率は２・６パーセントを下回ることが予想されている[7]。また韓国資本市場研究院は、「経済状況は今年の第３四半期にピークに達したあと、２０２０年前半まで緩やかな下降局面に入ると予想される。設備投資と建設投資の不振が続き、輸出が伸びないことを反映して、韓国の経済成長は減速している」と述べている[8]。

アメリカに向けられた韓国の眼差しは朝鮮戦争以来、自主、同盟、さらには見捨てられるのではないかという懸念の間を絶えず揺れ動いてきた。しかし現在のように青瓦台とホワイトハウス双方の利害が一致したことは、これまでにただの一度もなかった――両者の政治的な目標は全く異なるものの、この事実は米韓同盟及び朝鮮半島の未来に重大な影響を及ぼす可能性がある。

文在寅とトランプの利害が一致していることから、南北関係を自らの思い通りにコントロールすることは可能だと、金正恩は考えている。しかし最終的に彼は、北朝鮮国内で爆発的に登場し、やがて結集するであろう新しい政治的な力を、コントロールはおろか、予測することもできないだろう。

そして、たとえ近い将来に金王朝が崩壊するとは考えづらいにしても、北朝鮮が現在、十字路に立っていることは疑いない。なぜなら金正恩には——いかに彼が望んでも——二つの強力な潮流を食い止めることなどできないからである。この二つの潮流とは、世界と国内の現実に関する情報の外部からの流入、そして北朝鮮人の覚醒である。

１９８９年11月にベルリンの壁が崩壊する前の数ヶ月間、壁の崩壊と鉄のカーテンの急激な消滅を予測した者はほとんどいなかった。東独の指導層は最後まで、自分たちが全てをコントロールしていると信じ切っていたのである。

北朝鮮人が大勢集まって体制への抗議運動を行うとは到底考えられないものの、金正恩は、自分が全てを支配していることを示すため、眉一つ動かさずに数千、数万人の国民を殺害してのけるだろう。監獄国家は、恐怖、相互不信、帳尻を合わせる努力、そして諦念の組み合わせから生まれた。しかしこの監獄は、永久に存在するわけではない。

制御不能な力

北朝鮮と韓国が、どちらも再統一について熟慮し、準備に長い時間を費やしてきたのは、驚くべきことではない。外国勢力の干渉拒否や南北の平和的な統合といった基本原則については、両者は一致しているものの、それ以外の点では、ソウルと平壌が描く青写真に共通点はほとんどない。その大きな理由としては、統一問題が非常に民族主義的かつ規範的な性格を持っているという事実が挙げられる。両国とも再統一を、最も重要な政治目標と定めている。しかし政治、思想、社会経済、文化、さらには言語の各分野に存在する両国国民の間の深い溝を埋めるためのそれぞれの計画は、現状よりも希望的観測に基づいているということに過ぎないのである。

先に述べたように、これから数年、あるいは数十年の間に朝鮮半島がどう変化しようと、もし半島が再統一されるとしたら、それが中国の最盛期に起きるであろうことは間違いない。反対にドイツが再統一されたのは、ソ連の衰退期だった。この違いは大きい。なぜなら、西ドイツが主導する形での再統一にモスクワが深い懸念を抱いていた（英仏も同様だった）にもかかわらず、ジョージ・H・W・ブッシュ大統領はそのタイミングの歴史的重要性を理解し、ドイツ連邦共和国の延長線上にある統一ドイツを認めるように、主要利害関係者たちを説得できたからである。
何よりもブッシュはベルリンの壁の上で快哉を叫ぶような真似をしてソ連指導者ミハイル・ゴルバチョフに恥をかかせたりはしなかった。彼は東独の敗北や、その後のソ連崩壊を祝ったりすることを意識的に避けたのである。しかし朝鮮半島では、再統一がどう実現するかにかかわらず、中国ファクターに左右されずには済まない。統一朝鮮が自国の戦略的・経済的利益を損ねたりはしないと中国が納得したあとではじめて、それは可能になるだろう。事実、２０１５年に発表されたワシントンのあるシンクタンクの報告は、「統一朝鮮が現代における北京の朝貢国として扱われる」可能性について述べているのである[9]。

幾重にも張りめぐらされた南北間の協力と関与に基づいた平和的な統一という、韓国人の大半が思い描いている概念とは裏腹に、多くの妥協の産物としての平和的な統一は、最も望ましいとはいえ、同時に最も可能性の低いシナリオでもある。なぜならそれは、どちらも主権国家である北朝鮮と韓国の、国家アイデンティティを賭けた戦いを考慮していないからである。状況は全く異なるが、平和的な統一は、例えばアップル社とファーウェイ社が合併し、各社のＤＮＡを保持したまま1個の企業組織となった場合と比べられるかもしれない。しかし実際に起きる可能性が最も高いのは、生き残りを賭けて激しくぶつかり合う巨人たちの激闘に似た状況である。勝者となるのはどちらか一方だけだ。

その次に望ましいシナリオは、北朝鮮が崩壊し、韓国に吸収されるというものだ。このモデルはドイツ統一によく似ている。なぜなら東独は、ミハイル・ゴルバチョフが同国を支援する力も意志も失ったあとで、急激に内部崩壊を起こしたからだ。同様のことが起きる可能性は皆無ではないが、「北朝鮮の崩壊は一大転機となり、その結果起動された力学は地政学的な激動を引き起こし、地域の未来を一変させる可能性がある。韓国、中国、日本、ロシア、アメリカなどの地域大国はどれも、北朝鮮の崩壊によってあらわになるであろう、それぞれの国益への短期的、あるいは長期的な挑戦に対処する用意ができていない[10]」。

最後に、誰もが避けたいと考えているシナリオは、戦争や内乱を通じた再統一だ。１９７５年の南ベトナムの降伏が、現実世界における最も近い例だろう。１９７３年1月にニクソン政権がパリ和平協定に調印した時、これで南ベトナムに本当に平和が訪れたと考えた者は誰一人としていなかった。そのわずか2ヶ月後の１９７３年3月15日にヘンリー・キッシンジャー国家安全保障担当大統領補佐官とホワイトハウスのアレクサンダー・ヘイグ首席補佐官の間で交わされた電話で、キッシンジャーはヘイグに次のように述べている。

「あの役立たずの合意は、おそらく破られるだろう。だが失敗の責めを相手側に負わせられるように、用意しておく必要がある[11]」（訳注：パリ和平協定に基づいてアメリカ軍がベトナムから撤退したが、その後もベトナムでは内戦が続いた。１９７５年４月に南ベトナム解放戦線の総攻撃でサイゴンが陥落し、南ベトナム政府が崩壊した。こうして南北が統一されてベトナム戦争は終結した）

全体として、統一プロセスは非常に不安定で予測不可能な、危険に満ちたものになるだろう。北朝鮮と比べると、韓国は経済的にはるかに進んでいるが、そのことは、韓国が統一プロセスを主導することを意味してはいない。ランド研究所（訳注：アメリカの軍事シンクタンク）のブルース・ベネットが書いているように、統一に関する韓国側の思考には、主に三つの限界点がある。「①平和的な統一を重視するあまり、ほかの統一プロセスに関する議論が深まっていないこと、②統一プロセスが一度開始されれば、必ず成功するだろうという確信、③北朝鮮の主導による統一の可能性の無視」である[12]。

北朝鮮の一枚岩思想における半島統一の重要性を反映して、統一に向けた戦略や政策は、韓国よりも北朝鮮の国家目標にはるかに深く組み込まれている。特に北朝鮮の主導下で朝鮮半島を統一することは、平壌の安全保障戦略の要と言ってよい。これはもちろん、韓国人には受け入れ難い――少なくとも自由で民主主義的な統一朝鮮に高い価値を置く韓国人には。しかし韓国の極左は、両国にとって何よりも最優先すべき目標は分離された民族を再統一することなので、必ずしも自由という価値を強調する必要はないと考えているのだ。

韓国左派にとって、再統一の最終的なゴールは共同体と民族の「一体性」を回復することだ。列強諸国の干渉は、絶対に排除されなければならない。したがって、これまで何代にもわたる韓国の腐敗した指導層によって損なわれ、外国文化に汚染されてきた真の民族アイデンティティを回復したあとで、ようやく朝鮮は完全無欠になったと言えるのだ。新アメリカ安全保障センター（訳注：ワシントンに拠点を置くシンクタンク）の２０１５年の報告で述べられているように、「統一の（戦略地政学的な）影響として考えられるのは、……統一朝鮮が朝鮮ナショナリズムの発現した存在となる可能性である[13]」。

南北が最も望んでいるのは、平和的な統一である。しかし、これは最も不確実なシナリオでもある。なぜなら全てが交渉次第だからだ。平壌もソウルも認めたがらないが、統一は、激しい政治闘争の末にようやく実現するだろう。統一朝鮮が姿を現すのは、どちらかの国が消滅してからだ。そして北朝鮮の政治思想の枠組みや金王朝の存在意義などは全て、半島全域が果たして北朝鮮の支配下に置かれるかどうかにかかっている。

異論ははるかに多いものの、韓国社会もまた、同様のロジックに支配されている。しかしほとんどの韓国人にとっては、個人の権利や自由を保証しない統一朝鮮など、求めるに値しない存在だ。いくら韓国人が民族主義的であろうと、国民はすでにあまりにも長く、自由という甘い果実を味わってきた。彼らにとって望ましい統一とはすなわち、北緯38度線の両側に住む人々が自由、迫害を受けない権利、独裁にノーを突きつける権利を持つことにほかならない。

韓国では２０１８年３月に峨山《アサン》政策研究院が世論調査を行い、将来、北朝鮮とアメリカとの関係がどう変化すると思うかと尋ねた。その結果、66・４パーセントが北朝鮮との関係が改善すると答えたのに対して、わずか16・５パーセントが悪化すると答え、11・７パーセントは現在と変わらないと答えた[14]。

アメリカとの関係に関しては、57・８パーセントが改善する、23・６パーセントが悪化する、そして13・５パーセントが現在と変わらないと答えている[15]。アメリカとの関係が悪化すると思うと答えた人の多くが、自由貿易に対するトランプの意見と、アメリカ軍の駐留費を韓国（及び日本）にもっと負担させようと執着する彼の姿勢を理由としている。

ほかの世論調査も、北朝鮮に対する韓国人の姿勢の変化を示している。２０１１年には北朝鮮人について、韓国人の46・４パーセントが「同胞／隣人」、36パーセントが「異邦人／敵」ととらえていた。しかし２０１７年になると、55・８パーセントが「隣人」としたのに対して、「敵」と考えた人の割合は31・９パーセントに減っている[16]。

しかし北朝鮮と統一に対する韓国人の姿勢について、何より注目すべきなのは、若い世代は統一よりも現状維持にこだわっていることである。例えば２０１８年４月に峨山政策研究院が行った世論調査によると、20代の若者の57・４パーセントが、朝鮮半島で戦争が起きるかもしれないと考えていた。その数値は50代では47・7パーセント、60代以上では64・4パーセントだった[17]。また統一への関心の度合いについては、20代の若者のうち23パーセントが無関心だった。その割合は30代が31・3パーセントで最も高く、50代は12・7パーセント、60代以上では14・9パーセントが無関心を表明していた[18]。

北緯38度線の両側地域のナショナリズムがいくら強くても、１９４８年以降、二つの国が全く異なる道を歩んできたことは抗いようのない事実だ。韓国では、統一によって民族の一体性とアイデンティティを回復できると信じていたのは、世論調査の回答者のうち、わずか12・3パーセントに過ぎない。27・4パーセントは、戦争の危険が減るので統一は好ましいと考え、また22パーセントは、南の技術と北の労働力が強力な相乗効果を上げることを期待していた。さらに14・6パーセントは、統一によって、離散家族の再会が可能になると答えた[19]。

世論調査も報道の自由も存在しない北朝鮮ではもちろん、統一について国民が実のところどう思っているのか、知ることはできない。南北の人々が共通の遺産、歴史、文化を受け継いでいることは疑いないが、１９４８年に二つの国の建国とともに始まった「大分裂」は、人々が認めるよりもはるかに深く、社会の隅々にまで及んでいる。とはいえ、全体主義に自由と民主主義を打ち負かす力はない。自由な人間が重んじるこの二つの基本原則をトランプがいくら軽視しようと、結局のところ、これこそ金正恩が最も恐れる大量破壊兵器なのである。

壁に現れた小さな亀裂

永遠不変なものなど何一つない。そして地上で最も全体主義的な国家である北朝鮮も、例外ではない。その体制は一見すると堅牢だが、次の五つの潮流がシステムに亀裂を生じさせている。①金正恩にも止められない、下からの市場経済の広がり、②脱北者に対する厳しい取り締まりにもかかわらず続く、中朝国境をはさんだ活動、③支配の外見を取り繕うために汚職に依存する、芯まで腐った体制、④体制側にはなすすべのない、北朝鮮の十大原則に反する情報の流入、⑤思考停止に追い込む体制礼賛の洗脳をよそに広がる思想否定[20]。

金正恩の冷酷な独裁は現在、絶頂期にあるように見える。北朝鮮は今や核保有国となったのだから、なおさらだ。強制収容所を閉鎖し、警察国家を否定するような動きは一切見えない。これからも当分は恐怖、弾圧、無知を利用して、金王朝が北朝鮮を支配し続けるだろう。しかし長期的に考えれば、あらゆる革命は、小さな亀裂から始まるのである。

チャンマダン世代を見れば分かるように、北朝鮮社会は決して一枚岩ではない。国内には２５００万人のアバターが存在するが、その一つ一つの背後に隠れているのは、生きた人間だ。数十万人が、彼らに恩恵を施す監視装置（ビッグ・ブラザー）を維持し、強化するためにせっせと働いている。しかしそのほかの国民は全員、これに苦しめられているのだ。いつの日にか、１人の勇敢な北朝鮮人がアバターの背後に隠れるのをやめ、「もうたくさんだ！」と叫ぶだろう。

　１９８９年６月に天安門広場で、たった１人で戦車隊に立ち向かった英雄、平和と尊厳を求める人々の象徴となった、中国のかの英雄のように、北朝鮮にも将来、別の英雄が登場することは間違いない。朝鮮人民軍と治安機関はこの英雄を、そしてそのほかに数千人を殺害するだろう。１９４８年の北朝鮮の建国以来、彼らが何ら痛痒を感じることなく繰り返してきたように。クメール・ルージュに支配されたカンボジアのキリング・フィールド（自国民虐殺）のように、金王朝も、悲惨な最期を迎えるまで、権力にしがみつき続けるだろう。

　しかしある時点で金正恩は、２５００万人の北朝鮮人をことごとく殺害するのは不可能だと気づくはずだ。これが臨界点となる。その後、北朝鮮の牢獄の壁は崩れ始め、それとともに、現代社会で最も長期間続いた一族支配も崩壊していくだろう。

訳者あとがき

朝鮮民主主義人民共和国は、日本のすぐ隣に位置するものの、実態のほとんど分からない国である。そのイメージといえば、国民を飢えさせる一方で核兵器やミサイルの開発に余念がなく、そして日本との間に未解決の拉致問題を抱えている、といったところだろうか。

この国の最高指導者として、金正恩が父親のあとを継いだ２０１１年から、すでに10年が経過した。当初はスイスへの留学経験のある若い指導者の登場に、世界は、ようやくこの国も「普通の国」になるだろう、と大きな期待を抱いたものだった。２０１８年の韓国の平昌オリンピックに颯爽と登場した金正恩の妹の与正の姿も、変化の息吹を感じさせた。

しかしそんな期待とは裏腹に聞こえてきたのは、あいつぐ核・ミサイル実験の実施、異母兄や叔父を含む多くの人間の暗殺・処刑、そして当時のアメリカ大統領ドナルド・トランプと刺々しい応酬をしたかと思うと、一転はじめての米朝首脳会談を実施するというニュースだった。そのたびに世界は驚愕し、恐れ、息を呑み、期待を抱き——つまり翻弄されてきた。そして現在、彼が北朝鮮を普通の国にしてくれるだろうという期待は、完全にしぼんでしまった。

表紙に金正恩の大きな顔写真があしらわれた、英語版の本書の原題は"The Hermit King――The Dangerous Game of Kim Jong Un"である。延世大学教授（1998～2018年）、また李明博政権と朴槿恵政権でアドバイザーとして重用された著者の李正民は現在、カーネギー国際平和基金の上級フェローを務めている。

一読して分かるのは、金正恩だけでなく、その父の金正日と、祖父で金王朝の創始者である金日成がいかに「フェイク・ニュース」を活用し、周囲の強国の思惑を利用して独裁者にのし上がり、それ以降70年間、北朝鮮を支配し続けることに成功しているかということだ。

自らを守るために幾重もの防御層を施したこの独裁者の素顔を外部からうかがい知るのは、所詮不可能だ。常識を踏み外したかのようなその奇行についてならば、ネットを検索すればいくらでも出てくるが、その信憑性は全く不明なのである。本書のテーマは、彼がこの国をどう導いていこうとしているのか、そして世界に対してどんなゲームを仕掛けているのか、ということである。そして過去4年間、その金正恩の交渉相手となったのが、思いつきで行動する、アメリカの破天荒な大統領ドナルド・トランプだった。

若く経験不足と言われながらも、金正恩は冷徹に相手――トランプ、そして韓国の文在寅――の性格や立場を見極めて行動した。彼が目指しているのは、北朝鮮に対する国際的な経済制裁の解除、そして長期的には、北朝鮮の主導による南北統一である。国際的な非難などものともせずに核開発に邁進し、核保有に成功すると、金は次に、注目を浴びるのが何よりも好きなトランプの望みに応じるように、対話の席についた。しかし自らの望みを熟知している彼に、安易な妥協をする気はない。また選挙などない独裁国家では、いかに国民が苦しもうと、それが彼の行動を縛ることもない。

しかしその一方で、北朝鮮にもある程度の資本主義経済が育ち、いかに当局が規制しようと、今や否応なしに外部の情報が浸透してきている。権力基盤をさらに強固にして、また諸外国と対等に渡り合いたければ、彼は経済発展を進めて国を富ませるしかない。しかしそうしたら最後、国民が力をつけ、抑圧的な体制に対して反抗を始めるかもしれない。あるインタビューで著者が語っているように、犯罪活動の合法ビジネス化を目指す金正恩は『ゴッドファーザーⅢ』でマフィア組織を合法化させようとするマイケル・コルレオーニの姿に重なる。まさに金正恩は、そして北朝鮮は、岐路に立っているのである。

本書には、一般国民の暮らしを垣間見る記述もある。外国人の眼科医に眼病を治療してもらって、まず最高指導者の肖像画の前で深々とお辞儀をして感謝する親子。海外旅行に来た金王朝の一員の要求に振り回され、午前4時にドライクリーニングをしてくれる店を探し回る大使館員。金日成の生まれ故郷の家にあった扉を盗んだために、親子3代共々処刑された青年。海外で奴隷のように働いても、収入の大半を当局にピンハネされる出稼ぎ労働者。国内で暮らすごく普通の庶民でも、男は10年、女は5～7年、兵役につかなければならないという。日本の、いや、多くの国の平均的な庶民の暮らしからはかけ離れている。

これまで北朝鮮がテレビ画面に映された時、林立する高層ビルや、その中を歩く市民の様子を見て、案外「普通」の町だ、と思っていたが、これがとんでもない勘違いであることに気づかされた。高層ビルは、住民のためというよりも最高指導者の見栄のために、その声がかりで建設されたものに過ぎない（したがって安全基準などは薬にしたくもない。実際に崩壊事故なども起きているようである）。

住民はといえば、平壌に住んでいるというだけで、すでにエリート層なのである。田舎の様子がテレビに映ることなどなく、もちろん強制収容所に至っては言うまでもない。テレビ画面に映る北朝鮮の映像は、その大半が「ポチョムキン村」なのである。手に入る情報の真偽を見極めるメディア・リテラシーが、我々にも求められている。

最近、韓国テレビドラマ『愛の不時着』が日本でも大きな評判となったが、ここでも同じことが言える。北朝鮮に対する関心や親近感が高まったと思われるが、主人公の凛々しい軍人姿だけでなく、体制の危険な実態にも思いを馳せる必要がある。

秘密主義といえば、本書に挟み込まれている地図でも、多くの地名の確認が難しかった。また政治組織も頻繁に名称変更されているため、全体像の把握が困難だった。なお2021年1月には、これまで永久欠番とされてきた、総書記への金正恩の就任が報道されている。

私事で恐縮だが、訳者は日頃スロヴェニアに住んでいるが、そのスロヴェニアのロックバンド「ライバッハ」が２０１５年に、海外のバンドとしてははじめて北朝鮮に招待されてコンサートを開いた。ネオナチ・スタイルで知られ、何かと物議を醸しているライバッハと、これまた特殊な国である北朝鮮の組み合わせに呆気に取られ、と同時に妙に納得させられたものだった。

世界は新型コロナウィルスに襲われ、アメリカのトランプ大統領は退場し、韓国の文在寅の任期も残り１年となったが、金正恩はこれからも当分、その座に留まるだろう。本書が日本にとって不穏な隣人、北朝鮮とその指導者を理解する一助になれば幸いである。

【著者紹介】

李　正民（Chung Min Lee）

カーネギー国際平和基金上級研究員。英国・国際戦略研究所アドバイザリー・カウンシル議長。延世大学卒業、米国・フレッチャー法律外交大学院でPh.D.取得。延世大学教授（1998～2018年）、李明博政権のブレーン（2009～11年）を務めた。多くの政権で国家安全保障に関するアドバイザーを務めている。専門は東アジアの安全保障。

【訳者紹介】

木村高子（きむら　たかこ）

英語・仏語翻訳家。フランス・ストラスブール大学歴史学部卒業、早稲田大学大学院文学研究科考古学専攻修士課程修了。スロヴェニア在住。訳書に『図説 イスラーム庭園』『科学でアートを見てみたら』（以上、原書房）、『地政学で読む世界覇権2030』（東洋経済新報社）、『ジョン・ボルトン回顧録』（共訳、朝日新聞出版）などがある。

THE KING 金正恩

危険なゲーム

2021年5月6日発行

著　者——李　正民
訳　者——木村高子
発行者——駒橋憲一
発行所——東洋経済新報社
〒103-8345　東京都中央区日本橋本石町 1-2-1
電話＝東洋経済コールセンター　03(6386)1040
https://toyokeizai.net/

装　丁…………竹内雄二
D T P…………キャップス
印　刷…………東港出版印刷
製　本…………積信堂
編集協力………重田祐子
編集担当………髙橋由里

Printed in Japan　　ISBN 978-4-492-21246-2